新时代思想政治教育工作研究

呼博识　杨小冬　雍　繁 ◎著

线装书局

图书在版编目（CIP）数据

新时代思想政治教育工作研究/呼博识,杨小冬，雍繁著.--北京:线装书局,2023.9

ISBN 978-7-5120-5510-0

Ⅰ.①新… Ⅱ.①呼… ②杨… ③雍… Ⅲ.①思想政治教育－研究－中国 Ⅳ.①D64

中国国家版本馆CIP数据核字(2023)第114129号

新时代思想政治教育工作研究
XINSHIDAI SIXIANG ZHENGZHI JIAOYU GONGZUO YANJIU

作　　者：呼博识　杨小冬　雍　繁

责任编辑：林　菲

出版发行：线装书局

　　　　　地　　址：北京市丰台区方庄日月天地大厦 B 座 17 层（100078）

　　　　　电　　话：010-58077126（发行部）010-58076938（总编室）

　　　　　网　　址：www.zgxzsj.com

经　　销：新华书店

印　　制：北京四海锦诚印刷技术有限公司

开　　本：787mm×1092mm　　1/16

印　　张：10.75

字　　数：221千字

版　　次：2023年9月第1版第1次印刷

定　　价：68.00元

线装书局官方微信

前　言

随着社会信息化、网络化的飞速发展，手机和互联网已经成为大学生学习和生活的重要组成部分，以手机和互联网为代表的新媒体，对大学生的学习和生活产生了深刻的影响。大学生通过新媒体能够接受数量丰富的、更新及时的信息。我国历来十分重视思想政治教育工作，当代大学生作为社会主义建设接班人，不仅要具有丰富的专业知识技能，还应具有崇高的思想政治道德和理想。

思想政治教育是一项专门做人的工作的活动，旨在使人形成正确的思想观念、崇高的理想信念、高尚的道德品质和积极健康的个性心理，也就是促进人的全面发展。但是，在实际的思想政治教育过程中，我们更多地强调思想政治教育的社会价值，即多从社会需要出发，强调思想政治教育如何培养既定社会秩序和道德规范的拥护者，从而来促进社会经济、政治和文化的发展。在社会主义市场经济条件下，人的主体性得到不断提升，个体价值得到普遍认同，我们应在把握思想政治教育的个体价值和社会价值辩证统一关系的基础上，充分重视社会实践的作用，突出对思想政治教育个体价值的定位和开发，以最大限度地实现思想政治教育的个体价值，提高思想政治教育的有效性。思想政治教育工作在发展过程中，参照和借鉴哲学社会科学中相对成熟学科的学科建设经验，建立了马克思主义理论与思想政治教育学科，坚持把马克思主义理论与思想政治教育结合起来，既注重以马克思主义理论作为思想政治教育的指导思想、科学依据和核心内容，又注重探索思想政治教育的特点与规律，为马克思主义理论的科学传播提供重要的依循，从而积累了丰富的学科建设经验，为思想政治教育学科的孕育和发展创造了良好的条件。

本书从新时代思想政治教育工作的理论基础介绍入手，针对新时代思想政治教育工作的原则、新时代思想政治教育工作的环境以及新时代思想政治教育工作的路径创新进行了分析研究；另外对新时代思想政治教育工作的机制创新、新时代思想政治教育工作的协调整合做了一定的介绍；还对新时代思想政治教育工作的协同育人、不同背景下的大学生思政教育创新及新时代思想政治教育工作的队伍建设做了简要分析。本书内容全面，结构完整，力求体现理论性、实用性、新颖性的特点，能够为新时代思想政治教育工作研究提供指导。

目　录

第一章 新时代思想政治教育工作的理论基础

第一节 思政教育工作的作用

思想政治工作的地位和作用不可分割地紧密相连。正是由于思想政治教育工作它具有这一特殊作用，从而确立了它在经济工作和其他一切工作中的科学地位。思想政治工作的生命线作用、保证作用是通过思想政治工作所具有的功能而实现的。比如灌输、塑造、导向、转变、调节、激励、咨询、沟通等，都是思想政治工作所具有的功能。随着社会主义现代化建设的深入发展，思想政治教育工作比起过去显得日益广泛、深刻、复杂，它的某些功能得到强化和发展，还可能出现新的功能。没有这些功能的充分发挥，思想政治教育便不可能实现它的生命线作用和保证作用。在新的历史时期，生命线的作用主要表现在以下几个方面。

一、思想政治工作是坚持社会主义性质和方向的重要保证

中国共产党自从成为执政党以来，所从事的工作是极为广泛的，但是无论哪一条战线上的工作，都离不开党的思想政治工作。这是因为思想政治工作保证着经济工作和其他各项工作的社会主义性质和方向。如果离开或者放松了思想政治工作，经济工作和其他各项工作就可能偏离社会主义方向。因此，要不要党的思想政治工作，进不进行思想政治教育，是关系到经济和其他业务工作走什么路、坚持什么方向的一个原则问题。

二、思想政治工作是建设社会主义精神文明的重要保证

思想政治工作不仅是物质文明建设坚持社会主义性质和方向的思想保证，而且是建设社会主义精神文明的根本保证。

文明是指人类进步和开化的状态，是人类改造世界能力的标志。它分为物质文明和精神文明。物质文明是人类改造自然的物质成果的总和，它表现为生产力的发展状况及社会物质生活水平。精神文明是人们在改造客观世界的同时改造主观世界的精神成果的总和，它表现为精神生产发展状况和社会精神生活的状况，包括教育、科学、文化知识的发达和人们思想、政治、道德水平的提高，社会的改造，社会制度的进步，最终都将表现为物质文明和精神文明的发展。

社会主义精神文明是社会主义制度优越性的重要表现。它的基本特征表现在以下三个方面：马克思主义居于指导地位；精神文明的成果为劳动人民所享有，为人民服务，为社会主义服务；物质文明和精神文明互相促进，思想道德建设与科学文化建设和谐发展。它是迄今人类社会最高类型的精神文明。建设有中国特色的社会主义，不仅应当有高度的物质文明，而且应当有高度的精神文明；没有社会主义精神文明，就不可能建设社会主义。它既是建设社会主义的一个战略目标，又是坚持社会主义道路的一项政治保证。

三、思想政治工作是调动人们社会主义积极性、创造性的重要保证

我国的社会主义现代化建设是人民群众自己的事业，只有依靠广大人民群众的觉悟、智慧和力量，才能取得成功。那么，靠什么来调动广大人民群众的积极性和创造性呢？就是靠贯彻社会主义物质利益原则和深入细致的思想政治工作。这两者是相互促进，相辅相成的。充分调动广大人民群众的社会主义积极性，既要靠正确的经济政策，又要靠有效的思想政治教育工作。

从长远的观点来看，思想政治工作在现代化建设中的作用不仅不会越来越小，而且还会越来越大。这是因为在现代化建设中，精神动力的作用日益增大，尤其是当今世界新技术革命对精神动力的社会作用的影响越来越大，这是社会发展规律的必然结果。对这个问题，我们可以从以下两个方面来认识：

第一，现代化生产的发展使人们的劳动越来越富于创造性，这就特别需要发挥精神动力的作用。20世纪50年代以来，随着科技和生产自动化的发展，在工人们的劳动中，那些简单重复的机械动作日渐被机器所代替，体力劳动中越来越多地渗入了脑力劳动的成分。目前，作为新技术革命先导的微型电子技术正在逐步渗透到社会的各个领域，使用微型电脑的越来越多。机器人的广泛使用和人工智能的发展，将使整个生产过程自动化，以至于微型电脑可以同人类一起参与很多创造性的活动。总的说来，现代社会人类劳动的发展趋势，是日益摆脱繁重的、机械的体力劳动和简单的、烦琐的脑力劳动，而越来越富于创造性。

第二，随着广大劳动者物质文化生活的改善，人们将追求更高的精神目标，使精神激励因素越来越显得重要。一个国家越发达，它的生产就必然越现代化，它的国民的物质生活基本需要也就越有条件去满足，因而精神动力在提高劳动者的积极性和创造性方面的作用就越重要。因此，重视精神动力不是出于现代社会生活中任何人的主观愿望，而是现代化生产和生活本身的要求。

第二节 思政教育工作的目的

一、确定思想政治工作目的的依据

我们党进行思想政治工作，其根本目的就是不断提高人们的素质，提高人们对世界的认识和改造的能力，为建设社会主义、实现共产主义而奋斗。整个世界要靠全人类来认识和改造伟大的中国则要靠整个中华民族来认识和改造。只有不断提高整个中华民族的思想道德素质和科学文化素质，提高人们对世界的认识能力、改造能力，才能迅速把我国建设成为社会主义现代化的强国，为人类作出更大的贡献。

思想政治工作的目的分为根本目的和具体目的，这二者都不是纯粹主观的东西，不是人们可以随意规定的。人的目的是客观世界产生的，正确的目的只能是客观世界的存在和发展合乎规律的反映。我们确定以提高人们的素质，提高人们对世界的认识和改造的能力为思想政治工作的根本目的，依据主要有以下几个方面：

第一，认识世界和改造世界是无产阶级肩负的历史使命。无产阶级只有提高自己对世界的认识和改造的能力，才能完成认识世界和改造世界的历史使命。因此，我们党进行思想政治工作，就必须始终围绕无产阶级认识世界和改造世界的历史使命来做文章。

第二，马克思主义是认识世界和改造世界的强大思想武器。开展思想政治工作，就是要大力宣传马克思主义，用马克思主义的立场、观点和方法去能动地认识世界和改造世界。开展思想政治工作，就是为了使党员、干部和广大群众掌握马克思主义这一代表无产阶级的先进思想，进而提高人们的素质。这样，就能通过社会意识对社会存在的反作用，提高人们认识世界和改造世界的能力，使无产阶级和人民群众在革命斗争的实践中不断地取得改造社会、改造世界的胜利，并在实践中进一步完善和提高自己。经济工作和其他各项业务工作都是改造社会、改造世界的具体工作，这些工作都是要靠人去做的。进行思想政治工作如若不去做培养人、教育人、提高人的素质的工作，不去用马克思主义武装人们的头脑，不以提高人们认识和改造世界的能力为根本目的，也就无法发挥对经济工作和其他各项工作的服务和保证的作用。

第三，把提高公民素质、提高人们对世界的认识和改造的能力作为思想政治工作的根本目的，这是我们党的历史经验的科学概括和总结。人们对客观世界的认识能力和改造能力都属于人的素质。提高这两个能力就是要改造人的主观世界，改造人们的认识能力和实践能力，改造主观同客观的关系。

二、把握和坚持思想政治工作的根本目的

思想政治工作的目的是一个多方面、多层次的主体动态结构。它有直接目的和间接目的、近期目的和长远目的、具体目的和根本目的的区别。对于不同的时期、不同的战线来讲，思想政治工作的目的也有所不同。因此，把握和坚持思想政治工作的根本目的极为重要，主要应正确认识和处理好以下四个关系：

第一，改造主观世界和改造客观世界的关系。

思想政治工作是做人的工作的，属于改造主观世界，它同改造客观世界一起，都属于无产阶级改造世界的历史使命，但归根结底，改造主观世界是为了更好地改造客观世界。所以，思想政治工作的根本目的应当服从党的最终奋斗目标，服从共产主义事业的根本利益。改造人的主观世界、提高人的素质是思想政治工作的直接目的，改造客观世界则是思想政治工作的间接目的，不改造人的主观世界，人们就不可能取得改造客观世界的胜利。

第二，提高认识能力和提高实践能力的关系。

提高人们对世界的认识能力，包括提高人们对自然界和社会的观察能力、分析综合能力、分辨是非的能力等，除了智力因素外，还要受到政治觉悟和思想意识、道德品质等的制约，因此都是思想政治工作要解决的问题。提高人们改造世界的能力，既包括改造主观世界的能力，又包括改造客观世界的能力，即要提高人们的思想品德修养能力和从事各项工作的业务能力、创造能力等，都是实践能力。思想政治工作既要提高人们的认识能力，更要注意提高人们的实践能力，这是因为无产阶级认识世界的目的就是为了改造世界。如果思想政治工作只是提高人们认识世界的能力，只停留在如何说明世界，而不讲如何改造世界，不动员群众去实践这个改造，那就无异于讲空话。只有既提高认识世界的能力，又提高改造世界的能力，才能够有效地实现由物质到精神，又由精神到物质的飞跃。这样，思想政治工作才能收到实际的效果。

提高人们对世界的改造能力，就是要把人们对于世界的正确认识，通过实践转化为对世界的能动改造。无论人们对世界的认识多么正确和深刻，如果不通过实践，就永远无法转化成改造世界的能力。我们进行思想政治工作，就是要帮助人们正确掌握马克思主义的立场、观点和方法，科学地认识世界，并鼓励和激发人们改造客观世界的信念、热情、毅力和斗志，进而掌握改造世界的过硬本领，争取社会主义革命和现代化建设的胜利。

第三，提高思想道德素质和提高科学文化素质的关系。

思想政治工作和精神文明建设的目的都在于提高人的素质。人的素质主要包含思想道德素质和科学文化素质两大方面。思想政治工作的目的虽然是以最大的努力提高人们的思想道德素质，但也不能忽视提高人们的科学文化素质。要克服过去曾出现过的轻视知识，轻视教育的错误倾向。要认清，提高人们的科学文化水平不仅是提高人们的思想道德

素质的前提条件，而且是提高全民族的素质的重要基础。从广义上看，科学文化素质当然不仅仅是书本知识，还应当包括一定的业务水平和创造能力，包括高的文化素养和审美能力等。科学文化素质是提高思想道德素质的智力基础，思想道德素质又为提高科学文化素质提供强大的精神动力。二者互相渗透，互相促进。思想政治工作既然是建设社会主义精神文明的中心环节和根本保证，那么，也应当以全面提高人们的素质为自己的根本目的。

第四，思想政治工作的根本目的和具体目的的关系。

思想政治工作的根本目的的实现，要通过各个时期、各条战线以至各项思想政治工作的具体目的的实现而实现。因此，要善于把思想政治工作的根本目的和具体目的统一起来。在进行各个时期、各个部门的思想政治工作的时候，要牢记思想政治工作的根本目的，特别是在开展日常思想政治工作时，不要把具体目的乃至具体的形式、方法混同于根本目的，以避免思想政治工作的盲目性和只讲做了什么而不问实效如何的事务主义和形式主义的倾向。这样，思想政治工作才不至于零敲碎打，忙于应付，头痛医头，脚痛医脚，才能做到系统性，通过各个具体目的的实现，逐步改善人们的素质，不断提高人们认识世界和改造世界的能力，推动社会主义事业的迅速前进。

第三节 思政教育工作的任务

一、思政教育任务的确立依据

第一，培育"四有"新人是社会发展进步的客观要求。从总体上看，人类社会总是不断发展进步的。社会的高度文明包括物质文明、政治文明和精神文明，在客观上都要求社会成员的思想道德素质和科学文化素质达到较高的水平，要求社会成员获得全面发展。在社会主义社会，培育"四有"新人不仅是必要的，而且也是可能的。思政教育致力于培养"四有"新人，这既是社会主义文明建设的需要，又为社会发展到更高文明创造了条件，能够满足社会不断发展进步的要求。

第二，培育"四有"新人是社会主义精神文明建设的内在要求。在建设社会主义物质文明和政治文明的同时，建设以马克思主义为指导的社会主义精神文明，是社会主义社会的重要特征。思政教育是社会主义精神文明建设的中心环节和基本形式，其根本任务、工作中心的确定必须与精神文明建设的根本任务相一致。思政教育要促进社会主义精神文明建设，充分发挥其在精神文明建设中的作用，首先就要致力于培养"四有"新人，因为一代社会主义新人乃是建设高度的社会主义精神文明的重要条件，也是精神文明建设的落脚点。同时，思政教育本身就是培养人的事业，理应把全面提高人的素质放到首要地位。可见，将培育"四有"新人作为思政教育的根本任务，既是建设高度的社会主义精神文明的需要，也体现了思政教育的本质，抓住了思政教育的中心。

第三，培育"四有"新人是发展市场经济，建设和谐社会，实现社会主义现代化的内在要求和根本条件。大力推进市场经济，建设社会主义和谐社会，加快现代化建设步伐，需要包括经济、政治、科技、资源、政策、法规等多方面的条件，而其中最重要的条件是要有一代新人。因为人是社会活动的主体，是发展市场经济、建设社会主义和谐社会的主体。在社会主义现代化进程中，人是一个基本的因素。只有全面提高社会成员的思想道德素质和科学文化素质，使人这一现代化建设的主体充满积极性、主动性、创造性，经济、政治等方面的条件才能得到充分利用，才能顺利完成从计划经济体制向社会主义市场经济体制的转轨，才能实现又好又快且可持续的经济发展，从而全面推进社会主义现代化的进程。可见，人的因素在市场经济建设和整个社会现代化建设中处于举足轻重的地位。实践表明，没有人的素质的全面提高，没有一代"四有"新人，市场经济的发展和各方面的现代化都会受到严重制约。只有培养出一代具有较高思想道德素质和科学文化素质的社会主义新人，才能推动社会主义市场经济的发展，满足社会主义现代化建设的需要。

二、思政教育任务包含的内容

（一）道德品质教育是基础

开展道德教育，要坚持以为人民服务为核心，以集体主义为原则，以爱祖国、爱人民、爱科学、爱劳动、爱社会主义为基本要求，以社会公德、职业道德、家庭美德为着力点，使道德教育既坚持社会主义的主导方向，又具有多样性。

加强公民道德建设，发挥乡规民约的作用。在新的时代人们的物质和文化生活有了显著的提高，各方面的变化相当的大，尤其是在农村，农民收入稳步增长，生活一天比一天好，吃讲究营养，住讲究宽敞，穿讲究新潮，农村到处展现出一种新气象。在物质和文化生活得以满足的同时，更需要从素质上予以提升，坚持勤俭节约、反对铺张浪费，扬正气树新风，营造健康向上的良好风尚。

加强公民道德建设，注重先进文化的引导作用。既要"送文化"更要"种文化"，如农家书屋、村镇文化站、乡村舞台、健身广场全覆盖；大力开展读书看报、写字绘画、吹拉弹唱、体育健身等有益的活动，并且以群众喜闻乐见的形式将身边的事自编自演，以典型引路，抵制陈规陋习；用道德文化和舆论的力量营造健康向上的氛围。

加强公民道德建设，为乡村振兴战略提供强有力的支撑。要实施乡村振兴战略，要坚持农业农村优先发展，按照产业兴旺、生态宜居、乡风文明、治理有效、生活富裕的总要求，建立健全城乡融合发展体制机制和政策体系，加快推进农业农村现代化进程。我国把乡风文明摆到了重要的位置，乡村振兴不仅要让农民收入提高，更要使农民的道德素质大大提升，使其抵制各种不道德的行为，以正压邪，共同筑造精神家园，使人民的生活富裕起来，让其精神充实起来，有更多的获得感和幸福感，为乡村振兴战略提供强有力的支撑。

公民道德建设的重点在农村，难点在农村。农村范围广、人口多，我们要大兴乡村文明之风，在提高村民收入的同时，提高村民的素质，做到精神文明建设与物质文明建设同步，实现乡村振兴，加快解决"三农"问题。

（二）理想信念教育是核心

社会主义理想信念教育是思想建设的核心内容，是思政教育的根本任务。随着改革开放的深化、市场经济体制的建立，人们的社会生活方式日趋多样化，人们的思想观念、行为方式也发生了改变。面对许多前所未有的新矛盾、新问题，一些人感到迷茫，缺乏明确的理想信念与价值标准。

（三）爱国主义教育是重点

爱国主义是中华民族的光荣传统，蕴含着最为深厚的历史情感，是全国各族人民共同的精神支柱，鼓舞和激励着全国各族人民为祖国的事业而团结奋斗。

爱国精神的培养是一个能动的过程，是受主体社会生活实践经验和认识能力的发展水平所制约的，是一个主体不断进行自我概括、自我内化和自我拓展的过程。爱国主义教育的任务是以爱国心理为基础的，对青少年进行系统的中国历史，特别是中国近现代史教育，使青少年从历史逻辑的高度认识和把握中华民族发展的规律与趋势。同时，要站在世界的高度，对青少年进行中国化马克思主义理论教育，引导青少年认识中华民族的历史命运与中国化马克思主义理论的本质关联，使理论升华为朴素的爱国情感。只有这样，才能把感性的、分散的、不稳定的爱国心理上升为理性的、集中的、坚定的爱国信念。

因此，爱国主义是我国社会的精神主题，爱国主义教育是思政教育的重点。

（四）科学思维方式是补充

我们处在一个变革的时代，社会生活的方方面面都在发生着激烈的变化。适应和推动这种变化，帮助人们转变观念、冲破旧的思维模式的束缚，培养和建立新的、现代化的科学思维方式，也是思政教育的重要任务。

三、思政教育完成新时期任务的基本要求

思政教育的根本任务为确定一定时期思政教育的主要任务以及具体任务指明了方向。在任何时候，思政教育的主要任务以及具体任务都要有利于教育对象思想道德素质的全面提高。这是由思政教育的根本性质所决定的，是思政教育任务的共性。因此，尽管完成不同层次任务的具体要求不同，但无论哪一层次任务的实施都必须遵循下列要求。

（一）构建社会主义核心价值体系

社会主义核心价值观的内容是要倡导富强、民主、文明、和谐，倡导自由、平等、公正、法制，倡导爱国、敬业、诚信、友善，积极培育和践行社会主义核心价值观。这与中国特色社会主义发展要求相契合，与中华优秀传统文化和人类文明优秀成果相承接，是我们党凝聚全党全社会价值共识作出的重要论断。富强、民主、文明、和谐是国家层面的价值目标，自由、平等、公正、法治是社会层面的价值取向，爱国、敬业、诚信、友善是公民个人层面的价值准则，这 24 个字是社会主义核心价值观的基本内容，为培育和践行社会主义核心价值观提供了基本依据。

社会主义核心价值观教育是新时代高校教育的重要组成部分。大学生正处在世界观、人生观、价值观形成和确立的重要时期，抓好这一时期的社会主义核心价值观教育非常重要。我们要通过有效举措增强社会主义核心价值观教育的仪式感，这有助于提升大学生对社会主义核心价值观的敬畏心和敬重感，促使其转化为大学生的情感认同和行为习惯。

（二）突出当今时代主旋律思政教育

爱国主义、集体主义和社会主义教育是我们时代的主旋律，是当前思政教育的核心和重点内容。新时期思政教育应牢牢把握这一重点和核心，坚持用爱国主义、集体主义、社会主义思想培养"四有"新人。

突出主旋律教育，要帮助受教育者正确理解爱国主义、集体主义、社会主义的科学内涵及时代特征，并引导受教育者将其内化为自身行动。爱国主义是一个历史范畴，在不同的国家、不同的历史时期有不同的内容。在我国现阶段，爱国主义主要表现为献身于建设和保卫社会主义现代化事业，献身于促进祖国统一事业。进行爱国主义教育，在今天就是要引导受教育者热爱社会主义祖国，坚持党在社会主义初级阶段的基本路线，为振兴中华、实现社会主义现代化而努力奋斗。集体主义是社会主义社会思想道德领域最基本的价值导向，其实质就是集体利益高于一切，全心全意为人民服务。集体主义一向是我国思政教育的核心内容，在新的历史条件下，思政教育仍然必须坚持对受教育者进行集体主义价值观教育不动摇。社会主义是以生产资料公有制为基础的社会制度，本质是解放生产力，发展生产力，最终达到共同富裕。在市场经济条件下，我们应注意结合人们的思想实际，深入进行社会主义思想教育，帮助受教育者坚定社会主义信念，保证我国始终沿着社会主义道路前进。爱国主义、集体主义、社会主义教育是三位一体、相互促进的。在进行主旋律教育时，一定要全局在胸，注意它们之间的紧密联系，既有所侧重，又使其相互补益、相互促进。只有这样，主旋律教育才能更好地发挥整体效应，如春雨润物般地渗透到受教育者的意识中，使爱国主义、集体主义、社会主义真正变成受教育者思想以及行动上的主旋律。

突出主旋律教育，要引导受教育者树立爱国主义、集体主义、社会主义思想并付诸行动，积极投身到建设中国特色社会主义的伟大实践中。爱国主义、集体主义、社会主义三者统一的基础就是建设中国特色社会主义的实践。换言之，建设中国特色社会主义的实践，充分体现了爱国主义、集体主义、社会主义的有机统一。第一，建设中国特色社会主义是新时期爱国主义的主题。把我国建设成为富强民主文明和谐的社会主义现代化国家，集中反映了全体人民的根本利益和愿望，是新时期国家、民族的前途命脉之所系。因此，新时期爱国主义的基本内涵和最高主题就是建设中国特色社会主义，全面实现社会主义现代化。今天，一切积极投身于现代化建设的劳动者都是真正的爱国主义者。第二，建设中国特色社会主义是对集体主义精神的大发扬。建设中国特色社会主义是一项全民族的事业，是全国人民的共同责任。只有动员和调动一切力量，发挥广大人民群众的积极性，依靠全国人民的共同奋斗，这一伟大事业才能成功。同时，在建设中国特色社会主义的进程中，必然会出现一些矛盾和困难，某些利益关系会失调，只有坚持集体主义价值导向，才能正确处理各种利益关系，化解种种矛盾、克服暂时的困难，从而保证中国特色社会主义建设顺利进行。第三，建设中国特色社会主义是一条符合中国国情的社会主义建设道路，它初步解决了我国如何建设、巩固和发展社会主义的一系列基本问题，在理论和实践上都把社会主义事业向前推进了一大步。努力建设中国特色社会主义，就是坚持和发展社会主义。正因为建设中国特色社会主义充分体现了爱国主义、集体主义、社会主义的有机统一，因而进行主旋律教育，最后的落脚点就是引导人们积极投身于这一伟大实践中，并在实践中继承和弘扬中华民族的爱国主义精神，坚持集体主义的价值导向，坚持社会主义信念，为实现社会主义现代化而努力奋斗。

综上所述，爱国主义、集体主义、社会主义是当前思政教育的主旋律。在建设中国特色社会主义的进程中，坚持主旋律教育，就抓住了思政教育的核心，就能更好地用主旋律统一受教育者的思想，协调受教育者的行动，使受教育者积极投身于社会主义现代化的伟大实践中，并在实践中逐步把自己培养成"四有"新人，从而较好地完成思政教育的各项任务。

（三）弘扬中华民族优秀的传统文化

思政教育是社会主义精神文明建设的基础性工作，是物质文明、政治文明和精神文明建设的基本保证，在教育过程中理所当然地要弘扬中华民族的优秀传统文化，这对于完成思政教育的各项任务，全面提高受教育者的精神素质，具有极其重要的现实意义。

中华民族传统文化是中华民族发展史上不同时代文化的累积。作为过去时代精神的反映，传统文化自然有一定的历史局限性，有一些内容是失去了历史存在合理性的糟粕，应当剔除。但毫无疑问，传统文化中也有许多内容超越了自己的时代而揭示出了与人类总体或个体相关的一些永恒问题，这些内容是传统文化的精华，应予以继承和弘扬。

第四节 思政教育工作的内容

党的思想政治工作的目的和任务决定了思想政治工作的基本内容。思想政治工作的基本内容就是用社会主义、共产主义的思想体系教育广大党员、干部和群众，启发和引导人们提高思想政治觉悟和认识世界、改造世界的能力。社会主义、共产主义的思想体系，不会自觉地产生和发展，而必须有领导，有组织地进行宣传教育，也就是系统的社会主义的思想教育；同时，广大人民群众实现社会主义、共产主义的实践活动，又是社会主义、共产主义教育的大课堂，这就是日常性的思想政治教育。系统的教育和日常性的教育是思想政治工作密切联系、不可分割的两个基本内容。

一、进行系统的社会主义和共产主义的教育

社会主义、共产主义思想体系的教育，包括很多方面的内容，其中最主要的有以下几个方面：

（一）社会主义和共产主义理想教育

共产主义理想，就是为共产主义事业而奋斗的坚定信念和目标。共产主义理想分为现阶段的奋斗目标和将来的远大目标。建设有中国特色的社会主义，实现新时期党的总任务规定的奋斗目标，把我国建设成为富强、民主、文明、和谐的社会主义现代化国家，就是党在现阶段的奋斗目标和理想，也是现阶段我国各族人民的共同理想。实现"各尽所能，按需分配"的共产主义制度，是党的远大奋斗目标，也是我们党的最高理想，社会主义、共产主义理想教育是系统思想政治教育的核心内容。

（二）马克思主义人生观的教育

人生观教育是系统的思想政治教育的又一重要内容。所谓人生观，是指一个人对整个人生的根本观点。它主要回答人为什么活着，人的一生如何度过才有意义，人们应该怎样度过自己的一生。我们平常讲的幸福观、生死观，荣辱观、审美观、道德观、恋爱观，都是人生观的基本内容。由于人们对人生这些根本问题的回答不同，从而形成了不同的人生观。我们所提倡的是全心全意为人民服务的人生观。这种人生观是马克思主义世界观的重要组成部分，它的实质是要为全人类的彻底解放而英勇献身。在现阶段，就是要全心全意为人民谋利益，把人民的利益看得高于一切。看一个人是否真正树立了这种高尚的人生观，主要就是看他是否具有全心全意为人民谋利益的思想和行动。

要树立全心全意为人民服务的人生观，首先必须学习马克思主义理论，掌握无产阶

级的立场、观点和方法。只有掌握了无产阶级的立场、观点和方法，才能正确认识人生的意义和人生的价值。其次，还必须积极参加为人民服务的社会实践活动，在实践中确立和巩固正确的人生观。在我们社会主义国家，在广大人民群众之间，人人都是服务的对象，人人都要为他人服务。他们只有服务岗位的不同，没有高低贵贱之分，他们只有在全心全意互相服务的社会实践中，才能建立起人与人之间的新型关系。这样，就能创造一个促进高尚人生观形成的良好社会环境。最后，还必须自觉地加强思想意识修养，不断克服自私自利的个人主义人生观。思想意识修养的任务，就是用无产阶级思想意识克服各种非无产阶级思想意识；就是用人民利益高于一切的原则去战胜各种各样的个人主义，从而把自己锻炼成为一个有益于人民的人、一个高尚纯洁的人。

（三）社会主义和共产主义道德教育

道德教育是系统的思想政治教育的一个基本内容。我们通常所说的道德教育，一是指社会主义道德教育，包括职业道德、社会公德等方面的道德教育；二是共产主义道德教育。这两方面都是共产主义思想体系教育的重要内容。进行社会主义和共产主义道德教育的目的，是在全国各民族之间、工人农民知识分子之间、军民之间、干部群众之间、家庭内部和邻里之间，以至人民内部的一切相互关系上，建立一种平等、团结、友爱、互助、高尚的社会主义新型关系。

道德是经济基础的反映。社会主义道德是以马克思主义世界观为指导的，是以社会主义新型社会关系为依据的，社会主义道德与共产主义道德既有联系又有区别，它主要反映了共产主义初级阶段社会关系的基本特点。在道德教育问题上，我们要从党员、干部和群众的实际情况出发，分别提出要求。一般来说，在社会普遍实行社会主义道德的同时，还要认真提倡共产主义道德，使道德教育既有广泛的社会基础，又有先进的目标。

共产主义道德，是社会主义阶段共产主义因素在社会道德方面的体现，是人类最高尚的道德，它的基本内容是：克己奉公，助人为乐；毫不利己，专门利人；舍己救人，自觉献身。它的核心是大公无私的共产主义献身精神。这里说的"大公"，是指人民利益高于一切的共产主义思想和行为；"无私"是指反对一切自私自利的思想和行为。

为了更好地坚持共产主义道德，还必须正确处理个人利益和全体人民利益的关系。在一般情况下，个人利益同全体人民利益是一致的，但却不是平等的。就是说，要把全体人民的利益摆在第一位，把个人利益摆在第二位。先公后私，就是对这一原则的科学概括。我们党是一贯重视群众的个人利益的，但是当个人利益同全体人民的利益发生矛盾时，我们就要教育广大群众自觉地以个人利益服从全体人民的利益，必要时甚至还要牺牲个人的利益来维护国家和集体的利益。公而忘私，就是对这种道德品质的高度概括。大公无私、先公后私、公而忘私，都是共产主义道德的集中表现，我们进行道德教育，一定要提倡这种道德观念，使广大党员、干部和群众成为具有社会主义和共产主义高尚道德的人。

二、日常性的思想政治教育

日常性的思想政治教育是指结合人们面临的形势和具体的思想问题所进行的思想教育。在社会主义社会尤其是在它的初级阶段，社会矛盾仍然是错综复杂的，人们的思想问题也是大量的、层出不穷的，做好具体的、日常性的思想政治教育工作，对于启发和调动人们建设社会主义的积极主动性，转变错误、片面的认识，调节人们相互间的关系，对于形成和发展正确的思想政治观点，都是十分必要的。

日常性思想政治教育的内容十分广泛，几乎涉及社会生活的一切领域，概括起来，大致有以下几个方面：

（一）形势教育

我们党的思想政治教育工作的优良传统之一，就是长期坚持向广大人民群众进行形势教育。形势为分以下几种：就其范围来讲，有国际形势和国内形势；就其性质来讲，有政治方面的、经济方面的、外交方面的和科技方面的等；就其时间来看，有已经发生的、过去的、有定论的形势，有正在发生、发展过程中，情况尚不甚明了的形势，也有超前式预测性的发展趋势。不管是哪一种都可以成为对群众进行形势教育的材料。比如目前就应该着重进行继续深化改革的教育。因为改革是广大群众思想上的一个热点，同时又有一些弄不清楚的问题，思想政治工作人员应该把握群众的思想心理特点，帮助群众坚定改革的信心，积极投身改革之中，同时对触及广大群众眼前利益的一些问题，要有一个正确的看法和态度。

搞好形势教育，必须注意以下几个方面的问题：

第一，要从根本标志上分析形势，要看本质的东西，不能只从一个侧面、一个角度去看。尤其要注意透过现象看本质，通过局部看全局，跨过支流看主流，抓住实质性问题。尽管我们前进的道路上还面临很多新问题、新困难，但只要我们看到它的基本标志，就能正确地看待形势，从而坚定人们的信心，把改革引向深入。

第二，要坚持实事求是的精神。任何时候的形势总是一分为二的，有好的一面，也有不好的一面，只不过是看哪一面占主导地位罢了。我们进行形势教育，就要把真实的东西告知群众。这样群众才能在成就面前鼓舞斗志、增强信心，在问题面前头脑清醒，减少盲目性，并想方设法解决一些能够解决的问题。

第三，要在分析形势的前提下，提出任务和要求。进行形势教育的目的是完成新时期的历史任务。因此，要结合建设四个现代化的总任务来进行。再则，任何形势都是不断发展变化的，国内的、国际的形势每天都在起变化，都带有新的特点，应根据这些带有新特点的变化了的形势，向群众提出新的要求。当然，明确任务和提出要求，除了围绕总任务以外，还要明确本系统、本部门、本单位、本地区及其近期、中期和远期的具体任务，以及为完成这些任务所要达到的具体要求。这样，才能使广大群众胸怀全局，明确目标，同时又能把自己的本职工作和整个事业联系起来，增强主人翁责任感。

（二）党的政策教育

时事政策教育，是关系到全党全民统一思想行动、鼓舞信心和斗志的一件大事。所谓政策，就是指党和国家根据总路线制定的保证总任务实现的行为准则和实施办法。比如，工业政策、农业政策、财经政策、外交政策、干部政策、民族政策，计划生育政策、个体经营政策等。进行政策教育，最根本的是要从实际出发，建设具有中国特色的社会主义。进行政策教育，必须注意以下几个问题：

首先，要帮助人民群众认清现阶段政策与共产主义方向的一致性。大家知道，共产主义是一种理论，也是一种实践。而党的政策正是理论和实践的中间环节，现行政策的目的是促进生产力发展，只有生产力高度发展，才能逐步实现共产主义。从这个意义上讲，党的各项现行政策是同实现党的最终目标相一致的。

最后，要区分党的方针、政策的正确性和执行中的失误和偏差。也就是说，党的总的方针、政策是根据马克思主义基本理论和中国社会主义建设的实际情况制定的，因而是正确的。问题是，中国地广人多，执行过程中，可能出现这样或那样的情况和问题。或者某一项政策还不够完善，需要在执行过程中加以补充和修改。碰到这些情况，都不应该怀疑党的总的方针、政策的正确性，也只有这样，才能建立起一种对党的方针、政策的信赖感，从而增强执行党的方针、政策的自觉性。

再次，要联系实际，注意方法。人民群众对于政策的反应如何，他们赞成什么、拥护什么，我们要做到胸中有数，有针对性地进行工作。尤其是某一政策在执行过程中出现了一些什么样的问题，应该对群众进行解释，帮助群众理解党的方针和政策。对于在执行政策的过程中人们有些暂时想不通的问题，甚至发牢骚讲怪话的，要反复地、耐心细致地说服教育，注意方法，不能随意乱扣帽子，增加人们的反感情绪。

（三）正确处理国家、集体、个人三者利益关系的教育

国家、集体、个人利益三兼顾，这是社会主义经济发展的客观要求，是我国现实物质利益关系的科学反映，是马克思主义物质利益理论在我国现实条件下的运用和发展。在我国，一定要坚持运用这一理论教育广大干部和群众。应该认识到，国家、集体、个人三者利益都是劳动人民的利益，从根本上说是一致的，但是也还存在着矛盾。正确地处理好这些矛盾，就能调动广大干部和群众的积极性，促进生产的发展，促进经济效益的不断提高。否则，就会阻碍生产的发展，影响社会主义现代化建设的进程。那么，要如何进行正确处理国家、集体、个人三者利益关系的教育呢？

第一，应讲清三者之间的利益关系。

这里所说的个人利益，指的是直接满足劳动者个人和家庭生活需要的部分，它不仅是劳动力再生产的条件，而且是提高劳动人民生活水平的必要因素。社会主义并不否认个人正当的利益，斯大林曾说"社会主义是保护个人利益的唯一可靠的保证""只有社会主义社会才能给这种个人利益以最充分的满足"。[①] 所谓集体利益，一般是指全民所有制单位和集体所有制单位的利益，它是每个单位获得更好地发挥劳动者社会主义积极性的物质条件。集体利益对群众来说，同样是看得见、摸得着，非常实际、具体的东西。因此，巩固和发展集体利益，也是调动群众积极性的一个重要方面。所谓国家利益，是整个社会的根本利益，是保证社会扩大再生产以及国防、行政、文教、卫生等正常开支的必要条件，是社会生产发展、人民物质文化生活不断提高的根本保证。

在社会主义制度下，国家既是劳动人民的保卫者，又是整个社会主义经济的领导者和组织者。国家、集体、个人在社会主义公有制的基础上，其根本利益是一致的。也就是说，社会主义国家和集体的利益，是劳动者个人利益的源泉和保证。而劳动者的个人利益又是社会主义国家利益、集体利益的基础和最终归宿。当然，在社会主义条件下，由于劳动还是分配消费品的尺度，因而人们获得的个人利益是不同的。同时，由于全民所有制和集体所有制单位都各有不同的利益，因此三者之间又存在矛盾。但这是根本利益一致基础上的矛盾，是完全可以通过社会制度本身加以调整和解决的。

要处理好这三者的利益关系，就要兼顾各方面的物质利益，使国家、集体、个人各得其所，使其具有正常活动的物质条件。这样才能调动各方面的积极性，社会主义经济才能发展。

第二，应讲清楚在处理三者利益关系时应抱什么态度。

国家、集体、个人三者利益，从根本上说是一致的。处理三者利益的方针是统筹兼顾。这样就可以使三者利益在一般情况下保持协调统一，但也是会产生矛盾的。处理这些矛盾的原则是：国家利益高于个人和集体利益，人民的利益高于一切，个人利益必须服从人民利益。为什么要用这个原则呢？因为国家利益代表着人民群众的根本利益和长远利益，是个人利益的源泉和保证，只有国家富强了，经济发展了，人民群众的个人利益才能随之增长，生活才能随之改善和提高。所以，要教育党员、干部和群众，在任何时候，任何问题上都应把国家、人民的利益放在第一位，把个人的利益放在从属的地位。当个人利益和人民利益发生矛盾时，应毫不犹豫地牺牲个人利益，直至献出宝贵的生命。

（四）社会主义民主与法制教育

1. 进行社会主义民主教育

社会主义民主就是指在社会主义国家里，以工人阶级为领导的全体人民在共同享有对生产资料的不同形式的所有权、支配权的基础上，享有管理国家的最高权力。它是人民

---

① 引自王伟光，《正确认识斯大林 科学评价斯大林》，2022.8.14.

民主专政的一个重要内容，是社会主义制度的一个重要政治原则。它是绝大多数人的民主，是历史上从未有过的最为广泛的最高类型的民主，同资产阶级民主有着本质的区别。为了适应社会主义现代化建设的需要，切实扩大社会主义民主，就要在全社会进行社会主义民主教育。

社会主义事业是全体人民的事业，只有建设高度的社会主义民主，才能使各项事业的发展符合人民的意志、利益和需要，使人民增强主人翁的责任感，充分发挥主动性和积极性。

建设社会主义民主要按民主集中制的原则，改革和完善国家的政治体制和领导体制，使人民能够更好地行使国家权力。社会主义民主要扩展到政治生活、经济生活、文化生活和社会生活的各个方面，发展企事业单位的民主管理、基层社会生活的群众自治。应当根据社会主义民主的原则，建立人与人之间的平等关系和个人与社会之间的正确关系。民主意味着平等，社会主义民主必然要求在人民内部按照民主原则建立各种平等的政治关系。思想政治工作的目的也是使人民增强民主意识，树立主人翁的责任感，调动积极性，创造一个安定、团结、民主、融洽的环境。从这个意义上讲，思想政治工作必须加强社会主义民主教育。

社会主义民主也是人民群众进行自我教育的重要方法。解决人民内部矛盾，改造错误思想，纠正不良习惯，只能采取民主的方法，也就是开展讨论，开展批评和自我批评，进行说服教育。党在长期革命实践中创造的用于提高人民思想觉悟，解决人民内部矛盾的民主方法，是行之有效的。没有民主方法的普遍运用，没有人民觉悟的普遍提高，社会主义民主制度的建设和民主生活的发展就没有保障。

进行社会主义民主教育要充分认识到民主作为一种政治制度，从来就不是抽象的、绝对的，讲民主不能离开四项基本原则。进行民主教育，尤其重要的是教育群众正确运用自己的民主权利。我们说的民主，是社会主义的民主，是在党的集中统一领导下的民主，不能极端民主化，不能搞无政府主义的大民主。

2. 进行社会主义法制教育

社会主义法制，是指无产阶级领导广大人民通过国家政权建立起来的法律制度和由此建立起来的社会秩序。它的根本任务是打击敌人，保护人民，保障生产、工作、生活秩序，巩固人民民主专政，保证社会主义现代化建设的顺利进行。

社会主义民主是建立和健全社会主义法制的前提和基础，而社会主义法制则是社会主义民主的体现和保障。社会主义法制的完备程度，标志着社会主义民主的发展和成熟程度。民主和法制、纪律是不可分的。社会主义法制，体现人民的意志，保障人民的合法权利和利益，调节人们之间的关系，规范和约束人们的行动，制裁和打击各种危害社会的不法行为。不要社会主义民主的法制，绝不是社会主义的法制；不要社会主义法制的民主，绝不是社会主义民主。因此，进行社会主义民主教育的同时，必须大力加强社会主义法制的教育。

加强法制建设，普及法律知识，人人学法、知法、懂法、守法，依法办事，是保证社会主义现代化建设和改革开放的需要，是保持社会安定团结的需要，也是公民保护自身合法权益的需要。过去，由于法制不健全，给国家和人民带来极大危害，其后果至今远未消除。社会主义法制的基本内容和要求是："有法可依，有法必依，执法必严，违法必究。"进行法制教育，要做到以下几点：

第一，要做到"知法"。在进行法制教育时，除了需要共同掌握的法律以外，还要结合各单位、各部门的实际情况，有重点地选学有关法律知识。特别要结合各自工作的性质、职业的特点，做到精通有关的法律知识和重要的法律条款。

第二，要重视宣传。要利用一切宣传工具，宣传普及法律常识。充分发挥电视、广播、报刊、宣传栏等宣传工具的作用，大力表彰遵纪守法的先进模范人物。

第三，要重视学校教育。法制教育应从小学开始，小学、中学、大学都要进行法制教育。

第四，普及法律知识，进行法制教育要突出重点。广大党员和领导干部要带头学法知法。法制教育的对象是工人、农民、知识分子、干部、学生、军人以及其他劳动者和城乡居民中的一切有接受教育能力的公民；教育的重点对象一是干部，二是青少年。可以说，没有任何人可以超越于法律之外，也没有任何人可以不学法、不按法制办事。只要广大党员和干部带头学法知法，法制教育就能顺利进行。

3. 进行遵守纪律的教育

纪律就是为了实现共同的目标，人们必须遵循的言论和行为的准则。党有党纪，政有政纪，校有校纪，军有军纪，厂有厂规，全社会各部门、各组织、各行各业都有自己的规章制度和纪律。

纪律是进行社会主义建设的强有力的保证，是维护正常社会秩序的基本条件，是社会主义精神文明建设的重要内容之一，进行纪律教育的意义是不可低估的。在社会生活中，为了协调人与人之间的社会关系，使人们的工作、学习、生产能顺利进行，必须建立起相应的行为准则，每一个人都应该自觉地、无条件地执行这些准则，只有这样，人与人之间的关系才能和谐，所以，思想政治工作应注重进行纪律教育。进行纪律教育应注意以下几个问题：

首先，要正确认识纪律和自由的关系。纪律与自由是对立统一的关系，两者是相互制约、互为条件、不可分开的。纪律是自由的保证，没有纪律，也就没有自由，所谓绝对自由，不受任何限制的自由，实际上只是一种幻想，世界上根本不存在。

其次，要做到赏罚分明，纪律处罚和纪律教育都是为了提高遵守纪律的自觉性。执行纪律本身也是一种实在的教育，而且是一种更具有权威性和说服力的教育。惩处违纪人员，就能促使人们从中得到教训和教育，促进疏导、教育目的的实现。

最后，要做到"严"字当头、一视同仁。要教育人们不折不扣地执行党和国家的政策，做到令必行禁必止，这是遵守纪律的最高准则，对群众要严，对干部尤其是领导干部更要严。讲人情，不讲原则，大事化小，小事化了，纪律松弛，违纪现象得不到纠正，这些都是不严的表现，不可等闲视之。只有领导干部带头遵守纪律，才能更好、更有效地带动群众都遵守纪律。

（五）革命传统教育

革命传统教育，是党对群众进行思想政治教育的重要内容和有效办法。革命传统就是无数革命先烈和前辈们在党的领导下，前赴后继、英勇奋斗的英雄事迹和革命精神；就是老一辈无产阶级革命家培育的我们党的三大优良作风；就是我们党的光荣历史。革命传统在过去是鼓舞广大青年发挥突击作用的动力，是人民群众，尤其是青少年的必修课，今天，它是激励人民群众奋发向上，建设社会主义的精神力量。无数事实证明，学习宣传革命前辈为真理而斗争、为党的事业而献身的崇高品德，就能教育人们坚持坚定的政治方向，明确共产主义的远大目标，为四个现代化建设做贡献。学习宣传革命前辈爬雪山，过草地，出生入死的革命英雄气概，就能激励人们正确对待困难，克服困难，立足本职，埋头苦干，在工作和学习中做出优异的成绩。学习宣传革命前辈在战斗频繁、条件极差的环境下坚持学习的刻苦钻研精神，就能鼓舞人们发奋学习文化科学技术，提高业务能力。学习宣传革命前辈密切联系群众、团结友爱的阶级感情，就能帮助人们同心同德搞四化。总的说来，革命传统闪烁着时代的光辉，它仍是新时期思想政治工作的一项重要任务和内容。

第二章 新时代思想政治教育工作的原则

第一节 针对与实效相结合的原则

高校网络舆情与大学生思想政治教育工作必须注重针对性和实效性的结合。利用网络进行高校思想政治教育的目的，就是因为网络不仅摆脱了时空的限制，而且更能以丰富多彩的内容去满足学生的不同需要。这就要求高校思想政治教育工作者不仅要"以人为本"，还要有针对性地解决学生的思想问题，只有在此基础上，才能实现网络舆情与大学生思想政治教育工作的较高实效性。

一、高校网络舆情与大学生思想政治教育的针对性

加强高校思想政治教育对网络舆情工作的针对性，就是要紧密联系现阶段大学生中存在的实际情况，根据大学生身心发展和所处教育阶段的特点，遵循思想政治教育的普遍规律，以适应大学生身心成长的特点和接受能力，有针对性地采取相应措施教育、引导学生。

（一）贴近学生实际

一要贴近时代。高校思想政治教育要拥有生命力，必须要与时俱进，为了使大学生的参与兴趣更浓，大学生思想政治教育工作也要具有鲜活的内容。二要贴近生活。思想政治教育在网络舆情的生活化表现，容易使学生在教育活动中接受思想政治教育的内容。他们对现实生活中的事件接触比较多，因而也能收到更好的教育效果。三要贴近学生需要。学生是教育的主体，我们开展的教育只有与学生的认知水平与道德水平相接近，才易被学生认可、接受，学生参与活动的主动性高，才能凸显思想政治教育工作的成效。

（二）引导学生确立远大志向

充分发挥思想政治教育课教学的主导作用，对学生进行辩证唯物主义和历史唯物主义基本观点教育、纪律法制教育和思想品德教育、政治教育，引导学生树立正确的世界观、人生观和价值观，增强法纪意识、道德意识。当代大学生在物质条件相对较好的理想与现实的差距中，逐渐放弃远大理想而转向个人短期目标的实现上，这种现象的产生固然

与社会现实有关，与我们的教育内容确也不无关系，必须通过网络帮助大学生重新树立远大理想。

（三）引领学生增强爱国情操

有针对性地以多种形式对学生进行爱国主义、集体主义和社会主义教育，弘扬和培育以爱国主义为核心的伟大民族精神。帮助学生提高思想觉悟，树立接班人意识，增强民族责任感，为中华民族的伟大复兴而努力学习。在思想政治教育的网络上，加强历史与国情教育，通过古代史教育，增强大学生的民族自豪感和民族凝聚力；通过近现代史教育，让大学生了解到中华民族在争取民族独立和民族解放的过程中，浴血奋战，不屈不挠，增强青年大学生的民族自豪感和民族自尊心。让大学生认识到，在当今时代，什么是责任和担当。

（四）引导学生规范行为习惯

大学生活相对比较自由，学校除上课以外几乎不做任何硬性要求，基本是以自治为主。通过思想政治教育来提高大学生的规范意识，虽在课堂教学内容上无法体现，但可以借助网络思想政治教育进行。榜样的力量是无穷的，在大学生中树立榜样，便可以起到激励的作用，不仅能够在行为方式上约束青年大学生，还能在规章制度上严格管理，使大学生形成良好的道德规范。

（五）承担时代赋予的历史使命

青年大学生是具有较高知识层次、富含巨大潜力、富有创造性的群体，他们思想活跃，接受新生事物能力强，勇于承担时代赋予的历史使命。应根据这些特点设置不同阶段的教学方式和内容。每个学生的兴趣爱好都不一样，对于网络内容关注的程度也不一样，这就要求思想政治教育工作者的工作在网站上要内容多样化、层次性强，这一点是很容易做到的，也是加强高校网络舆情与思想政治教育工作的实效性的有效手段。

（六）积极向上的人生引导

青年大学生精力旺盛、思维活跃，喜欢发挥自己的价值作用，在网络舆情的环境中必须要对他们进行积极向上的引导。我们应该充分反映大学生所关心的热点问题，关注时事政治，当前的政治经济形势，学生自身的问题，引导大学生正确看待这些问题，营建和谐校园、和谐身心、和谐人格。除此之外，要及时关注大学生出现的新问题，提高高校网络舆情思想政治教育的针对性，这就要求教育者要多关注大学生，把大学生纳入自己教学研究范围，不断提高网络教育的水平。

二、高校网络舆情与思想政治教育的实效性

网络对高校思想政治教育工作的实效性应当重视以下几方面的问题：

第一，做好高校网络思想政治教育的基础，是寻找网络舆情与思想政治教育的最佳契合点。应树立教育新观念，确立利用网络为大学生提供更优质教育服务的工作理念。具体做法是：针对网络舆情走势，开设网上心理健康服务，充分利用网络的互动性、隐蔽性、多媒体性为大学生提供心理健康服务；开展网上调查，掌握大学生的最新情况；开展网上就业指导，为大学生提供就业知识服务。高校思想政治教育只有通过实事求是、多办好事实事，以更优质的服务对大学生进行潜移默化的教育和引导，彰显其强大的生命力，提升思想政治教育应有的效力。

第二，追踪网络热点，提高实际工作能力。积极追踪"网络热点""网络焦点"，充分发挥思想政治工作教育者的主观能动性，不断提高把握网络信息动态变化的能力，提高在网络上与学生进行沟通的能力，将网络沟通与现实沟通有机结合，是做好高校网络思想政治教育工作的重要保证。为此，教育者不仅要了解当代大学生的思维特质、思想状态、情感特点、发展特征，还应对他们的需求、希冀和爱好保持敏锐的洞察力，将网络沟通与现实沟通有机结合，增强沟通和交流的方式方法的艺术性、技巧性，使高校网络思想政治教育的亲和力大大增强；另外，网络与信息传播的多元性、广泛性，也必然引起大学生思想观念的解放。他们在积极地参与网络信息传播，发表言论讨论交流的同时，一方面启迪他们的民族思想由未成形的潜意识走向更加成熟的现实思维模式，另一方面为他们在未来的日常学习生活工作中添加民主的成分。

第三，总结亮点，推进工作交流。作为时代的新生事物，对于高校网络舆情与大学生思想政治教育工作我们既要善于、勤于总结与推广新鲜经验和好的做法，又要注意不断总结，推进交流，加以提高。

第四，加强形式创新。大学生思想政治教育不断推进教育形式创新是适应形势发展的需要。针对网络舆情，教育者要保持主导地位，及时主动地发布信息，或者根据学生的具体情况及早作出判断和采取措施，并且，教育者要和大学生实现互动，交流思想，解决实际问题。随着高校网络舆情研究的发展和大学生思想政治教育工作实践的逐步发展，如何提高并确保工作的实效性，将成为高校思想政治教育工作的重要命题。培育"舆论领袖"，培养一支新型思想政治教育队伍，进行网络舆情引导，把握舆情导向，及时、准确地进行信息发布，有利于在网络时代下更好地开展大学生思想政治教育工作。舆情引导工作还要重视学生精神上的各种需求，要加强思想道德教育，引导学生向追求精神上的高层次需要过度。

三、高校网络舆情的表现特征

网络舆情作为一种新兴传播媒介，以其独有特性受到大学生喜爱，这既给高校思想政治工作开辟了一个新的领域，也提出了新的挑战。要做好学生思想政治工作，就不得不了解网络舆情的特征，只有把握其特征，因势利导，才能做好网络舆情下的学生思想政治工作。同普通的社会舆情相比，网络舆情的特征主要表现在以下几方面：

（一）时间的突发性

在如今的网络时代，许多重大事件发生以后都会在第一时间通过网络被发布出来，网民也可以在第一时间对新闻事件作出评论，发表自己的观点。这种及时性和互动性特点，使高校网络舆情的形式表现为时间上的突发性。

（二）内容的复杂性

网络舆情的复杂性主要表现为舆情内容上的多样性，舆情主体以及传播方式上的多元性。网络特有的信息量大、传播快捷等特点，使得高校大学生网络舆情的内容具有明显的多元性，无论是经济、政治抑或是文化等领域的方方面面的事件，都可能成为大学生们关注的热点问题，进而迅速通过多种方式形成网络舆情。

（三）影响的广泛性

由于互联网独特的传播速度，使得网络舆情在传播和影响上突破了传统媒介在时间上和地域上的限制，拥有不可比拟的优越性，它可以在很短的时间内就将网络信息传遍世界任何有网络的地方。

（四）主体的特殊性

由于高校网络舆情的主体主要为在校大学生，一般是由校园的论坛网站或者与舆论客体有密切关系的大学生组成，所以其具有制造主体的少数性以及参与主体的广泛性相结合的特点。

四、高校网络舆情对学生思想政治教育的影响

网络的开放性以及隐匿性的特点，使大学生在网络大环境中摆脱了现实社会中各种道德、法规的束缚，彻底地解放自我，一些平时不会涉及或是不敢发表的言论，会借助网络这个大平台匿名发表，有时甚至不负责任地大放厥词，导致了网络舆情难以调控和管理，这就为高校思想政治工作的开展带来极大阻力。而网络的多元化，导致一些错误言论和思想乘虚而入，对大学生的世界观、人生观和价值观造成很大冲击。这些都严重削弱、简化了思想政治工作的有效性。

网络舆情是一把"双刃剑"，虽然众多负面化的网络信息可能为高校思想教育工作的开展带来诸多困难，但也不能完全否认网络舆情的全部功效。高校思想政治教育通过对学生的思想和心理状况进行调节和引导，并通过研究网络舆情的发展方向和动态变化，建立合理有效的反应机制，把网络舆情危机消除在第一时间，确保高校网络政治环境的和谐安定，在一定程度上能把高校的网络舆情引向积极方面。

五、高校思想政治教育在网络舆情环境下的应对举措

（一）加强大学生网络道德建设，将网络舆情引导与大学生日常思想政治教育相结合

高校要把网络舆情的引导提升到政治高度，始终注意用积极、科学的信息来占领网络舆论信息阵地。充分利用平日学生党团组织、社团等机构的工作，主动宣传国家政策以及一些能够充分反映社会"正能量"的事件，将网络舆情引导工作作为大学生日常思想政治教育工作的重要组成部分，从细微之处加以引导。

（二）加强网络舆情规范制度化建设，从根源处控制网络舆情

高校网络舆情的有效控制，最基本的就是要有一套完善规范的舆情控制机制。随着网络传播技术多元化发展，网民了解网络信息的渠道也在逐渐增加，一旦有信息不公开、不透明的现象产生，就很容易被广大网民误解，进而产生强烈的言辞讨论，甚至最终产生严重后果。因此，高校网络舆情的控制及引导必须建有公开透明的信息发布制度。

（三）提升高校思想政治教育工作者的信息素养，建设舆情工作队伍

网络互动性的特点决定了高校思想政治工作者在进行思想政治教育工作时，不能再进行简单的单向式灌输教育，可以将思想政治教育的方向转为关注大学生关注的热点问题，寓学于乐，通过与大学生进行相关的热点问题的有效沟通，进而帮助大学生提升思想政治素养。

（四）优化网络舆情环境，建设强大的思想政治教育网络阵地

与其被动地接受良莠不齐的网络文化的影响，不如主动出击，建设一个具有强大吸引力和凝聚力的思想政治教育网络阵地，大力弘扬社会主义核心价值观，主动为大学生营造一个健康、向上的网络环境，提升他们的人格心理，并形成良好的网上行为习惯。

（五）建立健全高校网络舆情交流平台

高校思想教育工作者应着重注意为学生提供一个发泄情绪的良好通道，建立一个全方位的舆情交流平台。通过这个平台及时准确了解广大学生的最新心理动态，从而采取有

效应急措施，正确引导学生的心理成长方向。

总之，高校网络舆情管理控制机制应形成一套"事前计划、事中控制以及事后反馈"的系统全面的管理模型。实现事前计划，即可以通过对以往监测数据的调查分析以及学生舆情动态的反馈，预测学生们的未来舆情动态，有效减少变化的冲击，为检查和控制舆情提供前期保证。实现事中控制，就是在舆情事件发生时，高校思想教育工作者应首先判断出舆情事件产生的影响是正面还是负面。如果是正面影响，则应加大弘扬力度，传播社会正能量；如果是负面影响，则应在第一时间采取有效措施，取得最大话语权，控制舆情事件的发展趋势。实现事后反馈，就是在每次的舆情事件基本结束以后，需要进行一定的反馈工作，总结经验和教训，为今后舆情工作的事前计划以及事中控制提供良好的事实依据和理论基础。

第二节 理论与实践相结合的原则

一、高校网络舆情与社会网络舆情相同的演绎特点

（一）网络舆情的突发性

网络舆情一般是社会或校园的突发事件所引起的，其所关注的新闻事件往往是不可预知的，一旦引起关注，就会在网络中引发大学生群体的广泛讨论，引发共鸣，大学生的个体意见就会在极短的时间汇聚起来，形成网络舆情。

（二）网络舆情的自由性

自媒体时代下，每个人都可能成为网络信息的发布者，每个人都能自由地参与网络话题的讨论。

（三）网络舆情的交互性

网络提供了一个让网民自由表达的空间，激发了民众的社会参与意识，在参与话题讨论的过程中相互探讨、交流，思想发生碰撞，各种观点和意见能够快速地表达出来，讨论更广泛更深入，网络舆情能够得到更加集中的反映。

（四）网络舆情的多元性

网络舆情涉及社会生活的各个方面，所谓"家事、国事、天下事，事事关心"。当然，高校网络舆情更多的是大学生关于校园学习生活的体验、诉求和不满情绪的宣泄。依据舆情所反映的新闻事件的来源，大致可将高校网络舆情分为两大类，即外源型高校网络

舆情与内源型高校网络舆情。其中外源型高校网络舆情即舆情所反映的新闻事件是发生在校园以外，其特点是与社会网络连接紧密，反映出大学生对当今社会焦点问题及国际舆论的关注；而内源型高校网络舆情即舆情所反映的新闻事件发生在校园内，其可能引发成社会网络舆情。但更多的是大学生对校园学习生活的体验、反映与诉求。

二、高校网络舆情对大学生的影响

高校网络舆情涉及大学生所关注的社会热点、焦点话题和大学生校园学习生活的体验、反馈与诉求，是大学生思想变化发展的"风向标"。分析高校网络舆情有助于辅导员研判大学生的思想动态，以便更有针对性地开展思想教育工作。大学生可以更加广泛地参与到高校与学生相关政策制定的过程，从而影响学校政策的制定或是使学校制定的政策更为大学生所了解。分析高校网络舆情，了解大学生对校园环境、后勤服务等问题的意见与建议，使高校管理者能够及时发现校园管理中存在不足、制度缺陷、安全隐患、事故苗头，是高校管理及时发现问题的"预警器"，有助于高校切实、高效地改进教学和后勤管理工作。

三、高校辅导员网络话语权的建构模式

话语是人类社会传播知识、传承文明的重要纽带，是社会中人与人之间进行思想交流的重要媒介。同时，话语作为一种社会建构，与社会的权力结构之间也有着极其密切的关系，话语中包含着权力，话语的实践隐含着权力的运作。辅导员网络话语权即辅导员运用网络交流平台与大学生沟通交流的能力及对大学生的影响力。辅导员如何把握网络话语权，加强与大学生的交流，提高大学生辨别信息真伪的网络素养，对大学生施加正面的影响，引导网络舆情的良性发展，是高校网络舆情能得到有效控制与引导的关键。

（一）构建辅导员网络工作平台

一方面，辅导员应关注学生微信、QQ、微博动态，主动利用网络交流工具平等地与学生进行交流，对于学生的思想、心理困扰要及时进行疏导，对于学习生活遇到的困难要主动给予帮助，同时辅导员要将学校的规章制度通过网络对学生进行宣传贯彻，提高学生对学校相关制度的认知；也要将学生对于校园环境、后勤服务的意见、建议或不满及时反馈给相关部门，要将相关部门的意见、整改措施及时通报给学生，从源头上消除容易产生和激化的网络舆情危机因素。如果学校能够对大学生提出的意见和建议迅速做出回复或采纳，就可以使大学生产生满足感、自豪感和荣誉感，从而使他们增加对辅导员的信任度，对学校产生认同感与归属感。另一方面，辅导员要充分利用大学生班级微信群、QQ 群、辅导员博客、辅导员微博等网络平台开展辅导员工作。如利用微信开展大学生心理辅导，利用辅导员博客投票功能开展班级的评优评先工作，利用辅导员微博及时发布学校通知、

就业消息等，促进学生之间、学生和毕业生之间、学生和社会用人单位之间的交流，提升学生综合素质的同时拓宽学生的就业视野和渠道。辅导员应当在网络交流中平等对待学生，充分运用情感力量，体察学生、亲近学生、温暖学生、呵护学生，成为学生可以信任的知心好友，从而提升辅导员网络话语权的感染力与影响力，为有效疏导网络舆情危机奠定基础。

（二）组建辅导员网络工作团队

随着大学生社会参与意识的不断提高，社会网络舆情与高校网络舆情连接越来越紧密，一方面大学生在社会舆情的发展中扮演越来越重要的角色，一方面涉及高校的舆情热点事件不断出现，这就要求辅导员要树立网络舆情危机意识，明确自身在高校网络舆情疏导中的角色定位，关注大学生对当今社会的热点、焦点事件的反映。

（三）建立网络舆情疏导机制

面对复杂的高校网络舆情，仅靠个别辅导员"单兵作战"显然不现实。一则辅导员日常工作烦琐，个人精力、能力有限，对待复杂的网络舆情难免出现反馈不及时、看问题不够全面的情况。二则面对众声喧哗的网络舆情，辅导员个人的一点声音很容易被忽视、被淹没。为弥补辅导员个体话语权的不足：其一，高校领导要充分重视网络舆情的疏导，组建一支以辅导员为主，既有专家教授，又有相关领导、学生骨干的网络思想政治工作团队。通过确立团队目标、明确团队成员分工，既要有成员负责对高校网络舆情进行收集、整理、分析定期报送相关领导，又要有成员及时做好舆情疏导。一旦发生网络舆情危机，团队成员要协同作战，必要时要发动学生骨干、入党积极分子等积极参与网络话题讨论，强化主流言论，形成正面舆论强势。其二，辅导员要善于发掘学生中那些具有真知灼见的声音，通过有组织的转发，使之成为网络的主流意见。辅导员要积极引导学生在其富有特长的领域中充当意见领袖，发挥相应的话题设置与讨论引导功能，通过学生网络意见领袖强化主流意见，以带动高校网络舆情的正确导向。

（四）提升大学生网络媒介素养

所谓的正能量就是一切予人向上和希望，促使人不断追求，让生活变得和谐幸福的动力和感情。辅导员应该利用博客、微博等网络媒介开展如职业规划、就业指导、心理辅导等辅导员工作；积极宣传身边的好人好事，记录关于爱情、友谊、励志等方面的生活感悟，真诚与学生进行交流，传递积极向上、不怕困难、勇于担当、乐于奉献的精神，引导学生正确面对生活中遇到的困难、挫折。同时辅导员要通过"网上"与"网下"多种形式开展大学生网络媒介素养教育，媒介素养是指在人们面对不同媒体、接受各种信息时所表现出的信息选择能力、质疑能力、理解能力、评估能力、创造和生产能力以及思辨的反应能力。

（五）全面提升辅导员综合素质

辅导员是高校网络舆情疏导最直接的执行者。工欲善其事，必先利其器。辅导员面对网络舆情要懂得"说什么""怎么说""以什么身份说""如何评价说的效果""如何持续改进"。这就需要：一方面，辅导员要加强自身学习修养，提升自身的管理能力素质、专业知识素质和个人思想政治素质。辅导员要学习掌握各种网络交流平台的运用技巧，提升信息技术能力，以便能及时收集分析高校网络舆情；辅导员要把握时代的脉搏，加强时事与政策的学习，提升自身的思想政治水平，以便能引导学生正确看待网络舆情所反映的社会问题；辅导员要学习管理学、教育学、社会学和心理学以及就业指导、学生事务管理等方面的知识，以便能更好地指导学生、服务学生，提升辅导员话语权的影响力。另一方面，高校应重视辅导员网络舆情及其危机公关的相关培训，邀请有关方面的专家为辅导员开展专项培训，培养辅导员的理论思维能力、组织管理能力、调查分析能力、协调沟通能力、语言表达能力、心理教育能力、信息技术能力、文字写作能力、危机处理能力和创新思维能力等，提升辅导员思想政治素质和业务素质。同时要通过相关案例分析、工作讨论、课题研究等形式提高辅导员高校网络舆情的认识及危机处理能力。

四、加强大学生网络思政教育的路径选择

（一）打造布局科学、资源丰富的网络思想政治教育平台

网络思政教育工作的开展依托网络硬件资源的投入和思政教育阵地的建设。目前，多数高校的校园网建设已经初具规模，但从总体上看，高校网络硬件设施的投入还是不能满足当前大学生对网络资源的需求，公共机房电脑数量的不足、校园网网络带宽的不够都使部分大学生放弃了校园网的使用，因此加大网络硬件资源的投入是实现网络思政教育的物质基础。其次，设立科学合理、具有较强吸引力的思想政治教育主题的红色网站也是提升网络思政教育影响力的途径方法。

（二）建设高效精干的网络思想政治教育队伍组织

网络思想政治教育队伍是网络思政教育工作开展的根本保证力量，直接关系着思想政治教育的目标、内容、过程及结果是否能达到预期，解决网络思想政治教育队伍中人员不足、机制不健全以及效率不高问题是此项工作的关键。当前，有少数高校已经在尝试让辅导员兼任网络思政辅导员工作，但受辅导员日常工作繁杂、待遇相对较低、缺乏较新的专业知识理论等因素影响，网络思政辅导员的网上思政教育功能并不能得到较好的发挥，因此，我们需要设立网络思想政治教育梯队来从事和开展此类工作。网络思政教育梯队可以由学校相关职能部门去建设，由从事思政教育方面研究的教师去指导，由负责学生管理的辅导员去协调，由进行思政专业学习的研究生去实践，并针对网络中大学生的一些观点

进行科学引导，进行网络思想政治教育，这种教、学、研一体化的模式可以较好地缓解网络思政队伍力量不足的现状，也可以提升网络思政队伍成员业务能力，保证网络思政教育的效果。

（三）引导大学生树立良好的网络道德责任意识观念

高校网络思政教育的最终目标是大学生，网络思政教育的平台要求、队伍安排、机制保障都是扩大网络思想政治教育影响力的途径方法，但从根本上要实现网络思想政治教育的目标还得依赖大学生的自身网络道德素养提高，要培养大学生在网络中的责任感，完善自我道德评价选择能力，强化自我约束能力和监督能力，只有大学生的自律意识得到强化，网络中的无序行为才会逐步地减少。而加强大学生自律意识的方法有契约法。如，由学校学生社团联建立相关网络组织，通过这些组织去呼吁、引导大学生合理上网，使他们意识到自己言行在网络中的重要性，从而激发和强化他们的自律意识。此外，学校加大对大学生网络法制法规的教育力度也是树立良好的网络道德观和责任意识的途径方法。

五、拓宽舆情疏导的领域和空间

拓宽舆情疏导的领域和空间，各专业课老师也应肩负起疏导的责任，使思想道德的教育寓于课堂之中，应有理论知识的讲授，但也要有实践。网络实践相对于常规社会实践成本较低，可以随时大量进行。面对纷繁复杂的社会环境，学校只是其中的极小部分，作为大学生认识世界和改造世界的实践活动，是学校联系社会、为社会服务的一条纽带和主要形式，是引导学生走与人民群众相结合、与实践相结合的健康成长道路的有效途径。网上实践的内容非常多，具体如下：

（一）网络社会调查

在网络上，可以对课堂上的内容进行科学的调查研究。网络调查的方法的便捷性，不仅能让学生将现实问题和理论探讨相结合，提高他们查找资料的能力，还对大学生的思维起着重要的启发式教育作用。

（二）网上倡议活动

针对现实中实际存在的社会问题或者发生在大学生身边的问题，思想政治教育工作者应秉持公正开放的态度，让大学生自我发现、自我思考，最终在网络上进行合理适度的倡议。

（三）网络论坛探讨

论坛是一个相对自由的区域，在论坛上，大家可以就某一问题展开自由讨论。思想政治教育的网络实践，在高校网络舆情的基础上进行，在论坛上发表自己的见解，让别人去评论或补充，这本身就可以提高学生认识问题的水平。

（四）网上社区服务

网络应当成为高校舆情思想政治教育工作者的重要教育工具和手段，积极建立学生网上社区和网上论坛，吸引学生积极踊跃地在社区内活动，用虚拟的网络世界将大学生的现实世界更紧密地凝聚起来，拓展了思想政治教育的新思路。

第三节 疏导与防堵相结合的原则

我国传统的思想政治教育大多注重大学生思想层面、政治素养的教育，忽视了人的心理因素对思想行为品格的影响，忽视了人的心理作用。实践表明，思想政治教育工作只有遵循人的心理活动发展规律，才能取得良好的教育效果。正所谓"大学生正处于世界观、人生观、价值观形成的关键时期，同时也是心理上充满矛盾和冲突的时期，心理复杂多变"。

如今的网络消费最重要的人群就是青年大学生，这一群体又是异常活跃的，他们在网络上的言论，常常会被迅速传播。因此，在思想政治工作上，高校思想教育工作者要学会疏导和防堵相结合。

一、疏导

疏导即疏通和引导。网络的发展促进了信息网络化的形成和发展，这种发展涵盖了思想文化、工作、学习的方方面面。高校思想政治教育工作者必须加紧学习有关知识，提高网络信息素质，高度重视网上思想政治动向，更好地引导高校网络舆情的发展。高校思想政治教育工作者加强领导，建立健全思想政治教育体系，利用互联网开展思想政治教育，是新形势下大学生思想政治工作疏通的重要途径。高校思想政治教育工作者应当具备发展的眼光，与时俱进，将高校网络舆情提升到大学生思想政治教育的战略高度，精心做好网络环境下大学生思想政治教育工作，多种形式，点面结合，使大学生思想政治教育更加生动和有效。另外，21世纪全球一体化浪潮、多元化文化的冲击和网络世界的飞速发展，都要求思想政治教育工作者要积极引导大学生树立正确的世界观、人生观和价值观，高校应当也必须重视网络舆情并建立健全思想政治教育体系，开拓创新，加强网络文化建设，避免信息爆炸产生垃圾信息这一严重后果，高校思想政治教育工作者要认真研究，顺应网络信息化的浪潮，合理趋利避害，主动出击。思想政治教育部门和思想政治教育者要主动出击，建立自己的网站，抓住学生的注意力和兴趣点，引导网络大环境下的大学生思想政治教育的发展；还要健全思想政治教育网站建设，不断完善网络硬件环境和精神文明环境建设，建立特色网站，比如团省委、团市委的微博、博客，发扬文明精神，弘扬主旋律，打好主动仗，发挥社会主义精神文明建设的主体的旗帜作用，更好地服务高校师生，为高校培养合格的高素质人才。

二、防堵

治外以堵，即充分利用高新科技手段堵截网络中有害信息的传输，加强网络舆情的管理，提高思想政治教育工作的技术含量。当今网络上各种信息汹涌而来、泥沙俱下，高校思想政治教育工作者要利用综合手段，多管齐下，采取政治、法律手段，营造良好的网络舆情环境，坚决实施非法代理服务器的管制工作，严禁不良信息的入侵。一定要通过网络向大学生发布信息预告，培养大学生的防患意识，提高他们与发布不良信息或其他不健康信息的不良分子进行坚决斗争的意识等。

事实上，网络心理教育主要针对在信息化社会中，人们出现的各种心理不适、心理障碍和心理疾病等问题，运用心理学、教育学原理以及心理咨询理论和信息网络的快捷性、匿名性和交互性等优势对受教育者施加一定的影响，帮助他们化解心理矛盾、减少心理冲突、缓解心理压力、优化心理素质，使受教育者的心理过程得以正常发展，保持良好的心理状态，形成良好的个性和思想品质，促进人格的成熟以及个人的全面发展。

三、高校处置网络舆情的可行策略

目前很多高校都建立了网络舆情的处置机制，但其实效性值得商榷。部分高校缺乏对网络舆情内涵的理解，过多关注舆情可能带来的危机。而在舆情危机面前，高校首先考虑的又是如何进行媒体公关、如何向上级教育主管部门进行汇报等，置身于网络媒介传播特性之下，真正考虑网络舆情整个机制运行和传播机理的却很少。因此，高校创新工作思路，准确把握、合理引导、科学管理网络舆情，已成为当务之急。

（一）加强舆情研判，准确把握网络舆情

其一，强化日常监测，及时掌握校园网络舆情动态。强化日常舆情监测就是要全面了解学生在网络空间里正在谈论或转载的各种言论信息，对学生近期网络交流工具里所探讨的热点话题和过激的言论进行关注与跟踪。只有及时把握网络舆情动态及走向，才能有效进行高校网络舆情的引导。在舆情监测方面，高校应该充分发挥一线思政辅导员的作用。辅导员一方面要学会培养学生骨干，定期与学生骨干进行沟通交流，了解近阶段学生所热衷的话题；另一方面要根据网络时代的要求，在互联网方面跟上学生的潮流，借助新兴的网络传播方式，把控校园网络舆情的脉搏，掌握校园舆情动向，敏锐捕捉一些苗头性、倾向性问题，进行认真研究判断，对校园舆情中的不和谐言论及时进行控制。

其二，加强机构建设，构建三级网络舆情管理体系。网络舆情研判是一个信息量很

大的工作，仅仅依靠高校思政辅导员的力量是远远不够的，它需要高校各个职能部门之间的通力协作。高校可组建三级纵向与横向相互贯通的舆情信息管理网络：一是校级舆情信息管理机构，由一名分管学生工作的校领导负责，由校办公室、宣传部、保卫部、学生工作部、校团委、后勤处等多个职能部门共同构成；二是学院级舆情信息管理机构，由学院分管学生工作的领导负责，由思政辅导员、党支部书记和个别任课老师等组成；三是学生舆情自我管理机构，由学生会主要负责人、班级主要学生干部、学生党员以及各类学生信息员等组成。高校舆情信息管理机构建成后，可全方位、多视角地关注舆情信息，更有助于把握网络舆情的主动权。

（二）遵循舆情规律，合理引导网络舆情

一是"疏""堵"结合，重在引导。目前，很多高校为了避免因舆情失控而导致舆情危机的发生，纷纷加强了对网络舆情的人工监控。然而，校园网络管理人员对一些敏感议题很少实施有效的正面引导，往往是采取部分删除或全面删除的方式，采取屏蔽消息、关闭网络论坛的做法，希望就此将不同的声音完全扼杀在摇篮中。然而这非但不能停止网络舆情的产生和扩散，甚至会引起大学生的反感，滋生更多流言和小道消息。其实校园负向的网络舆情通常只是个别大学生在网络虚拟空间里的一种宣泄，并不会对社会构成直接的威胁。因此，对待校园网络舆情，高校应该采取疏导性和人性化的措施，避免单一的围堵、惩罚，要充分尊重大学生的独立人格和民主权利，寓管于教，重在引导，创造平台让他们表达自己的观点和意见。"疏""堵"结合才能更有效地防止舆情信息的扩散和舆情危机的发生。

二是注重培育并发挥意见领袖等网络推手的积极作用。在网络空间里，人人都可以发表言论，但并不代表每个人所说的话都能产生影响，网络意见领袖等网络推手在网络舆情的形成和发展过程中起到了更为重要的作用。意见领袖是网络媒介催生的特殊群体，一般来说，那些语言表达力强、高频率发表观点、文字诙谐幽默的网民更容易引起其他人的关注，从而成为网络论坛的意见领袖。在校园网上，我们可以根据版主的发帖数、浏览数以及转载数，通过网络 ID 找寻出校园论坛上的一批意见领袖，有意无意地加强对这些意见领袖的思政教育，提高他们的觉悟水平，使这些意见领袖多发表一些有正面作用的言论，利用这个特殊人群来实施对大学生网络舆情的引导。

三是创新高校管理，发挥网络舆情正面效应。高校网络舆情是校园稳定的窗口和校园文化的重要载体。校园网络如果仅仅是单向发布信息或者屏蔽负面信息，是没有生命力的。高校管理者应该不断创新教育管理机制，积极占领网络平台这个先进文化传播的重要阵地，充分尊重学生主人翁的地位，认真倾听学生的心声并给予有效的帮助与解答，加强基于互联网的管理评价和反馈机制，建立起良性的网络上下互动体制，切实发挥网络舆情的正面效应。只有这样，才能营造出积极的、有利于学校发展的网络环境。

（三）重视舆情危机，科学管理网络舆情

一是建立网络舆情危机应急预案。通过分析一些高校在应对网络舆情危机事件中出现的被动局面，我们得出一个重要的教训——被动局面的出现就在于高校缺少有针对性的网络舆情应急预案，面对危机管理层或是手忙脚乱、不知如何是好、相互推卸责任，或是对事件的议论采取回避态度、对事件的真相采取遮掩态度。高校可借鉴"国家突发公共事件总体应急预案"，根据舆情危机的级别成立网络舆情危机应急处置工作小组，责任到人，各司其职，分头落实，并确立责任追究制度，增强应急预案的科学性和可操作性，将舆情可能引发的突发事件管理纳入科学的治理轨道之中，积极稳妥地处理好高校网络舆情危机事件。

二是及时发布公告，保证信息公开透明。在信息共享的当今社会，要想完全封锁舆情危机信息是不可能的，而在危机发生之后第一时间公开相关信息，向社会大众和媒体坦诚地报道事实真相和事件进展十分必要。

三是引入第三方权威，缓解危机。在网络舆情危机处置过程中，高校仅仅依靠自身的解释往往力不从心，而且会使网民感觉到其客观性和公正性不足，此时具有公信力、权威性的第三方的介入就会更有利于引导舆情的走向。第三方权威可以是主流权威媒体，也可以是教育主管部门等政府机构，这些主流媒体或者政府机构本身所具有的品牌优势、公信力、权威性和可靠性等，使得他们的报道或者发表的言论比较容易获得网民的普遍认可。因此，适时整合各方资源，加强与主流媒体和相关部门的沟通，以积极、主动、负责的姿态科学引导网络舆情的发展趋势，更有利于高校缓解危机，营造良好的公众形象。

总之，网络信息资源具有海量性，信息量大，覆盖范围广的特点，借助网络可满足不同层次、不同群体的大学生的不同需求。同时，网络社会具有匿名性，在网络这一虚拟空间内，大学生可以消除顾虑，更加真实客观表露自我、分析自我，从而有利于找出自身心理问题存在的症结，有利于增强网络心理健康教育的针对性和有效性。网络舆情的表达一定程度上是大学生的内在心理压力的释放，由于网络舆情去除了现实利益关系所形成的"压力阀"，使各种矛盾所产生的张力能够迅速在网络空间得以释放，使大学生的情绪得以宣泄，一定程度上缓解了大学生的心理压力。借助网络的平等互动性，我们可设立大学生心理健康咨询室，聘请专业心理咨询教师宣传心理健康知识；借助网络平台开展大学生心理问题调查，及时了解大学生的心理需求，从而培育大学生健康良好的心理品质和高尚的道德品质。

第四节 自律与他律相结合的原则

网络是一把双刃剑，在给我们学习生活带来机遇的同时也带来了负面影响，产生了诸多网络问题。因此，在高校思想政治教育的过程中，应重视网络舆情的发展情况，强调大学生的网络自律与他律相结合。

一、网络自律

第一，建立网上主体道德自律机制，营造良好的舆论外部氛围。积极引导网上舆论，倡导文明上网，谴责网络主体不道德行为，促进网络主体的道德自律。如今，网络道德规范已经逐步建立起来，这都是在人们自觉或者不自觉的网络行为中形成和发展起来的，这种现象表明网络舆情的空间已经开始了规范化。越来越多的网民学会抵制不良的信息，但是在国家政策法规方面，我们期待更强有力的规章制度的出现。另一方面，道德内化必须通过教育来实现，而网络道德自律又要通过良好的道德内化来实现。这种网络道德教育的取向一定要坚持以加强网络的主体性教育为目标，这种网络道德教育的内化，是一项长期的、不可预计性的过程。

第二，加强网络主体道德修养，培养网络主体道德自律精神。网络传播主体或者网站的建设者应当关注网络自律规范，提高网络道德认知水平，起到引导受众走向积极方向的作用和责任。作为网站主体，在传播信息时，首先要对网络传播的内容进行道德、法律限度内过滤、筛选，传播有效、实用、健康、积极的信息，担负起文明、道德、文化、法律传播者的重任，积极投身各种实践，形成网上网下互动机制。

二、网络他律

青年大学生的生理和心理都还未发展成熟，所以必须要采用其他强制性的手段对大学生的上网行为进行规范和约束。这种趋势下出现了网络他律这一概念。他律指的是在高校思想政治教育过程中对网络舆情采用一种强制性的措施，使大学生能够遵守法律规范，保证良好健康的网络环境，更好地实现大学生思想政治教育的教学目标，杜绝网络失范行为。中华民族五千年的文明发展过程中，道德规范对中国社会的影响渗入骨髓，并且对道德失范行为已然形成了一套较为完整和有约束力的机制，任何人都不能在现实社会中恣意妄为。在高校中，大学生对规章制度的不了解，是产生网上失范行为的一个重要原因，要加强对大学生网络规章制度教育，最重要的是让大学生知法、懂法、守法。

三、高校思想政治工作思想观念的创新

众所周知，思想是行动的先导。信息时代给我们形成的网络环境就是我们今天进行创新的关键。基于网络环境下的高校思想政治工作是否卓有成效，有无开拓性，关键在于我们的思想是否真正解放，观念是否真正更新。网络技术作为 20 世纪最具有革命性的科学技术之一，当其进入 21 世纪的时候，更为人们提供了前所未有的信息传播途径，推动了人们思想的又一次大解放。

（一）树立现代信息观念

当今世界，经济全球化的进程势不可挡，而以通信和计算机为代表的信息革命已经成为当代经济全球化的第一推动力，从信息通信的角度看，全球化就是信息克服空间障碍在全世界的自由传递。因此，高校思想政治工作者必须充分认识到这一全新的信息全球化时代，必须确立思想政治工作的现代信息观念，适应网络传播的新方式，抢占网上宣传的制高点。第一，高校思想政治工作者要坚持与时俱进的思想观念和奋发有为的精神状态，要有超前意识和现代化意识，牢固树立网络意识，充分认识网络的发展对新时期社会生活、对人们思想所产生的深刻影响，深刻认识思想政治工作进网络的重要性和紧迫性，认真研究网上思想文化交流和网上思想政治工作的新特点。要主动适应信息时代思想政治工作的要求，努力提高自己的思想理论水平和网络宣传本领，学会运用网络技术获取所需的种种信息资源，善于利用信息网络技术开展思想政治工作，在网络上不断开辟、扩大思想政治工作的新阵地，把网络变成创新和加强思想政治工作的先进工具。第二，要正视网络环境的形成，重视对网络环境的研究，努力开拓网络环境下高校思想政治工作的新局面。传统的思想政治教育理论认为，高校思想政治工作主要是以学校为主，由学校、社会、家庭三方面密切协调和配合进行，因此，传统的高校思想政治工作环境也就是通常所说的学校、社会、家庭这样一个综合体，甚至狭义的高校思想政治工作环境仅指高校生活环境。而如今，国际互联网的迅猛发展使全球通信瞬间完成，地球真正成了一个网络村，学生可以在学校、宿舍、家庭、网吧等多媒体终端上随时了解国内外大事，可以和大洋的彼岸、地球的另一端进行信息互动，有如面对面的交流。从这个意义上来说，信息网络的空间有多大，思想政治教育的空间也就有多大。面对这样一种新局面，高校思想政治工作亟须形成一种新的环境观，一方面要继承和发扬传统思想政治工作的优势，做好传统的现实环境里的工作，另一方面，也是一项更艰巨的任务，那就是要优化新型的虚拟的环境与网络环境。而要优化网络环境，也须有一个系统的计划，既要提高网民素质，构建网络道德，规范网络行为，也要提升网络技术，构筑信息海关，堵控有害信息；既要完善制度，强化管理，依法治网，也要匡正舆论导向，营造健康向上的氛围；既要建设社会主义网络文化，抵御不良思想文化，也要建设网络政工队伍和网络环保志愿者队伍。总之，高校思想政治工作应该树立新的环境观，面对新的形势，要深入研究、全面部署。

（二）树立以人为本的教育观念

传统教育活动中总是将教师看成是教育活动的中心，学生是受教育者，在教育方法上也把学生视为被动接受知识的容器。这种师生关系决定了学生的从属地位，实际上也就是学生的非主体地位。计算机和网络走进人们的生活和社会生产领域，并逐渐成为人的一种生存方式，这种深刻变化的意义是革命性的。就主体的发展而言，网络社会为主体的真正实现提供了新的契机，甚至是一种必然。网络将学生视为个体，学生能够基于个人背景、天分、认知模式及兴趣等条件形成个人化的学习经验。在网络环境下高校思想政治工作是否能够顺利开展，一个至关重要的问题就是能否切实转变教育观念，真正树立以人为本的教育理念，树立新型的师生观。网络环境下教师高高在上的地位的丧失并不意味着教师威信的必然降低，网络永远不可能完全取代传统意义上的教师，但是在网络环境下要提升真正的教师威望，关键在于重塑教师权威，实现教育意识的转换。这种意识的转换至少应该包含以下两个层面：其一，教师的权威意识要实现从制度权威向魅力权威的转变，伴随教育网络化渐增的教育民主化、社会化、个性化趋势，以及随教师独占知识权威的瓦解等现象的出现，教师的传统权威逐渐消融，这就需要教师审时度势，实现从制度权威向具有审美意义的魅力权威的权威意识转换，不再固守师道尊严，排斥异己权威，而是愉快地接纳网络权威，谋求与多元权威的和谐相融，追求自我素质的不断完善，重塑教师魅力权威。其二，师生关系意识应实现从师倨生恭到师生平等的转换。传统观念中的教师是传道授业解惑的先生，学生是幼稚无知和知之不多的后生，教师是已经社会化了的成熟的社会代言人，学生是正在成长而尚未定型、从自然人向社会人转化的过渡人，教师是主动施教者，学生是被动受教者，因此"教师倨，学生恭"便是理所当然。而在网络社会，一切网络行为的主体都是人，网络行为更加突出行为主体的自觉性和个性，施教者与受教者都是充满个性的独一无二的自我，网络教育中施教者与受教者实际上是在互动过程中相互创造、相互证实自己的存在的。因此，在开放的网络世界里，师生是平等互助的关系。这样一来，在思想政治教育的实施过程中，教育者必须走下高台，放下架子，有意识地调整自己所扮演的角色，从所谓的教导者转化为与教育对象探讨问题的切磋者。要言之，网络环境下的思想政治工作必须是教育者与被教育者两个主体间的互动，尤其是要发挥受教育者在思想政治教育中的主体作用，确立以人为本的新观念。

（三）树立统筹发展的系统观念

网络条件下，传统的以教师为中心、以课堂为中心、以教材为中心的教学模式已经不能适应时代现实的要求，今天更需要一种以学生为中心、以生活为中心的思想政治教育模式。与之相适应，在教育目标、教育内容、教育方式等方面都应该对传统要素进行审视，在合理继承的基础上实现创新，以使高校思想政治工作能够与时俱进，适应新形势的需求。具体做法是：在教育目标上，从片面强调培养政治型、技术型人才向强调培养具有独立人格、全面发展的创新型人才转变；在教育内容上更突出时代感、有针对性、时效性；在教育方法上需要变被动为主动，由严控向疏导转变，变单向灌输为双向互动的交互式交流，激发学生的积极性、能动性，实现思想政治工作单一手段向复合型手段的转变，实现思想政治工作方法的现代化；在教育载体上，充分利用新的信息技术，但同时并不抛弃传统的思想政治工作载体，而是在新的环境下对其加以改造优化，并与新兴载体互为补充，相互促进。

四、体制与机制的创新

知识经济时代网络环境的形成，给高校思想政治工作带来的机遇和挑战，使我们不得不面对两个棘手的问题：一是对正面影响的发挥与完善；二是对消极影响的态度与措施。显然，这两个问题解决的关键就在于思想政治工作机制与体制的创新。

（一）建立高效运作的领导体制

由于网络具有开放性、交互性、匿名性等特点，使得高校的思想政治工作更加复杂。这项复杂的工作如果离开了强有力的领导，就很难组织起来，就无法解决好出现的新问题。高校党委应当积极应对新的形势，高度重视学校思想政治工作进网络，切实加强领导，从总体规划、组织领导、经费投入、网络建设、网上监控等方面落实措施，努力完善网络条件下高校思想政治工作的新机制，逐步形成高校思想政治工作的新格局。新形势下的高校思想政治工作应该在学校党委的统一领导下，基于校园网络环境的优势条件，建立由党委主管领导任主任、主管副校长任副主任的思想政治工作委员会，党政工团、各院系以及公安处等有关部门共同参与、齐抓共管的大学生思想政治工作保障体系。在党委统一领导下，各院系都应该成立学生思想政治工作小组，由主管书记、院长、辅导员、班主任以及学生干部代表等组成。根据树状结构原理，各级组织、各个部门要明确职责，落实责任，扎实开展工作。

（二）建立完善的思想政治工作队伍建设机制

高校思想政治工作要实现网络化，必须建设一支高素质的政工队伍，这支队伍主要应由专职、兼职思想政治工作者和专门的技术保障人员组成，并注意不断优化队伍结构。在专、兼职人员结构上，既要保留必要的专职政工干部，又要配备部分兼职政工干部；在学历结构上，可以推行新留校辅导员免试攻读研究生，在任辅导员在职攻读研究生等制度，使专职政工干部队伍中研究生所占比例得到提高；在政策激励方面，要明确政工干部的双重身份，即既是教师又是干部，双线晋升，在岗位和业绩津贴评定中达到同档次人员中较高水平；在人员流动方面，在保留骨干和保持总人数基本稳定的基础上，通过实行优胜劣汰和不断引进高层次人才，维持进与出的动态平衡，保证这支队伍的活力。为提高高校思想政治工作的总体水平，提高这支队伍的战斗力，我们还要特别注意以下两个方面：

首先，高校思想政治工作是通过思想政治工作者进行的，思想政治工作者的素质，直接影响到教育的实效，我们应该让教育者先受教育。因为高校思想政治工作的对象是学历层次较高并正在学习和掌握各种新技术的大学生，网络已与他们的学习和生活紧紧联系在一起，要跟上和摸清他们的思想脉搏和兴奋点，思想政治工作者必须先熟悉信息网络的知识和技术，才能有针对性地对参与者进行教育和指导。所以我们应该把普及网络技术知识作为高校思想政治工作创新的一项重要内容来抓，要通过开展计算机网络的基本技术培训，使他们能在各种信息交叉渗透和技术高度发展的社会中，具有通过网络进行信息搜集、信息处理和信息传递等方面的基本技能以及对信息筛选、鉴别和使用的能力。同时，建议把掌握网络技能作为考核高校思想政治工作者的一项内容。另外，队伍建设作为一项长期的系统工程，还应注重选拔精通网络技术的科技人才充实到专兼职思想政治工作队伍中来，以切实提高高校思想政治工作队伍的素质和思想政治工作的科技含量，不断推进高校思想政治工作的优化和创新。事实上，网络技术的飞速发展已给高校思想政治工作带来很大的冲击，但由于认识不足、重视不够，不少高校还没有思想政治工作进网络的专门机构和人员编制，许多人把这项艰难的工作和任务仅仅当作义务和业余工作。因此，高校当务之急是要建立一支高素质的网络思想政治工作者队伍，这支队伍既要有较高的政治教育理论水平，又要掌握计算机的基本理论并熟练进行网络操作；既要有思想政治工作的经验，了解网络文化的特点，又要具有一定的科技意识和创新能力。只有这种复合型人才才能承担起高等学校网络思想政治工作的重任。

（三）建立政府、学校、家庭、社会共同关注的环境优化机制

网络思想政治工作是一个系统工程，需要政府、学校、家庭等各方面的有机配合，形成齐抓共管的大政工的局面。政府要对网络信息做好入境防范，强化对网上信息的监控，过滤有害的信息。制定网络规范，纠正网上违章。学校要发挥引导和疏导作用，积极开展有利于增进参与者网络道德的活动。家长对指导孩子的网络学习负有义不容辞的责任。每一位家长都应积极学习网络知识，经常通过网络与孩子交谈，掌握他们的思想动态，力争成为孩子网络教育的引路人。所以，家长仍然是保护孩子免受网络侵害的一道重要防线。另外，建立净化校园网络环境的工作机制。为了使校园网络更好地为高校思想政治工作服务，就必须加强对校园网络和计算机的管理，并使这种监督约束机制制度化、法律化。校园网站管理者和具体部门应有具体职责，做到职责明确、责任到人。要加强对局域网、校园网的管理，加强对免费个人主页及其链接页的审查，落实实名制和版主负责制，建立设立网站主页的审批制度，上网用户日志记录留存制度、电子公告服务巡查、个人主页信息审查制度，上网人员记录和场所巡查制度等，并通过必要的技术和法律手段阻止有害信息进入，尽可能对网站 24 小时不断监控，发现问题及时处理，对重大问题及时上报上级主管部门，必要时可通过公安机关进行查处。

可以说，高校思想政治工作机制与体制的创新是高校思想政治工作创新的基础。因

为思想政治工作创新既对已有的学校管理常规提出新的要求，在创新的发展过程中还可能出现许多意想不到的新问题，这就需要学校思想政治工作体系具有一定的应变和适应的机制，以保证思想政治工作创新有序地进行。学校思想政治工作机制与体制创新将是伴随学校思想政治工作建设发展的永恒主题，是学校思想政治工作创新的有力保障。

总之，先进的党团组织有很多针对大学生思想政治教育的对策、方针，这就需要充分发挥各级党团组织的作用，正面引导、积极发挥，从团员到入党积极分子再到党员，都要充分发挥自己在高校网络舆情发展中的作用，积极帮助有困难的同学；另外，老师尤其是思想政治教育老师不仅要在课堂上进行思想政治教育的灌输，更要在行为方式上积极引导学生。

第三章 新时代思想政治教育工作的环境

第一节 思想政治教育的环境及优化

一、思想政治教育环境的特征

思想政治教育的环境是由大大小小、各式各样的环境要素所构成的。这些环境因素一方面存在各种差异，另一方面又具有多种相同或相似之处，而正是这些环境因素的共性构成了思想政治教育环境的特殊性，即思想政治教育环境的特征。研究思想政治教育环境的整体特征，有助于人们更好地了解思想政治教育环境的内部结构、认清思想政治教育环境的本质属性，从而使人们能更好地利用环境因素的影响、增强思想政治教育活动的效果。

（一）思想政治教育环境的结构特征

思想政治教育环境结构特征，可以从以下两个方面来分析。

1. 思想政治教育环境结构的整体性

所谓思想政治教育环境的整体性，是指思想政治教育环境系统的有机性与统一性。思想政治教育环境结构的整体特征具体表现在以下两个方面：

（1）有机性

思想政治教育环境结构的有机性是指思想政治教育环境诸要素在构成整体环境时在联系方式上的有机特征。思想政治教育环境结构的有机性表现在：构成思想政治教育环境系统的诸要素、各部分密不可分。虽然思想政治教育环境诸要素按照不同的属性或不同的作用范围等区分标准可以划分出不同部分、不同类型，但这种区分只有形式上的或理论上的区分，在实际思想政治教育活动中，它们是不可分割的。例如，在思想政治教育环境系统内部存在着物质环境因素与精神环境因素，但在实际生活中，一种环境要素往往是多种物质因素与精神因素的有机组合。又如，社会思想政治教育环境内部可以划分为社会政治环境、社会经济环境、社会文化环境等部分，但实际上政治因素、经济因素、文化因素三者不是孤立的、独立的，而是相互影响、相互作用的。一般来说，经济因素起决定性作用，是环境系统的基石；政治因素是经济因素的集中与突出表现，政治因素一旦模式化又会制约经济因素的发展变化；文化因素既由经济因素与政治因素来决定，又对经济、政治因素的发展起制约作用。正是由于经济因素、政治因素和文化因素的相互作用与反作用才使得三者密不可分，才构成社会思想政治教育环境的有机整体。

构成思想政治教育环境系统的诸要素、各部分之间相互协调。这种相互协调具体又是指思想政治教育环境诸因素的和谐相处与配合作用。思想政治教育环境系统诸要素之间不可能不存在矛盾，但它们在对思想政治教育环境过程的影响中又表现出同一性，各种环境因素可以协调一致来发挥作用。正是由于环境因素之间具有协调功能，因此，它们可以形成一种整体合力，这种合力往往大于各种环境因素作用力的机械相加之和。例如，在学校思想政治教育过程中，社会环境、学校环境、家庭环境等环境因素构成思想政治教育环境系统。在一般情况下，学校环境因素可能处于主导性地位，社会环境、家庭环境相对处于辅助性地位，三种环境因素各有特色，互为补充。如果把三类环境因素机械地分隔开来，那么思想政治教育的环境系统就不全面，学校的思想政治教育就不够完善，学生的思想政治品德的形成与发展就可能出现缺陷，从而直接影响思想政治教育的效果。

（2）统一性

思想政治教育环境结构的统一性是指思想政治教育环境诸要素在对思想政治教育过程进行影响时在作用方向、方式上的一致性。思想政治教育环境是一个统一的矛盾体，其内部结构复杂、组成要素繁多，但在整体上表现为统一的境况或氛围。例如，尽管我国社会政治环境中存在多种多样的政治思想、政治观念、政治伦理、政治文化等，但在整体上，我国的政治环境是马克思主义占主导地位、集体主义意识占主流地位的。这一状况就是环境因素统一性的具体表现。这种统一性既可表现为内部结构的统一，又可表现为外部功能的统一。如果我们考察单一因素的作用，往往难以判断其作用的方向或方式，而当我们考察环境整体时，环境作用的方向或方式是比较明确的。

2. 思想政治教育环境结构的有序性

所谓思想政治教育环境结构的有序性，是指思想政治教育环境诸要素存在方式上呈现的格式化倾向以及这些因素更替作用的规律性。具体来说主要表现在以下两个方面：

（1）环境因素的格式化

思想政治教育环境诸因素一旦与思想政治教育活动相结合，构成影响思想政治教育过程的外部环境之时，这些环境因素的存在方式就会发生变化，从无序变为有序，形成一定的结构形式。这一变化过程，可以称之为环境因素的格式化过程。环境因素的格式化使得环境系统内部呈现纵横交错的格局。从横向来看，思想政治教育环境系统可以分为社会环境、社区环境、组织环境、家庭环境、人际交往环境等子系统。例如，从思想政治教育环境因素所覆盖的范围来看，思想政治教育环境可以分为宏观环境、中观环境、微观环境三大层次系统；从思想政治教育环境因素作用方式与程度来看，一部分环境因素处于主导作用层面，即主导性环境因素，而另外一部分环境因素处于辅助作用层面，即辅助性环境因素。即使在一个思想政治教育环境子系统中，也可以呈现出一定的层次性。

（2）环境因素更新的规律性

思想政治教育这种教育活动本身是一种有目的、有计划、可调控的活动。这种调控不仅表现在对思想政治教育内部过程的调控，也表现在对思想政治教育环境因素的调控，即教育者可以对环境因素进行筛选，甚至可以创造出新的环境因素。教育者对环境因素的优化过程在被教育者看来是环境因素在更新。教育者根据思想政治教育各阶段的目标以及被教育者各阶段思想政治品德的发展程度，由低向高、由近到远、由具体到抽象、由简单到复杂地改变对受教育者影响最直接的环境，不管受教育者感知程度有多少，他周围的思想政治环境都在有秩序、有目的地变化着。

（二）思想政治教育环境的本质特征

所谓思想政治教育环境的本质特征，就是其本身所带有的从根本上决定环境的发生、发展与变化的属性。科学地认识思想政治教育环境的本质特征，是全面、正确地了解思想政治教育环境系统并科学地预测这一环境系统运动变化方向的基础。思想政治教育环境的本质特征主要表现在以下两点：

1. 思想政治教育环境的阶级性

所谓思想政治教育环境的阶级性，是指思想政治教育环境因素所体现的与特定阶级利益相一致的属性，它决定着环境因素的基本内涵与价值倾向性，并影响环境因素的发展变化。

环境的阶级属性问题是一个颇有争议的问题，如何来看待思想政治教育环境的阶级性呢？第一，从思想政治教育活动的特殊性来看，我国的思想政治教育是用马克思主义的思想政治品德体系来教育广大人民群众，它维护以工人阶级为领导的、以工农联盟为基础的人民民主专政的政权，维护广大人民群众的利益。第二，从社会生活的角度来看，环绕于人周围的思想政治教育环境，在很大程度上就是人们的社会生活环境，而社会生活环境的状况受到人们的社会生产、生活行为的影响。在阶级社会，不仅存在阶级的划分，而且阶级斗争成为社会生活最本质的内容，从宏观的国家与法、社会意识，到微观的个人思想与行为，都受到阶级及阶级斗争的直接或间接的影响，既然人们的社会生活不可避免地要打上阶级的烙印，那么，主要由社会生活环境构成的思想政治教育环境又怎能摆脱阶级的影响或控制呢？因而，从社会生活层面来看，思想政治教育环境具有明显的阶级性。

2. 思想政治教育环境的社会性

所谓思想政治教育环境的社会性，是指思想政治教育环境是社会活动的产物，社会性要素对思想政治教育环境的发生与发展起着决定性的作用。对于思想政治教育环境的社会性问题，可以从社会化的角度来进一步理解。在社会学的视野中，思想政治教育活动是一种人的社会化过程。从个人来看，人们是通过社会化来使自身符合社会的要求、适应社会的生活。从阶级角度来看，一定的阶级或组织试图通过对人的社会化来培养符合本阶级或组织的思想意识、政治观点和道德规范的社会成员，维护本阶级或组织的利益。影响人的社会化的因素中起关键性作用的还是社会性活动。人们的这些社会性活动实际上构成了人的社会化的环境因素，正是这些社会性环境因素决定着人的社会化水平，同样也决定着思想政治教育环境的社会属性。思想政治教育环境的社会性，不仅表现在思想政治教育环境本身的起源方面，而且表现在其内部构成及作用范围等方面。

（三）思想政治教育环境的外在特征

所谓思想政治教育环境的外在特征，也就是思想政治教育环境外部表现方面的特点。思想政治教育环境的外在特征具体表现在以下几个方面：

1. 广泛性

思想政治教育所涉及的环境因素十分广泛，真可谓是无所不包，无所不在，无时不有。从横向的角度来看，它既包括自然性环境因素，又包括社会性环境因素；既包括物质性环境因素，又包括精神性环境因素；既包括政治环境因素，又包括经济环境因素与文化环境因素。从纵向的角度来看，它既包括历史的因素，又包括现实的因素；既包括社会大环境，又包括社区环境、组织环境、家庭环境、人际环境等范围相对较小的环境。从环境作用的性质来看，它既包括积极的环境因素（正效应因素或正面因素），又包括消极的环境因素（负效应因素或负面因素）。这些大大小小、各式各样的环境因素构成思想政治教育环境的网络系统，全方位地、多渠道地影响思想政治教育过程和人们思想政治品德的形成。

2. 复杂性

正因为思想政治教育环境是一个由千千万万环境因素构成的网络系统，其必然具有复杂性。思想政治教育环境的复杂性不仅表现在各种因素相互关系的复杂性上，而且表现在环境因素本质属性判别的复杂程度上。虽然在理论上很容易将各种环境因素划分为主导性因素或辅助性因素、积极性因素或消极性因素、先进阶级的环境因素或落后阶级的环境因素，但在实际工作中，各种因素不一定能直接感觉到，也不会贴上属性标签，确实难以区分。

3. 动态性

世界上的万事万物总是发展变化的，思想政治教育的环境同样处于一种动态运行过程中。从自然环境因素来看，随着人们改造世界、利用自然的生产活动的深入，今天人们所面对的自然跟过去相比，可谓天壤之别。就积极的方面来说，人们利用自然程度不断提高；就消极的方面来说，空气一天天变浑浊，人们越来越对赖以生存的自然环境感到担忧。从社会环境因素来看，社会的经济、政治、文化要素也是不断发展变化的。

4. 可塑性

从思想政治教育环境与思想政治教育活动主客体（即环境与人）的关系来看，人们完全可以根据思想政治教育的目标，有计划、有步骤地去改变一定社会范围内的环境因素，使环境因素符合思想政治教育活动的需要、符合人们思想政治品德发展的需要。也就是说，思想政治教育的环境并不是僵化的，而是具有可塑性的。思想政治教育宏观环境的改变往往要靠国家或社会的宏观调控，而思想政治教育的小环境也可以通过人们的主观努力去设计、创造与建设。

二、思想政治教育环境的优化

环境是指生物体生存空间内各种条件的总和。人类的生存环境包括自然环境、社会环境、精神环境。人的生存和发展不仅要以一定的环境为前提，而且人的思想政治品德也是在一定的环境之中形成和发展的，特别是社会环境对人的思想政治品德起决定性的影响。同样，思想政治教育活动的开展，也要受到各种环境因素的制约和影响。特别是在经济全球化、科技现代化、社会信息化的今天，思想政治教育所面对的外部宏观环境和内部微观环境的变化都非常巨大，要做好思想政治教育工作就必须要研究各类环境对思想政治教育的影响，优化思想政治教育环境，从而做好思想政治教育工作。

（一）思想政治教育环境的特殊性

思想政治教育的环境是由大大小小、各式各样的环境要素所构成的。这些环境因素一方面存在各种差异，另一方面又具有多种相同或相似之处，而正是这些环境因素的共性构成了思想政治教育环境的特殊性。

思想政治教育环境结构的整体性。是指思想政治教育环境系统的有机性与统一性。有机性是指构成思想政治教育环境系统的诸要素、各部分密不可分、相互协调。思想政治教育环境结构的统一性是指思想政治教育环境诸要素在对思想政治教育过程进行影响时在作用方向、方式上的一致性。

思想政治教育环境结构的有序性，是指思想政治教育环境诸要素存在方式上呈现的格式化倾向以及这些因素更替作用的规律性。具体来说主要表现在两个方面：一是环境因素的格式化。思想政治教育环境诸因素一旦与思想政治教育活动相结合，构成影响思想政治教育过程的外部环境之时，这些环境因素的存在方式就会发生变化，从无序变为有序，形成一定的结构形式。这一变化过程，可以称之为环境因素的格式化过程。二是环境因素更新的规律性。思想政治教育环境的改变要根据思想政治教育目标、被教育者社会化程度来逐步进行。思想政治教育活动必须遵循环境因素更替规律，否则就会受到违背规律的惩罚。

思想政治教育环境的社会性，是指思想政治教育环境是社会活动的产物，社会性要素对思想政治教育环境的发生与发展起着决定性的作用。从个人来看，人们是通过社会化来使自身符合社会的要求、适应社会的生活。从阶级角度来看，一定的阶级或组织试图通过对人的社会化来培养符合本阶级或组织的思想意识、政治观点和道德规范的社会成员，维护本阶级或组织的利益。影响人的社会化的因素中起关键性作用的还是社会性活动。从思想政治教育环境的来源来看，它是人类社会生活的产物，是人类文化的结晶，故不可避免地具有社会属性。从思想政治教育的内部构成来看，思想政治教育环境系统中社会性要素占据主导地位，在人的社会化（包括人的思想政治教育）活动中发挥关键性作用，那么思想政治教育环境也就具有社会属性；从思想政治教育环境的作用范围来看，它也是指向社会，服务于社会的。

（二）优化思想政治教育环境的必然性

思想政治教育环境是一个极为广泛而且复杂的系统，是一个具体的、特定的概念，是不同层次的环境因素相互联系构成的有机整体，对人的思想品德的形成起着决定性作用，其优化的意义表现在以下几个方面：

优化环境对人的思想品德的形成和发展具有促进作用。祖国美好的自然环境蕴涵着丰富的教育内容，能培养人们爱国主义的思想感情。同时，社会环境中各种积极的健康向上的因素能催人奋发向上，能树立崇高的理想，能培养高尚的品德。因此要加强思想政治教育环境的研究，优化思想政治教育环境，发挥积极因素的作用，消除消极因素的影响，营造一个良好的社会氛围，引导人们健康向上地发展。

优化环境对人的思想品德具有感染熏陶和潜移默化的作用。思想政治教育环境对人的思想影响不是强制的、有形的，而经常是无形的、潜移默化的，即在不知不觉中受到心灵的感染、情操的陶冶、智慧的启迪。所谓"蓬生麻中，不扶自直""近朱者赤、近墨者黑"，说的都是环境的影响力量。

优化环境对人的思想品德具有约束和规范作用。人们的行为都会受到周围环境和人们舆论的评价以及法律、道德、纪律、规范的检验，凡符合社会规范的思想和行为，都会得到社会的认同，使良好行为得到强化、巩固和继续发扬；反之则不然。因此，加强环境的优化有利于思想品德向良好的方面形成和发展。

（三）优化思想政治教育环境的途径

依靠政府和社会力量，优化思想政治教育的宏观环境。党和政府有关部门是优化社会宏观环境的主体，要在全社会大力倡导良好的社会道德风尚和正确的舆论导向。社会导向分为社会的政策导向和自觉的舆论导向。思想政治教育旨在将党和政府认可的政治规范、思想规范和道德规范转化为群众的思想政治品德。强有力的社会导向无疑是思想政治教育的一种"大气候"，对思想政治教育具有公认的制约力。在社会导向正确的情况下，思想政治教育将事半功倍。

营造良好氛围，建设微观环境。家庭、学校、工作单位、社区这些微观环境的建设，有助于营造良好的政治氛围，形成优良的社会风气，培养高尚的道德风尚。开展健康向上的文化活动，不仅能增强思想政治教育效果，培养积极向上的政治思想，而且还可以影响和改善宏观环境。要优化家庭环境，家庭成员要和睦相处，父母要和孩子建立一种平等、友好的关系，循循善诱地引导孩子，营造一种积极向上的家庭氛围。要优化学校环境，重视思想理论建设，用正确的价值观、人生观引导广大教职工和学生，解决他们的精神支柱问题，完善激励和约束机制，建设丰富多彩的校园文化。要优化工作环境，创造公平、民主、团结的理想氛围。

加大社会投入，创造良好的物质环境。物质环境是思想政治教育的重要条件，能起到很好的教育作用。加大人力、物力投入，美化环境，改善设施，合理布局，创造高雅别致、使人心旷神怡的舒适环境，能增强教育效果。加大思想政治教育队伍和场所建设，建立一支高水平的专兼职相结合的思想政治教育队伍，建设必要的精神文化活动场所，开展富有教育意义的各种文体活动，有利于思想政治教育的实际效果。

加强制度化、规范化、科学化、系统化、现代化、信息化建设，创建思想政治教育的新环境。适应时代要求，加强思想政治教育的环境建设，必须紧扣时代主题，保持与时俱进，才能使思想政治教育具有时代性和先进性。

总之，加强思想政治教育，提高工作的有效性，就必须从优化思想政治教育环境着手，在复杂多变的形势下，使思想政治教育工作与时俱进，不断创新，使思想政治教育真正落到实处。

第二节 思想政治教育的宏观环境

所谓思想政治教育的宏观环境，也就是开展思想政治教育活动所处的大环境，包括自然环境和社会环境两个方面。自然环境是指外部世界的自然条件与状况，它包括地理位置、气候、土壤、地形地貌、矿藏和动植物资源等因素。根据人类活动的影响，它可分作"自然的自然"和"人化的自然"两部分。前者是指人类实践尚未加以改造过的自然，后者则是指经过人类实践活动改造过了的自然。在人类改造自然的同时，人们必然会结成一定的社会关系，这样就有人类社会，也就有了所谓的社会环境。自然环境对人的性格与行为会有一定的影响，但必须是在"人化"的过程中，即必须和一定的社会环境发生联系才能发挥作用。因此，我们将着重对社会环境做些分析，并将自然环境中的一些影响结合到社会环境中去进行研究。社会环境是多重因素组合的复杂体系，就其空间和时间的结合来看，主要包括一定历史阶段的国际社会环境和国内社会环境。

一、国际社会环境

国际社会环境，指一国在与外国或各种国际组织交往过程中所形成的、影响该国行政系统及其功能的各种因素的总和。当今世界，经济全球化进程势不可挡，而以通信和计算机为代表的信息革命已成为当代经济全球化的第一推动力。作为一种客观进程和必然趋势，信息全球化浪潮的出现已经和正在对我国新时期思想政治教育产生重大而深远的影响。因特网所具有的及时性、综合性、开放性和虚拟性等特点，对思想政治教育来说，犹如一柄双刃剑，它既给我们加强和改进思想政治工作提供了技术支持，也带来了众多的社会问题，对思想政治教育产生了消极的影响。

信息全球化给新时期思想政治教育带来了新的发展机遇。互联网是对外、对内的重要舆论阵地，也是我们把握国际动态、了解舆情信息的新的渠道。互联网的多媒体功能将增强思想政治教育的辐射力、吸引力、感染力，使教育形式多样化，教育功能综合化，同时，互联网的特性为我们思想政治教育充分利用全球网络资源提供了新的机遇。互联网还将成为政府与社会之间相互交流的桥梁，普通人可以通过上网表达自己的各方面意愿。借助于这种互动平台，新时期思想政治教育的政治优势将更加巩固。另外，信息全球化的时代背景将有利于更加充分地发挥我国新时期思想政治教育的文化优势。在"地球村"生活的人们在接受文化相互影响的同时，也将强化而不是削弱已觉醒了的民族文化意识，并将自己的民族文化展示给世界。不同民族的文化在世界范围内的交流碰撞中，各自不断吸取精华，剔除糟粕，从而变得更加繁荣和优秀，使人类的思想文化和精神生活更加丰富多彩。同时，全球文化发展的趋势也为今后我国的文化建设提供了一定的参考坐标和思路。

总之，经济全球化和科技信息化的浪潮，对我国的经济、政治、军事、文化等产生了深刻的影响，无疑其还会影响到思想政治教育。互联网的应用使信息达到的范围、传播的速度与效果都有显著增长和提高，从而使思想政治教育的环境、对象和内容都发生了巨大的变化。新时期思想政治教育将越来越多地受到这种文化环境的影响。在全球化时代的形势和条件下，对当前的思想政治教育进行改革与创新是非常有必要的。

二、国内社会环境

国内社会环境，主要指国内的社会自然环境、社会经济条件、社会政治制度、社会精神文化等。

社会自然环境，是指社会的物质生态条件，包括各种物质形态的原生自然和经过改造的人化自然，比如祖国山河、家乡风貌、城市建筑、园林景点、历史名胜等。这类环境，既可无意识感受，也可有意识加以选择和教育。善于利用社会环境的自然资源进行思想政治教育，是提高思想政治教育效果的一个有效途径。

社会经济条件，主要是指物质资料生产方式，包括生产力和生产关系等。人们的道德观念，归根到底总是从他们进行生产和交换的经济关系中吸取的。尤其是对人们思想政治素质的形成和发展，社会的经济条件更是起决定性作用。比如，生产力发展水平不同，人们对国家物质生活的体验不同，对国家和社会发展的评价就不一样，这无疑会影响他们的政治热情和政治立场。同时，小生产或大生产的不同经济发展方式，也制约着人们的胸襟和视野，使人们产生不同的立足点和政治思考点。由生产力决定的生产关系，对人们政治素质的发展变化影响更为直接。比如，物质利益分配上公平程度如何，很容易影响人们对党和国家经济政策的态度。改革开放的不断深入，利益关系格局的变动，以及家庭在改革中受益程度的不同，导致人们对党的路线方针政策的理解与信任也就不同。可见，社会经济条件主要是从物质利益上对思想政治教育产生影响。

社会政治制度，是体现人们之间政治思想关系的有形载体，包括国体、政体、民主和法制建设、党风廉政建设、社会安定程度等。在社会政治制度中，国家制度对人们思想政治素质的影响最为明显。加强思想政治教育，归根结底是要使全体人民成为党和国家利益的忠诚保卫者与维护者。因而，他们的政治方向、价值观念、行为规范等，必然要受国家政治利益和政治规范的制约；他们的政治社会化过程，不能离开维护和保卫党和国家利益的轨道。这种与国家政治利益的密切联系，决定了思想政治教育的方向。

社会精神文化，是社会经济政治状态在意识上的反映，包括传统文化的积淀及民族心理氛围，国民素质及其受教育程度，精神产品的质量与丰富程度，大众文化传播媒介影响等。社会精神文化对思想政治教育有着不可低估的影响。中国传统文化中的思想瑰宝对人们的民族自尊心和自豪感起着潜移默化的培育作用，许多名家哲人忧国忧民的精品佳作，往往能激发人们的政治责任感，陶冶爱国主义情操。随着大众文化传播媒介尤其是以互联网为代表的信息技术的迅速发展，各种传媒对人们政治思想的影响日益明显。人们越来越多地通过大众文化传媒渠道增进对社会政治的了解和对政治认识的深化。由于文化传媒传递信息快捷、海量，时效性强，与现实政治生活贴得近，且艺术感染力强，更易引起人们思想和情感的共鸣，容易被人们认同和接受，产生"先入为主"的效应。文化传媒信息的多向性，既为思想政治教育提供了选择、比较的机会，也给思想政治教育的定向带来了干扰。当文化传媒渠道和思想政治教育所传递的信息同质同向时，将会增强思想政治教育效果，产生积极作用；反之，则会产生消极作用。总体来讲，社会精神文化主要从政治沟通上影响思想政治教育。

三、思想政治教育宏观环境的特点

为实现思想政治教育目标，创造性地开展思想政治教育活动，就必须认识和掌握思想政治教育宏观环境的结构特点。从宏观环境与思想政治教育相互作用的关系看，思想政治教育宏观环境主要有以下特点：

一是客观性。宏观环境是客观存在的，是独立于思想政治教育活动之外并制约思想政治教育活动的客观存在。作为社会的人，总是以一定的方式活动在一定的社会环境中，不可能脱离所处的宏观环境而生活。宏观环境中的自然条件、社会条件和文化条件等，既蕴含着物质实体或物质关系，又蕴含着社会意识或人际关系。且这一切都有其各自的存在方式和运行规律，都具有不以人的主观意志为转移的客观性。宏观环境的客观性要求我们必须采取实事求是的态度认识和把握环境，积极适应环境，而不能以自己的兴趣好恶主观行事，也不能采取消极回避的态度对待环境。

二是系统性。宏观环境是一个系统。社会宏观环境主要由经济环境、政治环境、文化环境等构成，不仅自成系统，而且这几个要素相互关联、相互制约，形成一定的结构。在宏观环境这个大的系统中，各个小系统具有不同的层次和地位，相互之间存在着内在的必然联系，对思想政治教育产生着不同的影响。而且宏观环境的系统性是动态的、发展的。宏观环境的系统性说明，在对待环境问题上应做到第一，必须树立系统观念，重视系统整体功能的发挥；第二，必须注重系统之间的结构、层次和制约关系；第三，开展思想政治教育要立足系统的角度，顺应环境，科学地利用环境为思想政治教育服务。

三是广泛性。宏观环境对思想政治教育的影响无时不在，无处不有。既有自然的，又有社会的；既有历史的，又有现实的；既有主观的，又有客观的；既有积极的，又有消极的，它是一个非常广泛复杂的网络系统。宏观环境的广泛性还表现在它在时空中的动态性上。其结构因素在空间上没有固定的界线，它随着人类科学技术的发展，人类活动范围的扩大而扩展；在时间上也没有严格的界线，它不仅蕴含着历史和现实的因素，而且能预示未来发展的趋势，揭示社会发展的规律。随着人类精神文明的不断发展，随着人类对远古社会的研究，宏观环境的领域也将不断扩大。宏观环境对思想政治教育影响的广泛性，要求思想政治教育主体必须不断提高思想政治素质，在复杂的环境中认清和把握宏观环境对思想政治教育的广泛影响，锤炼治理环境和利用环境的能力和品格。

四是主导性。具体地说，宏观环境的主导性主要体现在以下三个方面：第一，制约着思想政治教育职能的发挥。作为政治上层建筑核心的党的路线方针政策，不仅决定着思想政治教育的方向、任务和基本内容，而且也规定了开展思想政治教育的基本途径和方法。第二，对思想政治教育过程的各个环节具有广泛深刻的影响。思想政治教育目标的确立，离不开对社会客观环境的分析判断。分析国际国内的形势，理解党的路线方针政策，了解思想政治教育目前面临的具体任务、教育对象在该时期的思想倾向等，都是科学地确立教育目标所必不可少的考虑因素。同样，思想政治教育的内容只有符合国际国内政治、经济等方面的环境条件，体现时代特色，才能起到作用。思想政治教育的方法也只有不断适应社会环境的变化，灵活运用适合教育对象兴趣爱好、接受能力、文化程度的多种方法，才能收到教育效果。第三，对人的思想的形成、发展起着重要的导向作用。一般说来，环境中的文化生活、政治思想，以及生活方式等，对教育对象按照教育目标的要求，养成必备的思想政治素质起着积极的推动作用，但也可能存在一些消极的因素，阻碍教育对象内化教育影响的过程。社会宏观环境的主导性，要求我们认真研究教育环境的客观现状，分析利弊，趋利避害，增强思想政治教育的有效性。

第三节 思想政治教育的微观环境

微观环境，是相对于宏观环境而言的，即通常所说的"小环境""小气候"。思想政治教育的微观环境一般包括思想政治教育活动所涉及的组织环境、人际环境、心理环境和家庭环境。对于走上工作岗位或跨入大学校门，相对独立地与社会广泛接触的教育对象而言，通常又把其中的组织环境、心理环境划为内部环境，而把人际环境、家庭环境归为外部环境。

一、组织环境

一提到社会组织，有人可能会觉得陌生，但是一旦说到政党、工厂、商店、学校、机关等单位和机构，就会感到很熟悉。组织，从社会学的角度来解释，是按照一定的宗旨和系统建立起来的集体。

从不同的角度或按不同的标准，可以把组织环境分为不同的类型。按教育对象与组织的关系，可以分为直接组织和间接组织。直接组织，即教育对象置身其中的组织；间接组织，即教育对象虽然没有直接参与，但与教育对象存在着某种联系、具有较大影响的组织。按组织的性质、特点，可以分为各类专业组织。如经济组织（农业、林业、工业、商业）、政治组织（各级政党组织和各级国家政权组织）、科学文化组织（文学、影视、学校、科研机构）、群众组织（工会、学生部、共青团、妇联）等。按组织的构成，可以分为正式组织和非正式组织。正式组织是根据确定的目的，按照一定的原则和方法组织起来的社会组织。成员间有大体一致的目标和行为规范，有正式而确定的组织形式和领导人员，有实现所属功能而必需的物质、经济、技术条件等。非正式组织是教育对象由于兴趣、爱好和生活等方面的趋同性而结合成的一种集合体，是人们在相互交往过程中形成的。其特点是一般没有特定而长远的目标和一定的章程，其活动内容极为广泛，但常常缺乏活动的计划和固定的人数，其成员间关系的维持不是靠强制的纪律，而是靠情感的融洽、认识的共鸣和相同的爱好兴趣等。

组织环境对教育对象具有规范约束性。组织规范是由组织的性质和特点所决定的，是组织成员应共同遵守的行为标准或共同观念，这种观念亦称组织准则。其主要表现为组织的舆论、风气、行为规范和价值标准。组织规范相对于不同的组织类型和教育对象，可分为不同的类型。在彼此开放、相互联系的社会大环境中，实际制约着个人行为准则和价值标准的，往往还不一定是个人所属的组织规范，也可能是个人所追求的想象中的理想组织或个人所在组织之外的某一其他组织的规范，即参考组织规范。

组织环境对教育对象具有目的主导性。同其他社会环境影响的自发性不同，组织环境对教育对象的影响有着明确的目的性。社会组织作为一种自觉的而不是自发的社会价值导向的载体，其标示的价值指向就其性质而言，必然是同社会主导价值的指向完全一致的，即以为人民服务为核心、以集体主义为原则的社会主义道德价值。我们从所有正式、合法组织的宗旨、目标、职能中都可以看到其目的之所在。组织环境的各种活动，大多是有周密的计划和组织措施的。组织里的大多数成员都带有进取向上的愿望，其活动的结果一般都朝着积极健康的方向发展，向着追求真善美的方向发展。这一特点也使组织环境对教育对象的影响起到有效的主导作用，并使这种作用得到可靠的保证。

二、人际环境

人，生存于社会之中，离不开与他人交往，与他人联系。根据马克思的观点，这种交往、联系就是人的整体关系系统的体现。人际关系就是人与人之间的相互交往关系，这种关系是人们在社会实践中基于一定的需要，在直接的物质和精神交往中形成的。人际关系与社会关系既有联系又有区别，社会关系是一个外延广泛的概念，是人们在共同的社会实践中结成的一切相互关系的总称，具有系统性和层次性，其基础是生产关系以及由此决定的阶级关系、政治关系等。人际关系是一种特殊关系，"可以把这一关系概括地看成是社会关系系统一个特殊横断面。在社会关系的经济、社会政治以及其他形态上的'截面'上所表露出来的东西就是人际关系。"[1]我们通常把赖以建立人际关系的社会大环境、群体小环境统称为人际环境，或者说人际环境是社会环境系统中的一个"横断面"。

人际环境可以从人际交往的不同角度分为不同的类型。根据交往的起点和原因的不同，可分为亲缘环境（以血缘为基础、伦理关系为纽带的人际环境）、地缘环境（起源于地域相邻关系的人际环境）、业缘环境（以职业和学业为纽带而形成的人际环境）、机缘环境（通过机会或某种巧合、经人介绍为纽带而形成的人际环境），等等。根据交往手段不同，可分为直接和间接环境。直接环境是指交往主体与客体能够实现面对面交往的环境；间接环境则是主体通过某种中介、媒介同客体进行交往的环境。根据交往方向不同，可分为横向环境和纵向环境。横向环境是指个体同一层次（如同辈人、同事、同学等）之间的交往环境；纵向环境是指个体不同层次（如领导和被领导、父母与子女等）之间的交往环境。根据交往的性质不同，可分为良性环境和不良环境。良性环境是指个体在社会法律和道德规范允许的范围内进行正常交往的环境；不良环境是指个体超出社会法律规范的道德范围而造成不良社会后果的不正常交往的环境。

随着现代科学的发展和社会环境的变更，人们的社会交往方式也在发生深刻的变化。人际关系已不仅仅是个人之间的关系，它至少包括了如下三个层次的关系：一是个

---

[1] 郑应霞，甘琳琳主编.人际关系心理学[M].武汉：华中科技大学出版社,2020.08.

人与个人之间的关系；二是个人与群体之间的关系，包括个人与自群体和个人与他群体之间的关系；三是群体（或组织）与群体（或组织）之间的关系。由此可见，人际环境具有阶级性、社会性和开放性等特点。一是阶级性。在阶级社会中，各种社会环境包括人际环境，本质上都打上了阶级的烙印。二是社会性。人际环境作为社会环境的一个特殊"横断面"，受时代特征影响的社会性是显而易见的。三是开放性。当今时代是一个开放的时代，突破了过去自然经济、计划经济条件下人际环境的小天地，结束了长期以来疏于交往的封闭状态。随着信息技术特别是信息网络技术的发展，社会信息化、网络化的特征越来越明显。

三、心理环境

思想政治教育的微观环境，有物理环境和心理环境之分。所谓心理环境，是指信息接受者的心理状态，特别是情感状态。思想政治教育心理环境就是思想政治教育接受者在某一时刻或某一阶段的心理状态，情绪和情感是它的外在表现。情绪和情感是人对客观事物所持的态度和体验，反映着客观事物与人的需要之间的关系，是人的心理活动的一个重要方面。我们在认识世界和改造世界的活动中，当外界事物符合个人需要时，就会产生积极的态度，引起满意、高兴、喜爱的体验；相反，就会产生消极的态度，并引起失望、悲痛、厌恶的体验。所以客观存在的对象和现象，是情绪和情感产生的源泉。情绪和情感是伴随人的认识过程而产生的，但它不同于认识过程。

情绪和情感所反映的不是客观事物本身，而是具有一定需要的主体与客体之间的关系。虽然情绪和情感都是人对客观事物所持的态度和体验，但两者既有区别又有联系。从某种意义上说，情绪是情感的基础和外在表现形式，情感是情绪的发展和内在本质内容；情绪是原始、简单、较强的情感，情感是高级、复杂、较弱的情绪。情绪和情感是十分复杂的心理现象，现实生活中两者统一于人的社会性本质之中，是很难分开的，所以，通常把情绪和情感统称为情感。在不同的情感状态下人们接受教育的效果是有差别的。根据学习理论中的效果率和强化作用规律，凡是伴随着一定活动的、使人"满意"的情绪体验，都能使这种活动受到强化，而"不满意"的情绪体验则使这种活动受到抑制。这种规律对于人们在思想政治教育条件下的心理活动也是适用的。

心理环境的特征主要表现为情境性、感染性和两极性。一是情境性。这是指人的情绪和情感总是在一定情境中产生的。情境是对人有直接刺激作用，客观、具体的自然环境和社会环境。人没有无缘无故的爱，也没有无缘无故的恨，"触景生情""一见钟情"都说明情境在激发人的情绪和情感方面具有特定的作用。情境的各种因素对情绪和情感的产生具有综合性的作用，良好的情境容易引起积极的情绪和情感，不良的情境容易引起消极的情绪和情感。一般来说，情绪的情境性要比情感明显。二是感染性。情绪和情感是一个具有两重性的心理结构。一方面，它们受制于个人自我需要的各自有别的、个体心理结构；另一方面，它们又多少体现着阶级的、民族的以至全人类大体相通的共同心理结构。正是由于后者，加之主体意识的能动性，在一定条件下，一个人的情绪和情感可以超越时空感染他人，使之产生同样的情绪和情感；别人的情绪和情感也可以超越时空使自己产生同样的或与之相联系的情绪和情感。共鸣现象是心理环境感染性最明显的表现。三是两极性。人的情绪和情感，常常会出现两种极端对立的性质。其主要表现为：①肯定与否定的两极。凡是外界事物能够满足需要、符合愿望，就会使人产生肯定的态度，引起愉快、欢乐、热爱、振奋等内心体验；相反，就会产生否定的态度，引起苦恼、愤怒、憎恨、绝望等内心体验。②积极和消极的两极。凡是对人的行为具有促进、增力作用的情绪和情感，如兴奋、喜悦等，即为积极的；相反，对人的行为具有削弱、减力作用的情绪和情感，如抑郁、悲伤，即为消极的。③紧张和轻松的两极。在一般情况下，人处在活动的关键时刻，动力定型遭到破坏，容易使人产生紧张的情绪和情感；一旦关键时刻过后，新的动力定型建立起来，人就会产生轻松的情绪和情感。④激动和安静的两极。在遇到了强烈刺激或思想发生剧烈变化时，情绪和情感会激动起来，与此对立的是通常的安静状态。激动状态下，情绪和情感明显外露；安静状态时，情绪和情感不易察觉。⑤强和弱的两极。人的任何一种情绪和情感都有一个由强到弱或由弱到强的过程。例如，喜悦由弱到强可分为暗喜、欣喜、欢喜、狂喜等；怒的由弱到强可分为愠怒、愤怒、盛怒、暴怒等。心理环境之所以具有两极性，是由生活情境的多样性以及人与生活情境联系的复杂性决定的。

四、家庭环境

家庭，是以婚姻关系为基础、血缘关系或收养关系组成的社会细胞，是人类发展到一定阶段的产物。家庭环境，是包括家庭结构、家庭成员之间的关系、家庭气氛、家庭传统、家庭的经济状况和社会地位、父母对子女的教育态度与方式等家庭综合因素的总和。家庭的性质、特点和作用，主要是由社会属性所决定的，一定的家庭形式又总是与一定的社会发展阶段相联系。每个人都出生在一定的家庭，并建立自己的家庭，家庭对每个成员的影响和每个成员对家庭的影响都是极其广泛而深刻的。

家庭作为人生的第一学校，对其成员尤其是青年思想的影响是相当大的。父母的世界观、人生观、价值观以及他们的为人处世都会给子女留下深刻的印象。然而，不同的家庭环境和教育模式对教育对象政治素质、思想品质及心理个性的形成和发展的影响是不尽相同的。从对教育对象影响方式的角度看，家庭环境比较典型的大致有以下几类：

一是培养型。这种环境以爱护、关心、指导为特征，通过提供机会、及时引导、言传身教、具体点拨等，促使子女形成正确的世界观，增强认识和适应社会的能力。在这种环境中成长起来的青年，能热爱社会和他人，遵守社会公德和传统美德，集体观念强，适应社会快，具有较强的进取心和独立生活能力。但如果家长关心过多，则会物极必反，容易使子女产生依赖性，并于无形中压抑了他们的独立性和创造性。

二是激励型。这种环境以鼓励、对比、说服为特征，通过激励子女追求新生活、追求科学文化知识、追求社会进步理想，运用短期目标和长期目标结合、精神鼓励和物质鼓励结合等方式，推动子女成长进步。在这种环境中成长起来的青年，能以社会的发展要求作为自己树立人生目标的准则，能为实现远大目标而舍弃小目标和眼前利益，有追求意识，阶段性的进步比较明显。但一旦缺少激励，就会出现动力不足的状况，影响政治思想上的进步。

三是民主型。这种环境以平等、支持、讨论为特征，以讲道理、指方向为基本方式，使子女习惯平等、公正的思维和行为方式，充分发挥其主动性和创造性，促使子女健康成长。在这种环境中成长起来的青年，有较强的民主意识，爱独立思考，敢于发表意见，政治参与热情高。但容易忽视民主与集中的对立统一关系，片面强调民主、自由，不愿接受严格的政治纪律和组织纪律的约束。

四是榜样型。这种环境以先烈、前辈、英雄的宣传教育为特征，通过给子女设立学习、崇拜的榜样，传授民族的传统美德，使子女确立正确的人生奋斗目标，并付诸行动，从而推动子女的成长。在这种环境中成长起来的青年，时常有榜样人物作为参照，认识和处理问题比较得当，尤其是容易接受革命英雄主义教育，对国家和人民具有使命感和责任感。但若不加以引导，容易产生个人英雄主义思想，导致虚荣心强，爱表现自己。

五是渴望型。这种环境以热情、倾心、渴望为特征，通过夸奖、表扬、寄予希望等形式，使子女牢记并努力实现家长的希望，弥补家庭的不足，同时也使子女自己得到发展。在这种环境中成长起来的青年，家庭使命感强，往往不安于现状，努力上进。但在人生态度上容易受父母左右。若发展顺利，家庭及自身皆大欢喜；若目标期望值过高，发展不顺利，又未做适时的调整，往往思想压力比较大，容易导致心理健康问题。

以上各种家庭环境，在实际生活中具体落实到某一个家庭，较多的是几种环境模式的结合。因此，思想政治教育要善于扬长避短，引导教育对象全面认识、调节和转化家庭环境的影响，使家庭环境在思想政治教育中发挥更多的积极作用。

五、思想政治教育微观环境的特点

与外部宏观社会环境相比，内部微观环境对思想政治教育的影响更为直接。它既是搞好思想政治教育的重要因素，又是搞好思想政治教育的必然结果。概而言之，它具有以下三个显著特点：

一是生动有效。微观环境是开展思想政治教育的基本场所和有效载体，思想政治教育的成效同微观环境的优化密不可分。作为思想政治教育的基本场所，它应是有利于思想政治教育的微观环境，即是所属成员能够敞开思想的环境，是大家心情舒畅、教育能够入耳入脑的环境，是教育者能够为人表率，以自身的模范行动影响人、感召人，令受教育者信服的环境，是有思想问题能够及时发现和化解的环境，是一个没有歧视、嫌弃和讽刺挖苦，充满热情、尊重和信任的帮助教育环境。同样，作为思想政治教育的有效载体，它应是能够通过各种有效的教育形式和渠道来开展思想政治教育的微观环境。比如，重视发挥典型的示范作用，发挥大众传媒的教育功能，最大限度地满足广大群众的物质和文化需要，强化文化熏陶、思想感染、心理驱动等环境的创设。简言之，微观环境作为开展思想政治教育的基本场所和有效载体，生动有效是它的应有之义。一个有益于思想政治教育的微观环境，一定是一个生动有效的教育环境。

二是形象直观。思想政治教育的微观环境是教育双方直接参与、感受的环境。这一环境既包括物质设施、建筑风格、景观布局、绿化状况等物质环境，也包括单位内部全体成员在政治、道德、文化、传统等观念上相互感染、相互促进的思想环境，即一个单位的良好思想风气。优美丰富的生活环境具有形象直观的特点自不必说，良好的思想环境也是一个单位成员的理想信仰、价值观念、道德情操、精神追求等的集中体现，是群体内部爱岗敬业的工作环境、纪律严明的管理环境、催人进取的竞争环境、和谐互助的人际环境等的综合反映。所以，思想政治教育的微观环境实质上就是由身边的人、身边的事、身边的物所营造的。无论是从它的"硬件"还是"软件"看，都与教育双方具体的工作、学习和生活密切相关，具有形象直观的特点。

三是互动性强。环境决定人的发展，决定人的思想道德水平，人也可以通过实践活动能动地改变环境。这种人与环境的辩证关系，充分揭示了人与环境的互动性。而这种互动性在人与思想政治教育微观环境的关系上表现得更为突出。思想政治教育的微观环境是靠环境中的人创设和优化的，人们长期工作和生活在一定的环境中，接受潜移默化的熏陶影响，就会将环境中特有的思想观念和传统作风接纳到自己的思想和行为体系中来，从而保持与所处环境的协调统一，起到同化整合作用。

第四节 思想政治教育宏观与微观环境的关系

在思想政治教育环境这个开放的系统中，宏观环境与微观环境是双向互动的。宏观环境对微观环境具有制约与渗透的作用，微观环境对宏观环境也有着优化与辐射的作用。正确把握两者这种相互依存、相互制约的双向互动关系，对加强思想政治教育的环境建设，具有重要的意义。

一、宏观环境对微观环境的制约与渗透

宏观环境对微观环境的制约与渗透具有立体性和全程性的特点。立体性，是指这种制约与渗透是全方位、多角度、无处不在的。首先，一定的社会经济基础制约着微观环境建设的性质、目的、任务、内容以及发展进程。思想政治教育活动是在一定的生产关系的

要求下产生的，并随着生产关系的发展而发展。微观环境是思想政治教育活动赖以开展的基地、最直接的外部条件，生产关系的局部变革，必将对思想政治教育及其微观环境提出新的要求。如果微观环境不通过加强自身建设来适应这一客观要求，就会对思想政治教育起阻碍作用，使其失去赖以存在和发展的基础和改革的动力。其次，在社会政治、文化环境中，社会思潮是一定时期内产生的具有相当影响力的思想意识倾向，它常以某种观点和理论的形式出现，影响人们所在的组织环境、人际环境、心理环境和家庭环境，进而影响人们的思想观念、行为方式和价值取向。尤其在深化改革开放、大众传媒日益发展的条件下，这种制约和渗透的渠道更具有广泛性、快捷性和全方位性。最后，宏观环境对微观环境制约和渗透的方式是多样化的，既有直接的制约，又有间接的影响；既有正面的宣传，又有反面的渗透。在具体方式上，包括党和国家政策的引导、舆论的宣传、影视书刊的导向、社会风气的熏陶等。

全程性，是指这种制约与渗透是无时不有、时刻存在的。它不受时间和空间的限制，也不局限于具体的形式，时刻对微观环境产生着影响。思想政治教育是一个系统工程，在这个过程中，大小环境是双向互动的。小环境不可能脱离大环境而独立存在，大环境时时刻刻对小环境产生影响。从大众传媒角度看，随着大众文化传播媒介的迅速发展，其对思想政治教育的影响也日益明显。由于文化传媒传递信息快捷灵便，时效性强，贴近生活，艺术感染力强，人们越来越多地通过它来增进对社会的了解和认识。宏观环境对人的思想这种全程性的制约与渗透，从根本上讲，也是通过人们所处的微观环境为中介而起作用的。

二、微观环境对宏观环境的优化与辐射

宏观环境对微观环境有着制约与渗透作用，同时，良好的微观环境也对宏观环境有着积极的优化与辐射作用。其优化与辐射作用主要表现为以下三个方面：

一是导向作用。思想政治教育实践证明：良好的微观环境本身就蕴含着丰富的思想政治教育的内涵，在一定意义上体现和渗透了思想政治教育的目标，有助于培养教育对象形成良好的社会行为。例如，用中外著名科学家或思想家的肖像、格言装饰的教室、厂房、办公室等，不仅起到了美化环境的作用，同时也无时无刻地启迪着受教育者的认识，使他们懂得人生的意义、奋斗的价值和奉献的高尚。用写有校风、校训、厂风、厂训的标语牌装饰的校门、厂门，会使学生、工人踏入校门、厂门的那一刻就清醒地意识到所在的社会组织倡导什么，反对什么，从而努力使自己的认识与组织的价值观保持一致。

二是行为规范作用。主要是指良好的微观环境对思想政治教育对象具有重要的约束、规范作用。它可以借助各种环境因素的影响力，以一定的行为方式，将思想政治教育对象的行为表现规范到思想政治教育目标所期望的方面来。美化工厂、学校、公共娱乐场所不仅仅是审美的需要，同时也是规范人们行为的需要。思想政治教育的实践也反复证

明，在整洁文明的环境中，人们容易养成讲文明、讲礼貌的习惯。经常置身于光洁明亮、干净卫生的环境中，人们自然会养成不随手丢弃杂物，注意保持环境卫生的良好行为。良好的厂风、校风、班组风气一旦形成，就能作为一种无形的教育力量对人们的行为产生潜移默化的影响。

三是榜样示范作用。主要指良好的微观环境可以通过自身蕴含着的丰富的榜样教育因素，对受教育者思想的形成发展施以潜移默化的影响。教育者自身的示范是影响教育对象思想发展的一个重要环境力量。教育者以身作则的示范，不仅提高了自身威信，而且有效地激发了教育对象积极的情感，增强了思想政治教育的可信性和感染性。一般说来，教育者的言谈举止、工作作风、服饰打扮、待人接物的态度和方式，都能给受教育者以深刻的影响。英雄模范人物的榜样示范作用更是微观环境中经常出现的。教育者要善于选择、利用和改造环境，增强思想政治教育的有效性和对环境的适应性、能动性。

思想政治教育微观环境对社会环境优化与辐射的过程，实质上也是微观环境自身优势得到发挥的过程。一个个内部的小环境搞好了，必将对优化整个社会宏观环境起到推动作用。同时，良好的微观环境也必将更好地发挥其认识导向、情感陶冶、行为规范、榜样示范、心理构建等功能。

第四章 新时代思想政治教育工作的路径创新

第一节 思政教育的理论课建设创新

一、贯彻"以人为本"的教育理念

在思想政治教育主渠道建设中坚持"以人为本",就是要坚持以大学生为本,以大学生全面发展为目标,解放思想、实事求是、与时俱进,坚持以人为本,贴近实际、贴近生活、贴近学生,努力地提高思想政治教育的针对性、实效性和吸引力、感染力,培养德智体美全面发展的社会主义事业合格建设者和可靠接班人。这就充分说明思想政治教育的目标是大学生的全面发展,要实现将他们培养成为社会主义事业合格的建设者和接班人的目标,必须以学生为本,贴近学生思想、学习和生活的实际,尊重学生、关心学生,引导帮助学生全面发展。

以人为本属于价值论的范畴,它必须是要回答什么最重要、什么最根本、什么最值得关注等问题。在大学生思想政治教育主渠道建设中,坚持以学生为本,必须认识到学生的思想政治素质有实质性的提高最重要;尊重学生在教学中的主体性是根本;学生的思想政治状况,学生关心的热点、难点,学生渴望解决的思想矛盾等最值得关注,要使这样的教育理念得到有效贯彻,需要注意以下几点:

第一,在教材建设方面,要充分考虑到教材是对大学生进行马克思主义理论教育,在大学生中推动马克思主义大众化的有效载体。因此,要针对不同层次学生的知识文化素质和阅读能力编写教材,增强教材的时代性、可读性。

第二,在教学设计上,要充分考虑学生群体的差异,不同层次、不同专业背景,在知识文化素质、思维方式和兴趣点等方面的差异,根据不同层次的学生设计不同的教学方案,创建不同的教学模式。教师备课首先要备学生,增强教学的针对性,提高教学的实效性。

第三,在具体的教学活动中,要充分尊重学生的主体地位,采取多样化的形式吸引学生积极参与到教学活动中来,让学生有独立感悟、思考、探索的空间,让学生在主动参与过程中达到知识、情感、信念的统一和协调转化,提升自身的思想政治素质。

二、贯彻社会主义核心价值体系

社会主义核心价值体系是社会主义意识的体现，从某种意义上来说，社会主义核心价值观对社会主义的发展模式、发展目标以及发展任务具有重要的作用和联系。在社会主义建设中，我们要充分利用核心价值观的相关内容对社会主义现代化建设进行引领和指导，将其融入我国社会主义精神文明建设和物质文明建设的社会实践之中。在社会主义核心价值观的引领下，大学生个人的思想发展目标与社会发展目标相互协调，增强社会主义核心价值体系的吸引力和凝聚力。思想政治教育课是大学生思想政治教育的主渠道，是大学生思想政治教育的主要阵地，它必然要承担起开展核心价值体系教育，提高大学生思想政治教育理论课教育的效果。

（一）马克思主义理论教学中融入社会主义核心价值体系

马克思主义基础理论教学是大学生思想政治教育的重要组成部分，更是政治理论课程教育的核心，大学生马克思主义基础理论教育的目的是帮助大学生了解与认识马克思主义基本理论，深化对社会主义和共产主义的理解，学会运用科学的世界观和方法论认识世界、改造世界。在马克思主义基本理论的引导下，大学生可以建立起马克思主义性质的人生观和价值观，坚定他们对共产主义的信仰，增强他们进行社会主义现代化建设的信心。因此，马克思基础理论教学在大学生教育体系中占有重要的地位，并且是我国大学生思想政治教育的核心课程。

对马克思主义的理解，我们应该从以下两个方面来入手。

1.准确、完整地把握马克思主义

完整而准确地理解马克思主义，将马克思所有的理论与内容看作一个有机的整体，不能将各个部分拆开来进行理解与运用。马克思主义的基本原理与一般的马克思主义教育课程不同，有些马克思主义教育教材将马克思主义哲学、马克思主义政治经济学和科学社会主义分为三个独立的内容来进行说明，这种做法在大学生思想政治教育理论课中是不适用的，因为马克思主义基本原理的理解和运用必须将所有的内容联系起来，只有深刻理解其内在的逻辑关系才能真正地进行运用。

2.强化实践的马克思主义的教育和运用

在加强对马克思主义经典文本的解读和对马克思主义整体把握的同时，必须着眼于时代的变化和实践的进展，明确哪些是必须长期坚持的马克思主义基本原理，哪些是必须澄清的附加在马克思主义名下的错误观点，哪些是必须破除的对马克思主义的教条式理解，哪些是必须结合新的时代和新的实践加以丰富和发展的理论判断。要用马克思主义的立场、观点和方法分析和回答重大的现实理论问题和实践难题。

（二）在毛泽东思想和中国特色社会主义理论体系教学中融入社会主义核心价值体系

毛泽东思想和中国特色社会主义理论体系是大学生整个思想政治理论课程体系的核心。该课程以中国化马克思主义理论为主线，以中国特色社会主义为重点，着重教授中国共产党在新民主主义革命和社会主义建设中，党和国家领导人创造性地将马克思主义理论与中国实际相结合进行的理论创新，即中国化的马克思主义理论，从革命战争年代开始至今，中国共产党对马克思主义的发展主要有三大理论成果，在大学生思想政治教育中，要充分借鉴和吸收三大理论成果丰富内涵，促进我国思想政治教育的稳步发展。

毛泽东思想和中国特色社会主义理论体系教学是大学生思想政治教育的重要内容，在具体的授课过程中，我们要特别突出以下两个方面的特点。

1. 要突出核心问题的教学

在思想政治理论课教育中，课程的内容要紧紧围绕马克思主义中国化的历史进程来组织安排，围绕"什么是中国特色社会主义，怎样建设中国特色社会主义"来组织相应的内容。

2. 要强化问题意识和专题教学

大学生思想政治教育理论课，必须要面向我国社会主义现代化建设的现实状况，按照具体的情况和马克思主义理论的基本框架和逻辑顺序对理论课教学和实践教学作出科学的安排。另外，为了强化教学效果，还要结合时事专题教育。

（三）在道德修养与法律知识的教学中融入社会主义核心价值体系

道德修养和法律知识也是大学生思想政治素质教学中不可缺少的一个组成部分，它们是大学生思想政治理论课中的基础课程。开设道德修养与法律知识教育能够帮助大学生明确我国的法律、道德规范，约束大学生的日常行为，帮助大学生养成良好的行为习惯，提高他们的思想道德觉悟，把他们培养成有理想、有道德、有文化、有纪律的社会主义接班人。

在大学生的思想道德修养和法律的教育教学中，要着重突出对大学生民族精神、时代精神和社会主义荣辱观教育，紧紧围绕这些内容对大学生进行思想道德与法律知识教育。思想道德修养和法律知识教育这一课程，是大学新生的入门课程，主要针对不太熟悉大学生活的新生开展，目的是让他们在大学开始就养成良好的行为习惯，为更深层次的思想政治课程的开展打好基础。在开展道德修养和法律知识教育的过程中，教育者针对大学生成才制定专门的提高大学生个人素质的内容。

（四）在中国近代史教学中融入社会主义核心价值体系

中国近代历史是我国思想政治教育的重要组成部分，也是大学生思想政治教育体系中必不可少的基础教学内容。从中学起，学生就开始逐渐接触我国的近代历史，在大学教育阶段大部分学生对近代史的史实已经有了比较明确的认识，大学阶段主要培养大学生对发展规律的认识。另外，在大学生思想道德修养和法律知识的教育中，大学生还要加强对马克思主义是中国革命和建设的唯一出路、中国共产党领导中华民族取得新民主主义革命的胜利是历史的选择等问题的深刻理解与认识。

中国近代史的教育目的是让学生了解近代中国走向衰落的原因，理解马克思主义和中国共产党是历史的选择和必然，增强大学生对马克思主义和中国共产党的信心，增强其在社会主义建设道路上不畏风险、乘风破浪的勇气。在现阶段大学生要努力学习科学文化知识，将社会发展的目标与个人目标结合起来，明确奋斗目标，为中华民族的伟大复兴做出自己的贡献。

三、实现教学方式方法的创新与改革

事实上，"人类的教育活动起源于交往，在一定意义上，教育是人类一种特殊的交往活动"[1]。况且，大学生正值青春期，其生理和心理都发生了很大变化，自我意识、独立意识增强，要求与成年人平等相待。我们应该充分尊重大学生在该阶段的学习和生活特点，有针对性地对他们进行教育，充分调动他们参加教学活动的积极性和主动性。一般来说，发挥大学生主体性和教师的主导性的特点，需要从以下几个方面入手。

（一）加强学生在学习中的主体地位

传统的教学方法注重教师在教学中的作用，各种措施也都是针对教学来制定的，这种做法片面地强调教师在教学中的作用和地位。教学是个互动的过程，教师和学生缺少任何一方都不能构成教学活动，双方在教学中的地位是平等的。从这一点来看，传统的教学活动完全忽视了学生在教学中的主动性，将学生放在被动接受的教育地位之上。传统教育采用灌输式的教育方式，教学活动完全按照教育者的意愿进行，无论是教学过程的安排还是教学内容的设计都没有针对学生的特点来进行，造成教学效果欠佳。

每个人都是一个独特的个体，有自己的思想意识和行为想法，在教学过程中我们要充分尊重学生的个体性，尊重他们在教学中应该享有的地位。现代教学方法与传统教学方法的区别集中体现在学生在教学活动当中的地位和发挥的作用，现代教育追求最大限度地发挥学生在教学中的主体作用，发挥他们的积极性和主动性。

学习是一个不断认识、不断深化的知识内化活动，在整个学习过程当中，很多因素都会对学习的效果产生影响，例如个人的认识、对待某种事物的情感、学习者个人的意志和信念等，这些因素可能会在教学过程中以一种或者多种集合的方式出现，对教学活动造

---

[1] 陈钱林著.教育的本质[M].成都：天地出版社,2020.09.

成一定的干扰。在教学互动中，学生要克服各种不利因素的影响，充分发挥自己的主观能动作用，最大限度地发掘自己学习中的潜力和天赋。

（二）改进教学方法必须尊重学生的个性发展

马克思主义教育的目的是让每个人都获得符合其个性特点和特长的发展，解放人的个性，促进人的全面发展，这是马克思主义始终坚持的育人观点。个性是人最宝贵的品质，正是因为个性的存在才让我们这个社会多姿多彩，缺乏个性的教育是违背客观规律的，也是没有创造力的。在教学过程中，教师要根据受教者的特点帮助他们获得最合适的教育，充分激发学生的潜力，从而达成我们的教学目的。

在新的社会发展形势和发展背景下，我们要充分尊重大学生思想政治教育状况的实际和大学生思想政治水平的现状，本着个性解放、多元发展的基本思路，根据当前的实际状况，对大学生思想政治教育的发展进行全面的规划。

在教学中，教师在改进教学方法的过程中有三个方面值得注意。

一是从小处入手，放弃假大空的说辞和不切实际的目标，将思想政治教育理论课当作教育学生做人、鼓励他们前进的阵地。

二是思想政治教育课要教会学生如何在大学生活中扮演好自己的角色，并培养他们离开校园进入社会为人、生活以及工作中需要的素质和品德。

三是树立终身学习的目标，激发他们的学习兴趣与学习欲望，充分激发他们的潜能。

（三）优化教学方式

思想政治理论课应从不同角度，结合具体的教学内容，精心设计，选择不同的教学方式。在教学方法上，每位教师要根据自己的能力、特长选择诸如提问启发思考、学生发问老师解答、理论宣讲、艺术感染、实践指导等教学方法。另外还可开展专题讲座、课堂讨论、热点评论、参观访问等，使教学方式多样化、趣味化，给教学方式以最大的灵活性。

（四）以校园网络为平台拓展思想政治理论课的新载体

互联网的出现是人类历史上的一个奇迹，是人类智慧的结晶，通过互联网人们可以轻松地获得人类几千年积淀的知识和智慧，网络的出现使得大学生思想政治教育变得更加灵活，思想政治教育理论课也有了更大的发挥空间，与此同时互联网的出现对传统的课堂教育也是一个巨大的挑战。

思想政治教育理论课的开展可以与互联网相结合，二者的结合能够最大限度地发挥课堂教育以及网络教育的优点，克服他们在单独对大学生进行思想政治教育过程中的缺点和不足。理论课教育可以借助丰富的互联网资源，充实与丰富课堂教育的内容，同时也可以增强思想政治教育课的吸引力。网络是一把双刃剑，如果不对大学生的网络行为进行管理与规范，就会对大学生的成长带来很大的影响，通过思想政治教育理论课的筛选与约束，大学生可以更好地利用网络信息与网络知识，提升大学生思想政治教育的效果。

四、继续强化思想政治教育学科建设

学科建设是个大平台，既标志着学校、学院办学和科研的水平，又承载着教师和研究人员的学术归属。尤其对于以教学、科研为重的高等学校，吸收新学科的知识热，在原有的学科建设的背景下整合新老资源，重整并加强马克思主义理论学科建设的力度，是继教学改革后又一个发展的重点。

学科建设的前进方向需要左右灯进行照明，教学与科研如"车之两轮、鸟之两翼"，必须要坚持实行教学与科研并举的措施，以科研促进教学、以教学带动科研。教学与科研两者均不可偏废。无论是为了取得教学还是科研的长足进步，都需要我们不断注入教书育人的责任心和在学术领域内孜孜以求的钻研精神：思想政治理论课教学要稳步发展，着力提高培养质量，要把思想政治教育贯彻到全校公共课的理论和实践教学中去。此外，还要加强科学研究，支持和营造科研氛围，以形成科研兴院、强院的新局面。这样做的目的是要扭转两个根本性的转变：一是要扭转单纯的教学模式，向教学与科研相互促进的方向转变；二是要扭转单纯的科研模式，向教学与科研并举、协同发展的方向转变。

第二节 思政教育的实践活动创新

一、强化实践教学

实践教学的意义与资源整合实践教学能够促进我国大学生更加深刻地了解理论知识和实践知识。所以充分地运用实践教学显得特别重要，然而当前我国思想政治理论课实践教学的实际状况并不令人满意。改善我国思想政治理论课实践教育应该在实践教学的形式和资源上做到"两手抓，两手都要硬"，一方面积极拓展实践教学所需要的各种形式，另一方面积极开拓实践教学的教学资源。

（一）实践教学的地位与价值

1.实践教学的重要地位

实践教学在思想政治教学中的重要地位主要体现在两个方面。

一是，实践教学与理论课教学在教学手段、组织形式和教学方式上有着重要的差

别，这直接决定了实践教学有着理论课教学所不具备的优势，因此在思想政治教学之中实践教学是不可替代的。

二是，实践教学与理论课教学在教学目标和理论支持上具有共性：实践教学和理论课教学都是以马克思主义理论为支持，以培养全面发展的四有新人为目标。

实践教学与理论课教学的差异与共性决定了在思想政治理论课教学中实践教学的地位是不可替代的。在高校思想政治理论课今后的发展中要形成实践教学与理论课教学相互促进的机制，更好地完成思想政治课理论教育的任务。

2. 实践教学的重要价值

理论联系实际既是党思想路线的重要内容，也是思想政治教育教学改革的一条主线。思想政治教育要实现与时俱进不断创新，就必须要重视实践教学。具体来说实践教学具有以下两点重要价值：实践教学是思想政治理论课教学改革的战略选择；实践教学是思想政治理论课与时俱进的客观要求。

（二）整合实践教学资源

1. 实践教学资源的构成

思想政治理论课实践教学的资源要素众多，构成丰富。一方面包括以自然形态存在的非生命的自然资源，另一方面包括实践教学所用的人力、文化、科技、信息等社会性资源。其中，社会性资源是大学生思想政治理论课实践教学资源的主要部分。通常社会性资源主要包括社会活动中与学生生活体验和思想政治理论相关的各种实物。通常有学生的生活体验、革命历史遗址遗迹、各种多媒体影视资料、蕴涵着丰富教育价值的人文景观、社会生活以及网络生活。这些都是开展思想政治理论课实践教学的宝贵资源。

2. 实践教学资源的开发、利用和管理

实践教学资源的开发、利用和管理是影响实践教学活动实施效果的重要因素。因此，在实现思想政治理论课实践教学发展的过程中，除了要积极拓展思想政治理论课教学所需要的各种实践教学资源，还需要对实践教学资源进行有效的开发、利用和管理，为实践教学的顺利开展提供在质和量上有保证的实践教学资源。

第一，校内实践教学资源的开发、利用和管理。校内实践教学资源是思想政治实践教学资源的主体，这一资源包括与思想政治实践教学相关的各种校内资源。这些资源主要包括思想政治理论课修读学生、学校党政干部和共青团干部、学生辅导员和班主任、实践教学对象地区的干部群众等校内实践教学资源，是开发利用实践教学其他资源的主体，在思想政治理论课实践教学之中具有一定程度的主导性。因此，思想政治理论课实践教学的校内资源的管理水平直接决定着思想政治实践教学工作开展的水平。总之，要加强思想政治理论课实践教学校内资源的开发、利用和管理。

第二，实践教学基地资源的开发、利用和管理。实践教学基地是校外实践教学的重要元素，实践基地开发水平的高低实际决定了校外实践教学开展的水平。因此，为实现课外实践教学的顺利开展，学校应积极与校外单位合作建立一个长期稳定的实践教学基地。校外实践教学基地可以是实验室、博物馆、历史遗迹、名人故居等。

实践教学基地应按照环境友好、主题鲜明、功能完善、管理规范、相对稳定的思路建设，最终实现课外实践教学的全面推进。实现以上这些要求需要从以下几个方面做起。

第一，实事求是，做好实践教学基地的合理规划。实事求是地做好校外资源的规划是建设好实践教学基地的第一步。在建设实践教学基地之前，首先要了解学校自身的需要，其次做好规划，对实践教学基地建设的可行性和实践教学基地的有用性展开全面地讨论，发挥学校所有实践教学基地整体的育人功能。

第二，把实践教学基地建设与学生现有生活实际结合起来，开发现有实践教学基地的育人功能。有一部分高校存在着现有实践教学基地利用率不高的现象。这些学校建设新的实践教学基地已经显得没有必要，而且在对实践教学基地开发、利用、管理中，最重要的是实践教学基地的利用，不能只开发不利用，做政绩工程和面子工程。因此，学校要认真调查学生的实际需要，提高现有的实践教学基地的利用率。

第三，加强实践教学的综合管理，展开校际共享与社会共享。实践教学基地的开发需要很大的经费支持，因此，如果能够加强实践教学基地的重复利用，则能够实现实践教学基地建设经费的节省。这对突破思想政治实践教学的经费困境具有重大的意义。

二、加强社会实践

（一）加强宏观管理

大学生社会实践活动的宏观管理关键在于大学生社会实践活动领导机制、指导机制、激励机制和保障机制的建设。

1. 建立领导机制

建立校、院（系）两级领导机构。在此基础上，建立和完善包括责任制、督查制、报告制等在内的领导机制。每种类型的社会实践活动都要明确责任部门和责任人，形成齐抓共管、一级抓一级、层层抓落实的工作局面。校级领导机构要在明确责任分工、优化资源配置、协调工作冲突、进行督促检查、开展专题培训等方面发挥主导性作用；院（系）级领导机构要在策划部署、人员配备、考核评定、社会实践基地建设等方面发挥关键性作用。教学管理部门要抓好属于"第一课堂"的专业实习类、军事训练类社会实践活动；学生管理部门、党群组织要抓好属于"第二课堂"的生产劳动类、社会调查类、勤工俭学类、科技服务类、志愿服务类和挂职锻炼类社会实践活动。

2. 建立指导机制

没有高水平的专业指导，就不可能有高质量的社会实践活动。建立校、院（系）两级指导教师团队，在此基础上，要进一步完善指导机制。一是通过加强课程建设，建立和完善大学生社会实践培训课程体系及课酬制度，推进校级指导教师团队的知识化和专业化；二是通过建立大学生社会实践指导教师进修培训制度和活动补助制度，来推进院（系）指导教师团队的建设。

3. 建立激励机制

社会实践活动的最终受益者是学生。如果学生在活动中没有积极性，只是被动地参与，那么这样的社会实践活动就没有什么实效性可言。因此，必须从学生在社会实践活动中可以获得什么，或者说作为施教者可以通过社会实践活动给予学生什么这个根本问题出发，建立完善的激励机制，才能实现学生从"要我参加"到"我要参加"的转变。对于专业实习、军事训练、生产劳动、社会调查等"必修科目"，除了要根据不同情况给予学生一定的交通补助和生活补助，同时还要通过总结表彰大会这种形式，对表现优秀的个人和集体进行公开表彰。对于勤工俭学、科技服务、志愿服务和挂职锻炼等"选修科目"，要建立学分奖励制度。一是探索和建立勤工俭学、志愿服务和挂职锻炼时数与学时之间恰当合理的换算关系，为进行学分奖励提供可靠的基础；二是根据科技服务时间以及科技项目获奖情况，对学生进行学分奖励。

4. 建立保障机制

开展大学生社会实践活动是有成本的，也是有风险的，因此，有必要建立大学生社会实践投入机制和风险机制等保障机制。一是要建立学校、学生和社会三方共同参与的多元投入机制；二是要建立社会化的风险保障机制。学生在参加社会实践活动中存在着各种各样不确定的因素，容易发生这样那样的安全事故。因此，除了对带队老师和广大学生进行安全教育、采取必要的安全措施之外，还要为每一位学生购买商业保险。实践表明，购买商业保险是一种规避风险的比较稳妥可行的办法。

（二）关注基地建设

实践基地是专门为学生社会实践而成立的一个基地或者机构。"三维实践基地"则着力从社会实践、科技实践、创业实践三个方面大力推进大学生社会实践基地建设。如果将"社会实践基地"和"科技实践基地"比作培养学生基本实践能力的 x 轴和 y 轴，那么"创业实践基地"就是培养学生整体综合实践能力的 z 坐标轴，故将此称为培养学生综合素质的"三维实践基地"。

1. 社会实践基地

一方面，大学生可以充分结合区校、村校、校企共建服务活动，在区县、农村企业建设基地；另一方面，大学生还可以以班级、院系、社团等组织为单位，就近建立实践基地，各实践队伍与各实践对象可以建立长期的合作关系。同时，不同年级的学生还可以采取老带新的方式组团开展活动，增强实践基地的传承性，为更多大学生经常性地参与社会实践活动提供机会和渠道。这种校外结合专业特点、自身优势参加社会调查、实际生产、企业管理的方式，不仅能为社会和企业提供技术服务，也可以帮助大学生通过社会实践提升专业技能，锻炼适应社会的能力。

2. 科技实践基地

高校通过开展诸如全国"挑战杯"科技竞赛、国家大学生创新性实验计划等活动，并结合科学商店项目在校内建立大学生科创中心，作为科技实践基地。同时，高校可以开展各项科技文化活动为巩固科技实践基地奠定基础，提高学生参与科技实践基地的积极性，并鼓励完成一定创新实践且取得成果的大学生，由学校组织专家审核认定后，奖励一定的学分。从科技创新的角度承认大学生的科技成果，这样学生科技创新能力的提高就会反过来激发学生进一步学好科学文化知识和积极参与科技实践基地建设的兴趣，形成了良性循环。

3. 创业实践基地

学校不仅要满足学生创业实践的基本要求，还要通过开展系统的创业教育、选修课程和个别指导对学生进行创业知识培训，鼓励学生把自己的所学所思运用到创业活动中去。不仅如此，在学校统一指导下，学校相关部门可以与社会相关企业建立创业实践基地，这样学生就可以将在创业计划竞赛、大学生课外科技作品竞赛等各种竞赛中的作品和创意应用到创业实践中去，从而提高理论与实践结合的主动意识，增强学生创业的积极性。

（三）加强社会实践的育人功能

1. 正确地认识实践活动在思想政治教育中的重要作用

要使各种社会实践活动顺利而有序地开展，必须对社会实践活动有正确的认识。在大学生思想道德建设中，既要认识到社会实践活动的重要作用，积极开展各项有意义的活动，而且要做好活动的各项保障工作，避免安全事故的发生。尤其要避免盲目的活动，例如媒体报道的某些大学生自发进行的探险活动，由于缺乏对活动的可行性策划和安排，参与者的人身安全就没有保障，也给国家行政管理资源造成不必要的浪费。

2. 设计和安排时效性强的社会实践活动

开展社会实践活动，要精心设计，合理安排，加强组织领导，力求解决实际问题，突出实效。以社会实践活动为载体开展大学生思想道德建设，不仅要考虑社会实践活动的必要性，而且要研究社会实践活动的可行性和针对性，力求社会实践活动有意义并取得好的效果。开展什么样的活动，应当在事前做好精心设计，做出科学合理的安排。要处理好中心工作与活动之间的关系，特别是要避免为搞活动而活动、放弃中心工作的做法。在活动中，尤其是具有一定规模的活动，如果缺乏有效的组织领导，就会使活动混乱不堪，不但收不到预期的效果，而且会使参与的大学生产生抱怨情绪，再有意义的活动也收不到应有的效果。是否能发挥社会实践活动的有效作用，关键看活动的内容和形式是否为大学生所需要。也就是说，各种活动都要坚持以人为本，以满足大学生的物质生活和文化生活需要作为出发点。

3. 开展丰富多样的社会实践活动

第一，主题意义明确，实践团队应结合学校特色、社会热点、市场需求，从本专业实际出发，确定实践主题。各基层实践单位可以在主线不变的情况下根据自身实际情况设定分主题。同时，社会实践是学生接触社会、了解现实、主动学习、自主发展的有效途径。社会实践主题的确定重在调动学生自主参与的积极性，增强他们参与活动的浓厚兴趣；主题应简单易行，便于操作，让学生在探究与实践过程中增进知识，开阔视野，提高团队意识和合作精神，切切实实成为学生在实践中接受教育的有效途径。

第二，实施方式灵活。为实现让大学生通过社会实践这种方式，更真实客观地观察社会，主动接受外部世界的考验的目标，社会实践在实施过程中应注重实施方式的灵活性与实践形式的多样性。在实施过程中宜以院系、班级团支部、专业、课题组、社团、兴趣爱好等方式组团，拓宽实践活动领域、丰富实践活动内容，因地制宜，可采用理论宣讲、社会调查、学习参观等方式。

三、深化创业教育

（一）开设创业课程传授创业知识

通过创业教育教学，使学生掌握创业的基础知识和基本理论，熟悉创业的基本流程和基本方法，了解创业的法律法规和相关政策，激发学生的创业意识，提高学生的社会责任感、创新精神和创业能力，促进学生创业就业和全面发展。各高校要把创业教育教学纳入学校改革发展规划，纳入学校人才培养体系，纳入学校教育教学评估指标，创造条件面向全体学生单独开设"创业基础"必修课，并支持有条件的高等学校根据办学定位、人才培养规格和学科专业特点，开发、开设创业教育类选修课程（含实践课程）。

（二）宣传创业典型营造创业氛围

随着越来越多的大学生投身创业实践，不少成功创业的先进典型人物不断涌现，成为高校开展创业引导、营造创业氛围的宝贵案例资源。教育部、各地教育主管部门组织开展了创业先进典型评选活动，各高校通过参加评选，全面梳理了近年来表现突出的自主创业典型案例材料，通过"创业校友面对面"、自主创业案例集、自主创业宣讲报告会等形式，不遗余力地宣传创业事迹，激发在校大学生的创业意愿，取得了很好的实际效果。

（三）搭建实践平台加强创业实践

为鼓励大学生积极开展创业活动，培养创业能力，高校可以建立联通青春创业社，为大学生创业项目提供场所和经费支持，同时为拓展大学生就业空间，提高大学生就业能力，学校相关部门可以积极与就业指导中心密切联系，搭建大学生与单位之间接触的平台，组织各学院大学生通过企业参观、座谈交流、走访校友、问卷调查等方式了解就业单位、就业人才市场需求，明确自身努力方向，从而起到良好效果。

（四）举办创业活动强化创业实践

各高校以"第二课堂"为辅助，广泛开展创业计划竞赛、创业讲座、创业实战赛、创业见习、企业家论坛、创业者沙龙和企业参访等活动，推出了"企业家进校园"、创业成功人士访谈、暑期创业实战赛、创业成长训练营等精彩纷呈的品牌活动。同时，不少高校探索开展创业骨干培训，面向有创业意愿的学生开设"创业骨干培训班""创业训练营""创业大课堂"等，挖掘、培育创业苗子，对具有相对成熟创业意向的学生进行"一对一"指导。

四、鼓励科研创新

现代大学的功能已拓展到人才培养、科学研究、社会服务和文化传承创新四个方面，其中人才培养是高等教育的本质要求和根本使命，四大功能围绕这一核心有机互动、相互支撑，才能为内涵发展打开更大空间。科学研究对于创新型人才培养具有特殊重要意义。科研创新，既是提升大学生专业知识水平和创新创造能力的前沿阵地，也是促进产学研紧密合作、实现现代大学功能的必要途径。

我国高校加快科研创新促进人才培养的做法主要有以下几点：

（一）积极鼓励科研实践

各高校鼓励教授、研究生导师尽可能接纳本科生参与科研实践、学术讲座与学术研讨，指导本科生的课余科技兴趣小组活动；以校内高水平的重点实验室、各学科的科研机构、工程基地为依托，将创新教育融入科研训练、毕业论文、课外活动等教学环节中，提升创新教育的水平；鼓励师生以携手发表论文、申请专利、参与竞赛等方式，提高成果的显示度和辐射效应。

（二）深入推动产学研合作

产学研合作不仅仅是促进科研成果的转化和加强社会多元主体联系的动力机制，更是创新人才引进和培养的重要途径及实现人才强国战略的动力机制。主要形式包括：校企自主联合科技攻关与人才培养，共建研究中心、研究所和实验室，建立科技园区实施科学研究与成果孵化等。

（三）大力加强教学科研互动

高校不断以国家级、省级、校级精品课程建设为抓手，及时将科研成果转化为教材和教学内容；高校哲学社会科学工作者坚持科研反哺教学，将科研理念、科研方法、科研成果引入课堂教学、实践教学、教材（讲义）编写、毕业论文（设计）的指导等人才培养环节中，实现了教研互动、教研相长。

（四）搭建学术交流平台

高水平学术讲座活动对学生把握学术前沿、开阔学术视野、提高综合素质具有重要意义。高校积极构建完整的学术报告和讲座制度，通过不断加强品牌论坛建设，开展多种形式的学术活动，繁荣发展校园文化、提升大学生科学素质和人文素养。一些高校经过多年打造，形成独具影响的学术论坛品牌。

第三节 思政教育的校园文化创新

一、校园文化的内涵和特点

校园是开展思想政治教育的主要场所，而校园文化则是在教师和学生学习生活过程中自发形成的一个体系。将思想政治教育寓于校园文化建设之中，既是利用校园文化这一种渠道教育大学生，又是把这一先进文化同社会主义先进文化更加贴近的举措。

（一）校园文化的内涵

校园文化，实际上就是除了课堂以外所有的与教师和学生相关的教育活动。校园文化是一个内容复杂、形式多变的综合体：思维活动、文化环境、道德关系以及人际关系都有可能成为校园文化的一部分，从而直接或间接地对教师以及学生产生影响。校园文化是高校不可或缺的一部分，它是在长期教学与实践过程中逐渐形成的具有自身鲜明特色的标签，更是彰显该校学生思想观念区别性的重要标志，是学校最生动、最鲜明的名片。

（二）当前高校校园文化的主要特点

随着我国改革开放和全球化步伐的日益加快，随之而来的文化多元化、生活方式多元化等，呈现由"一"到"多"的特点，且当下信息高速传播，渠道日趋丰富。外来文化冲击着原有的文化模式和思维方式，使当下的校园文化呈现出新的特点。

1. 丰富与多样的校园文化内容

全球化带来了物质和文化上的极大丰富，新的观念和方法也随着文化一同被注入人们的生活。不同文化之间不可避免地互相渗透、吸取，这种互相吸收和补充，形成了"你中有我，我中有你"的局面。但这也对原有的文化观念提出了挑战。如何做好不同文化的相互融合，作出正确的价值判断，需要较高的判断力和分析力，这对个人素质提出了要求。当前在校的大学生正处在身心快速发展的阶段，他们涉世未深、阅历较浅，对很多社会现象还不能很好地把握，且极容易受鼓动和影响。加上国际上社会思潮的进入，这为大学生的成长提供了机遇的同时，也给各高校提出了培养的难题。高校需要提升大学生的文化甄别能力，这样才能尽可能地避免负面效应。

2. 传统与开放的文化理念交融

校园文化作为校园里的一种精神文化，对学生的教育引导功能是十分明显的，因而它必须是在长期的实践检验中不断完善和延续而形成的校园文化元素，其本身就包含了相对稳定和传统的成分，在历史的积淀中，逐渐被广大师生所接受，具有一定的社会影响力。但现代社会，新的文化思潮带来了与许多传统不太相同的理念，若一味地因循守旧，延续陈旧的做法，必然会和学生当下的生活理念发生冲突，容易遭质疑：校园文化必然要兼收并蓄，广泛吸收新文化理念，进行加工改造，以更具时代色彩的新形式出现，从而为己所用。因此，校园文化本身又必然具有一定的开放性，应主动融入大学生的学习生活中去，实现双向互动。

3. 多元化的文化选择

当下的文化交融日益增多，学生在校园里接受各种文化气息的熏陶，思维活跃，长于思考，因此不同类型的文化在大学校园里很容易引起共鸣，产生作用。要进行选择，做出适宜的价值判断，学生们必须进行全面的了解，凭借敏锐的观察力和缜密的分析，根据自身实际情况做出取舍，这样才能促进个人的健康发展。在当前多元文化背景下，本土文化被越来越多的国外文化观念影响，不能简单地沿用和吸收这些异域文化，而要对其进行甄别。校园文化建设是对学生进行思想引领的重要方面，对学生的世界观、人生观和价值观有着深刻的影响。

4. 创新性的校园文化评价标准

校园文化建设的目的是要实现育人的效果。不同的时代背景和社会需求，对人才的要求也是不同的。学校培育的人才要能适应社会发展、实现自我的完善，因此，育人的理念不是一成不变的，要能与时俱进，适当地进行调整。当今社会，全球联系广泛加强，高新技术快速更新，经济发展日新月异，文化交融错综复杂，这对学校育人提出了更高的要求，要求高校培育出满足社会多元需求的复合型人才。这同时也要求学生要有国际化视野，与经济全球化、教育国际化和文化多元化等时代特点相适应，全面提升综合素质，因此，校园文化的评价标准也会随之发生变化。

二、高校校园文化对思想政治教育的作用

（一）校园文化建设是社会主义精神文明建设的重要组成部分

高校校园文化是社会主义文化的一部分，是社会主义精神文明建设的重要内容。要确立校园文化之中的共产主义信念，以共产主义信念引导大学生的发展方向。高校校园文化作为我国社会主义精神文明建设的一个重要组成部分，同社会精神文明建设之中的其他优秀文化成分是统一的，因此应在高校校园文化之中积极地引入社会精神文明建设的其他优秀成果，使得大学校园文化会同其他精神文化引导大学生思想观念的发展，保证社会精神文明建设目标的实现。

（二）校园文化是大学生思想政治教育工作的重要途径

首先，高校校园文化具有追求务实、追求崇高的凝聚力。在当代，这种崇高的精神境界就是"以人为本"的人文精神，"求真务实"的科学精神，"着眼未来"的超越精神和"自强不息"的奋斗精神。

其次，校园文化对大学生具有重要的教育导向作用。正是通过校园文化丰富多彩的方式，才能让大学这个特殊群体的人们得到一种文化品位的熏陶和大学精神的培育，从而形成了志存高远、爱国敬业、为人师表、教书育人、严谨笃学和与时俱进的优良教风，勤于学习、奋发向上、诚实守信、敢于创新的良好学风，以及崇尚科学、严谨求实、善于创造的具有时代特征和学校特色的良好校风。正是具备了优良的教风、学风和校风，大学文化才能够实现培育、塑造人的作用，促进人们自觉追求和谐相处，大学生才会从这种教育的耳濡目染中感悟到社会主义、爱国主义和集体主义教育的真谛。

最后，校园文化具有源源不断的创造力。大学作为思想最活跃、最富有创造力的地方，以及新知识、新思想、新文化的策源地，其创造力主要来自担当社会责任的知识分子群体追求真理、体现公平正义的社会理想，他们发挥着文化对社会进步的强大影响作用。

文化可以作为一个维系民族、社团、集体的共同价值取向，使更多大学生在对这一共同认知的追求中，走向"真、善、美"的人格道路。

（三）校园文化建设有利于提升青年大学生的素质

大学生主体的全面自由发展是高校校园文化建设实践中的价值目标。在校园文化建设之中，大学生承担着主客体合一的身份。校园文化为大学生借鉴他人经验进行自我教育提供了一个良好的场所，因此从这个意义上说，校园文化是基于大学生自主选择性的自我教育。因此在校园文化建设的过程中，各级领导部门坚持弘扬主旋律，要对大学生进行世

界观、方法论的教育，提高他们分辨是非的能力，自觉抵制不健康文化的影响，为青年大学生的全面发展提供更为广阔的空间。

三、校园文化的建设途径

（一）遵循校园文化建设原则

1. 坚持主旋律与尊重多样性的统一

大学是人类文化传承、创新与发展的重要基地。大学不但要传承和创新知识，更要熔铸、守望人文精神，肩负起文化传承的历史使命。校园文化建设是实现这一使命的必然途径，是学校精神文明建设的重要基础和重要前提。学校必须建设一个文化层次较高的校园文化环境，传承大学精神，使广大青年学生养成良好的思想道德品质。

当今社会处于文化井喷时代，各种类型的文化层出不穷，相互交融并得以发展。随着社会这种发展趋势，社会发展必将呈现出更大的开放性和适应性，文化多样性将成为一种必然趋势。历史无数次证明，保守和封闭只能走向停滞和僵化，建设高水平的校园文化必须使校园与社会联网，走开放之路，尊重主体多样性的发展。

当然，尊重校园文化多样性也不等于忽视主旋律建设的精神引领作用。文化主旋律和文化多样性是相互促进的关系，也就是必须坚持主旋律与尊重多样性的统一，这才是对校园文化建设应该持有的态度。

2. 坚持积淀传承与创新发展的统一

文化是历史形成的。不经过一定的历史积淀和传承，文化的优秀品质就难以体现。在学校长期发展的历史积淀中形成的、具有相对稳定性的文化传统意识是现代校园文化传统中最宝贵的部分，是大学抵抗挫折、谋求发展的顽强生命力的底蕴所在，是一个学校精神与氛围的集中体现，也是学校赖以生存的根基，更是学校可持续发展的精神动力，对于稳定大学的风格和水准具有至关重要的作用。

大学能够得以持续健康发展的推动力源自优秀的学校校园文化。学校校园文化的建设与创造，既是一个继承、借鉴、创新的综合过程，也是一个德育与智育、科学与价值以及人与人相互作用、相互促进的复杂过程，需要精心构建，要在理念上精心提炼，在实践中长期培育。传承学校的特色与优势文化，要依靠学校师生的共同努力与不懈创造。

3. 坚持立足国情与面向世界的统一

面对经济全球化的挑战，校园文化不能回避，而应积极主动地融入世界大潮之中，通过与大风大浪的搏击，使自己的羽翼逐渐丰满，从而实现国际化与民族化的统一，实现自身的完善和发展。

从根本上说，对待面向世界和立足国情的态度与我国对外来文化和传统文化的态度是完全一致的。对外来文化和传统文化，校园文化的基本原则是采取分析、辩证的态度，积极利用其合理成分，并结合具体情况加以批判继承、消化吸收。因此，这也是我国在看待面向世界和立足国情时的总方针。但长期以来，校园文化在实际发展中，往往偏离或忽视了这个方针，完全凭主观臆断，感情用事，这是制约校园文化发展的重大问题。

（二）加强组织领导建设，完善校园文化建设机制

1. 加强组织领导

所谓大学校园文化建设的合力与共谋，除了内部合力问题之外，对于外部应该从两个方面予以考察：一方面强调大学校园文化建设要与外部环境相适应，另一方面还要强调外部环境促进大学校园文化的建设与发展。

在大学校园文化建设方面，政府可以从自身职能出发，利用间接的宏观管理方式促进其建设发展。具体方式包括以下四种：一是政策方式，即通过制定相关政策来引导学校进行文化建设的行为；二是经济方式，即在拨款、资助、投资、奖励和招标等教育经费分配过程中通过合理的倾斜来调整提高文化方面的投入；三是信息服务的方式，即通过提供信息服务来使学校有选择地决策自己的行为；四是监督评价方式，政府教育部门通过检查、鉴定、评估等活动来对文化建设情况进行检查监督。只有内外兼修，调动多方面的积极性，才能整合资源，凝聚力量。

2. 完善校园制度

大学校园文化需要制度框架的支撑，大学校园文化是娇嫩的花朵，高贵的理念也只有在与之相容的正式制度下才能存在并得以发扬。因此，只有完善各项制度措施，大学校园文化的凝聚力和创新力才能竞相迸发，大学校园文化才能卓尔不群、历久弥坚。

具体来说，各项制度措施的完善必须着眼于以下几个方面：

第一，在起点上，一项制度措施的制定与完善首先要建立在民主和法制的基础之上，反映在大学校园文化中，就是依法治校和民主管理，有这样一个逻辑前提，才有可能营造一个宽松和谐的学术环境，发扬批判和独立的精神，鼓励教师进行开创性的研究。

第二，在转变学校行政职能方面，要更多地体现"精神性"而非"物质性"，"全员性"而非"科层性"，加强教授治学、教师参与学校学术事务管理的权力，唯有如此，学术权力才能超越行政权力。

第三，各学科的高度交叉和融合是当前全球语境下学术发展的必然选择，因此，要改革现有的学科和科研管理的组织模式，不断地提高大学的学科和科研的管理水平，以更好地适应现代学科的发展，促进学科的交叉和科技创新。

（三）加强校园物质文化和精神文化建设

1. 校园物质文化

建设校园物质文化主要是指学校的基础设施建设。一所好的高校一定是拥有良好校园文化精神的学校。在物质文化层面，就是校园整体布局科学、合理，注意校园绿化建设，体现人文关怀，教学区、实验区、宿舍区、活动区等建设合理协调。高校可以利用公共场所的名人雕塑，陶冶大学生日常的精神生活。这些标志性建筑应该体现"真""善""美"的价值理念；可以将名人警言张贴于公共场所或室内。同时，高校的校广播电台、校内网络、校报、校刊、校电视台也应大力宣传社会主义核心价值观，使学生在潜移默化中受到社会主义核心价值观的教育。总之，高校要加大对校园文化的"硬件"设施投入，充分利用好校园中的各种文化载体，增强大学生思想政治教育的影响力和辐射度。

2. 校园精神文化

校园精神文化是大学的内隐文化，是在长期的校园物质文化、制度文化创造过程中积淀、整合和提炼出来的。校园精神文化包括学校所有成员的群体意识、舆论氛围、精神风貌、人生态度、心理素质、价值取向、人际关系、思维方式和教风学风等。高校要通过大学精神来体现出大学生思想政治教育的目标。在具体实施上，高校可以将道德教育体现在校训、校歌、校徽、校标上，以一种奋发向上的精神鞭笞大学生、激励大学生，这同时也是良好的校风建设。高校要使大学生形成自我教育的习惯，要尊重学生的首创精神，要使民主之风在学校中蔓延，要完善评价激励机制，要高调表彰先进、树立典型，使良好校风浸染每个大学生的心灵。

第五章 新时代思想政治教育工作的机制创新

第一节 思政教育保障机制的加强

一、物质保障

大学生思想政治教育工作的物质保障，是指实施教育所必需的物质条件，具体包括基本建设、经费投入和活动基地建设等。

（一）基本建设

推进当代大学生思想政治教育工作，必须依托一定的场所、设备和设施。

首先，开展大学生思想政治教育工作，需要固定的办公场所。在影响大学生价值观教育的因素越来越多、需要单独进行思想交流的学生越来越多的今天，学生工作中新增加的心理辅导职能、就业指导职能等需要有专门的办公场所。

其次，开展大学生思想政治教育，需要准备多样化的办公用品：在新形势下的大学生思想政治教育形式越来越丰富，既有传统的互动性不够强的讲座报告，也有丰富多彩的参观访问、观看电影录像，还有各种各样的社会实践活动和社团活动。因此，除了必要的办公场所及办公所需的电脑、打印机外，还应配备照相机、摄像机等音像器材设备，以增强教育活动的趣味性和实效性，同时便于资料的存档备查。

最后，开展大学生思想政治教育，需要合适的教育活动场地。大学生思想政治教育是与各种各样的活动结合在一起的，既需要各种规模的会议室、报告厅用来举行座谈、讲座、报告等活动；同时，还需要建设一定的宣传设施和场所，如文化长廊、宣传栏、校报、校园广播站、网络中心等，以有利于开展大学生思想政治教育工作。

（二）经费投入

思想政治教育的经费开支必须纳入大学生培养成本的核算体系之中，否则，经费保障就是一句空话，各项工作就达不到预期的工作目的：国家财政拨款预算必须合理确定拨款比例，保证大学生思想政治教育工作的正常进行。但就目前的状况来看，大学生思想政治教育并没有得到充足的经费，导致思想政治教育各项活动的开展受到了制约。就经费来源而看，高校不能只依赖国家拨款，还应积极地拓宽筹款渠道，适当开源。

另外，我国是实施社会主义制度的国家。社会主义必须为那些出生时经济条件处于劣势的公民创造平等的受教育条件和平等的就业机会，以实现富人与穷人的子女处于同一起跑线，以保障每个公民处于公平竞争状态。因此，在措施方面，必须打通和建立高校与社会各类慈善资助机构的联系，切实健全和完善大学生助学贷款、奖学金与助学金制度体系。

（三）活动基地建设

在新形势下，大学生思想政治教育需要不断创新工作模式，要拓宽教育渠道，丰富教育方法，充分利用各种社会活动基地，深化教育内容，拓展教育实践。

1. 加强社会实践基地建设

社会实践是当代大学生最为欢迎的教育方式，加强社会实践教育活动，能够全面提升大学生的素质。教育行政部门和高校要建立各种类型的教学科研基地、大学生职业技能和创业能力实训基地、社区活动基地、勤工助学基地等，通过社会实践教育，切实培养大学生的综合素质和能力。

2. 要加强爱国主义教育基地建设

爱国主义教育基地以历史博物馆、红色纪念馆为主体，是向大学生传授历史文化知识，进行爱国主义、集体主义、社会主义教育的重要资源。高校要充分利用爱国主义教育基地，在节假日和重大历史纪念日组织大型的参观访问活动，通过图片、文字、建筑等对大学生进行深刻的大学生思想政治教育。

3. 加强实训及素质拓展基地建设

实训和素质拓展是大学生非常感兴趣的活动形式。通过基地的专业技能、创业能力的实际培训，不仅可以提升学生的实际动手能力，培养其创新意识，而且能够培养学生克服困难的勇气、团结合作的精神、与人交往的能力。在当前高校注重加强内涵建设的形势下，各级教育行政主管部门和高校都应积极建立各种形式的大学生能力、素质实训基地，以此推动大学生思想政治教育工作。

二、组织保障和人力保障

组织，在动态上是指使分散的人或物形成一定的系统性和整体性的过程；在静态上是指基于特定的宗旨和配合关系，呈现出系统性和整体性的机构。推进大学生思想政治教育工作，既需要明确组织管理目标，合理地调配人员和各种资源，又需要确定它们之间的相互关系，根据具体工作任务实施组织管理工作。总的来说，就是要整合教育要素，健全组织机构，为大学生思想政治教育提供组织保障。

（一）构建大学生思想政治教育组织保障机制的必要性

大学生思想政治教育工作虽然是在教育主客体之间展开的，但不单纯是主客体之间的事，其他因素也会对教育活动产生一定的影响。尤其是作为规范教育主、客体地位的组织过程和组织机构，直接影响着教育活动的内部机理，是保障机制的重要组成部分，是各种教育机制运行的前提。在多年的思想政治教育过程中，我国建立起相应的教育组织保障体系，但是随着国内外社会环境、高校办学模式和大学生的思想观念、行为方式的变化，大学生思想政治教育需求已然发生了改变。在社会转型期的大环境下，我们必须对我国的思想政治教育的组织体系进行必要的调整。一方面，要重新判断大学生思想政治教育的功能和优势；另一方面，要遵循大学生思想政治教育的内在规律，在此基础上对教育组织结构进行调整。

（二）组织保障机制的构建思路

大学生思想政治教育组织机构改革的总体思路应当是"全员育人"。要摒弃过去那种单纯依赖马克思主义理论教学部门和学生工作管理部门开展大学生思想政治教育的传统，在思想认识与实际行动上进一步强化高校"育人为本，德育为先"的育人理念，坚持把大学生思想政治教育融入学校工作的各个方面，贯穿于教育教学的各个环节，努力形成全员育人、全程育人、全方位育人的新格局、新组织、新机制。

学校党委要从总体上把握大学生思想政治教育的根本方向，确定全新的工作理念和工作目标，推动大学生德育工作与智育工作一体化进程。从具体实施来看，马克思主义理论教学部门应抓好理论教育；学生工作部门与共青团系统应帮助大学生树立社会主义核心价值观；各院（系）专业课教师应该把思想政治教育融入教学环节；学校管理部门和服务部门在各自的岗位上，应带头示范，树立榜样；学校宣传部门应建立起弘扬社会主义主流价值观的文化阵地。

（三）人力保障

应按照提高素质、优化配置、稳定结构的要求，大量选拔德才兼备和工作热情较高的中青年干部，充实思想政治教育工作队伍；注重专家化、职业化的专职政工干部的培养，以专兼职相结合为基本原则，采取切实措施，培养一批政治立场明确、理论功底扎实、勇于开拓创新、善于联系实际、具有奉献精神的教育工作者和社会活动人士。同时，思想政治工作志愿者作为一个潜力最大的群体应当得到重视，使之成为壮大政工队伍的后续力量和储备军。因此，要建立和完善思想政治教育专职队伍的激励和保障机制，免除他们的后顾之忧，同时提供更多发展机会，注重人才储备和培养的长效性。

第二节 思政教育环境机制的改进

一、高校思政教育的环境支持机制

当代高校思政教育环境支持机制的基本构成，主要由新媒体教育、教师队伍建设及大学生教育配合度三个方面要素构成。高校作为思政教育的主体，虽然发挥思政教育指导及管理作用，但与大学生建立教育联系的主体，仍然是以教师队伍为核心。因此，教师队伍建设质量的高低，直接决定高校思政教育环境支持机制建设是否能在推进思政教育改革方面发挥积极作用。另外，对新媒体平台教育资源开发及构建新媒体时代思政教育新体系，也是影响高校思政教育环境支持机制建设的重要构成。

（一）高校新媒体教育体系建设

新媒体发展对于推进高校思政教育改革具有颠覆性作用。早期阶段的信息化教育发展，丰富了高校思政教育形式及教育内容。但信息化教育发展不具备社交属性及社会属性，其教育功能相对单一，仅是简化传统高校思政教育基本流程，并提升高校思政教育效率及教学便捷性。新媒体时代的发展，在于运用信息传播的高效化优势，实现多平台信息共享。高校思政教育则可运用新媒体发展的核心优势，建设思政教育环境支持机制，使高校思政教育能融入大学生学习、生活的各个方面，进一步加强大学生对思政教育学习感受能力，培养大学生基于新媒体平台的良好学习习惯。所以，推进高校新媒体教育体系建设，对于提升高校思政教育实效性具有直接影响，是高校在思政教育中不断推陈出新的重要驱动力。有效提升高校思政教育的先进性与前瞻性，为高校思政教育的系统化开展提供教育支持，使新时期高校思政教育环境支持机制的建设，能更好地为高校思政教育的长效化推进提供更多层面的帮助。

（二）高校高水平教师队伍构建

教师队伍建设，是当代高校思政教育环境支持机制构建的重要部分。往期阶段，受不可抗力因素与政治因素的影响，高校思政教师的课程教学大部分是按照《概论》基础教学教材推进教育实践。此时，高校思政教育工作的推进不再基于形式化教育发展开展教学布局，是从提升大学生学习获得感及学习归属感的角度，让大学生明确自身政治使命及重要政治责任，使大学生基于自身对于中国特色社会主义建设的理解，为实现中华民族伟大复兴而不断奋斗。受此影响，教师思政教育工作的开展，不再以回避问题及掩盖问题作为主要方式，而是能在有效做好《概论》课教材内容解读的基础上，围绕培养大学生问题探究及创新性思维，将大学生所关注的社会问题融入思政教育体系，使大学生能从问题的提出者转变为问题的研究者，进而从根本上提升学生在思政教育中的学习探索能力，培养大学生良好思政教育学习习惯，使大学生能在思政教育影响下终身受益。所以围绕新时期教育发展，建立能适应教育发展新环境的教师队伍，也是建设思政教育环境支持机制的重点。

二、基于高校思政教育环境支持机制的教育对策

基于环境支持机制的建设，推进高校思政教育实践，是新时期高校思政教育改革的重要路径。高校应围绕对环境支持机制的运用，开辟思政教育实践新路径，并在新媒体网络舆论宣传、新媒体思政教育实践及思政教育引导等层面，做好思政教育创新与教育改革，使高校能在环境支持机制的推进下，更好地开展高水平思政教育实践工作。

（一）建设新媒体时代网络思政教育阵地

推进新媒体时代网络思政教育阵地的建设，是基于思政教育环境支持机制，加强高校思政教育改革及思政教育发展创新的科学策略。为此，高校应结合新时期思政教育方向及思政教育内容，做好对思政教育方法、教学机制及教育体系等优化，通过开展线上新媒体思政教育宣传、开通网络社交媒体教育渠道、开发线上思政教育实践新形式等策略，提升高校新媒体时代网络思政教育渗透能力，使新媒体时代高校思政教育的推进，能更好地深化政治影响力及社会影响力，使高校大学生能在新媒体平台思政教育影响下，更好参与思政课程学习实践，提升大学生思政教育学习积极性及教育配合度，以此为高校思政教育的高质量推进提供有力支撑。另外，高校应运用自身教育优势及教育影响力，做好在新媒体平台中思政教育资源的挖掘，将部分新媒体平台思政教育资源引入高校线下思政教育实践工作中，加强高校线上教育宣传、线下教育实践的对接，使新媒体时代高校思政教育的推进，能在网络阵地建设的支持下更好地满足思政教育的多元化需求。

（二）加强大学生思政教育引导

加强大学生思政教育引导，是指运用高校思政教育环境支持机制，打造具有时代发展特点的思政教育社区，通过加强对大学生思政学习需求的了解及将思政教育以生活化形式融入大学生生活环境，提升大学生对思政教育学习的关注度，并拉近思政教师与学生之间的关系，使思政教师能更好地与大学生开展思政教育交流，进一步在思政教师与大学生之间建立共同语言，以此营造良好的高校思政教育分析，使教育环境的构建与教育引导的深入，能成为高校解决大学生思政教育参与性不足问题的有效策略，进而以高校思政教育环境支持机制的建设为载体，提升高校思政教育工作实际的有效性。此外，加强大学生思政教育引导，实际上是从心理环境、思想认识、教育环境、个人社交及教育实践等多个角

度开展高校思政教育渗透，使思政教育能以更为平和的形式在课程教学中进行呈现，避免基于激进化的教育理念推进高校思政教育工作。要在大学生充分提升知识学习获得感及学习荣誉感的基础上，开展多元化及深层次的思政教育实践，以便促使思政教育能真正意义触及大学生的内心世界，而非让高校思政教育长期在大学生学习、生活之外进行教育徘徊。

（三）丰富高校思政教育内客及教学元素

丰富高校思政教育内容与教育元素，有助于更好推进高校思政教育的多元化开展，使高校能运用思政教育环境支持机制，更好地完善思政教育体系。其中，高校应明确思政教育发展基本方向及教育大前提，根据各个阶段高校思政教育需求的改变，做好对高校思政教育内容的调整，并利用新媒体平台的思政教育互动，深化高校思政教育发展对接。例如，针对高校爱国思想教育的布局，应将具有时代特性及教育影响力的人物事迹融入教育体系，进一步确保大学生能对人物事迹进行初步了解，进而提升爱国思想教育与新时期思政教育内容的关联性。针对教学元素的丰富，则应根据学生兴趣爱好，将大学生感兴趣的教育元素融入高校思政课程教学体系，使大学生个人兴趣爱好，能成为新时期高校思政教育的重要切入点，保证高校思政教育的推进，能符合大学生思政学习需求。另外，高校思政教育内容与教学元素的丰富，是提升大学生思政学习兴趣的重要方式，有利于更好地改变枯燥的思政课程教学环境，使大学生能根据自身学习需求，积极参与思政课程学习实践，有效提升高校思政教育实践成果的转化能力，为后续阶段高校思政实践的开展做好充分教育铺垫。

（四）提升高校思政教育发展创新意识

新时期高校思政教育发展，虽然还有诸多问题有待解决，但高校思政教育不应因此停滞不前。提升高校思政教育发展的创新意识，是指通过建立长效化教育改革评价机制，使高校能在各个不同阶段，做好对当前教育问题、教育现状及教育方向的分析，了解高校所采用的教育策略是否适用于当前的教育发展环境。若评估结论与教育发展现状存在出入，则预示着高校思政教育应在教育发展创新的道路上加强相关教育资源的投入，推进高校思政教育体系及教育机制改革，使高校能运用对思政教育环境支持机制的优化，提升相关教育工作质量。其中，高校思政教育发展创新意识的提升，不应仅面向教师群体进行布局，在教育体制、教育考核机制及教育管理的各个方面，高校均应为思政教育工作的开展做好各项工作的发展创新，使高校思政教育能在良好环境下稳步开展。以此，使高校能在教育创新的道路上不断奋勇向前。

（五）推进新媒体思政教育的常态化发展

将新媒体思政教育作为常态化教育发展趋势，是建设高校思政教育环境支持机制的重中之重。新媒体作为新时期信息传播的重要导体，始终对大学生思想认识培养及知识学习产生影响。高校教育工作的推进，无法对新媒体信息内容的传播进行评估，也不具备建立真空教育环境的能力。所以，推进新媒体思政教育的常态化建设，则成为提升高校新时期思政教育质量及发挥环境支持机制思政教育优势的有效方式。对此，高校应从以下两个方面做好科学教育布局。第一，加强大学生新媒体思政学习适应能力，使线上思政教育活动的开展成为大学生思政学习实践的新突破口，帮助大学生更好地养成关注高校线上教育信息的习惯，打破新媒体信息茧房对于大学生思想认识培养的限制。第二，高校应针对新媒体思政教育改革，做好对教师的教育培训，使教师能深入地了解新媒体时代互联网文化及网络亚文化的发展，帮助教师更好地与大学生开展教育沟通。以此，构建双向互补的思政教学机制，提升高校新时期的思政教育质量。

第三节 思政教育评价机制的优化

一、大学生思想政治教育评价机制指标的创新

当下大学生思想政治教育评价的创新发展，必须以宽广的眼界和动态的视角，借鉴国外教育评估的现实经验和先进做法，遵循新生代大学生的成长规律，改进方式方法，完善机制体制，从而推进大学生思想政治教育评价的科学化发展。

（一）教育过程的协调性

教育过程的协调性，即思想政治教育过程中的各因素之间相互配合、协同一致，使思想政治教育过程呈现出和谐的状态。

思想政治教育过程是非常复杂的，包括许多要素。从教育实施看，包括教育内容、教育方式和方法、教育载体、教育手段、教育环境等；从受教育者思想品德的形成看，包括认知、情感、信念、意志、行为等。把教育实施和受教育者思想品德形成结合起来看，教育过程还可分为内化阶段和外化阶段。思想政治教育要和谐，从而获得良好的教育效果，上述各要素之间必须协调，即相互配合、协同一致，这样才能力往一处使，使思想政治教育活动产生更大的效能。否则，彼此矛盾、相互掣肘，教育过程中障碍、梗阻、破绽、漏洞不断，一则教育难以顺利进行，二则教育效果将大受影响。德育自身诸要素的和谐是德育效益最大化的前提。因此，评价思想政治教育的一个重要指标，就是教育过程的协调性，或者说，教育过程的协调性是思想政治教育的突出表现。

把握和评价好思想政治教育过程的协调性要注意以下几点。

1. 看具体施教过程的协调性

思想政治教育过程协调性的一个重要表现是具体施教过程的协调性。因为不论是前面谈的要素之间的协调，还是对要素的调节控制，都要落脚于施教过程的协调，或者目的是实现施教过程的协调，否则，前两者的协调就变得没有意义了。具体施教过程的协调表现在多个方面，如教育内容的协调性，教育内容与教育方法和教育手段之间的协调性，教育内容、教育方法和教育手段与教育环境的协调性，教育者与受教育者以及受教育者之间活动的协调性，施教活动各环节的协调性，教育活动与教育目标之间的协调性，等等。把握和评价具体的施教过程的协调性，评价者除了听被评价者的汇报和查验书面材料外，更为重要的是参与被评价者的具体教育活动过程，体验、感受具体教育活动过程。因为"参与""体验""感受"才是最直接的，才是最有说服力的。

2. 看各要素之间的协调性

过程的协调性是由过程中各要素间的协调性决定的。所以把握和评价好思想政治教育过程的协调性，首先就看思想政治教育过程中各要素之间的协调性。思想政治教育过程中的要素众多，看各要素之间的协调性，主要应看到教育内容、教育方法、教育环境与受教育者以及它们之间的协调性。教育内容、教育方法作为教育过程中的介体，教育环境作为教育过程中的客观条件，对受教育者作用、影响最大，它们决定着受教育者接受教育的程度与状态。当然，其他要素之间的协调性也要看到，如教育载体、教育手段与受教育者之间，教育载体、教育手段与教育内容、教育方法、教育环境之间等。

3. 看对各要素的调节控制

教育是一种自觉的可控影响，它可以对各种环境影响作出选择和调节，可以利用环境中的有利因素，协调各种自觉影响，也可以有意识地抵制环境中的消极影响，甚至能转移环境影响的某些因素，使其纳入教育的正常轨道，从而创设一种良好的教育条件和情境。思想政治教育过程中的各要素都是变动的，特别是受教育者、教育环境要素变动性更为突出。总之，思想政治教育过程的协调性有赖于对思想政治教育的要素进行调节、控制，以使各要素之间保持协调。特别是在我国社会转型时期，社会处于急剧变化之中，种种社会现象、价值观念对人们的影响异常强烈，人们多方面的观念也出现了很大变化，这就更需要重视对教育要素的调节、控制。教育者能积极主动地对教育要素实施调节、控制，教育过程的协调性就可能好些，否则，教育过程就很有可能矛盾、冲突多发，教育成效低下。对教育要素的调节控制是实现教育过程协调的手段和保障，体现着教育者的协调意识，反映着教育者的协调能力，是从动态角度对教育过程协调性的把握和评价。

（二）教育内容的适切性

所谓教育内容的适切性，即教育内容适应、切合教育对象和社会的发展需要与现实状况。

教育内容的适切性是思想政治教育评价的首要指标。这是因为教育内容对教育对象适应、不切合，教育对象才有可能积极接受，才有可能便于接受，从而才可能有好的教育成效。否则，教育对象就不感兴趣，不愿接受。现实思想政治教育中，不是根据教育对象的需要和情状安排的教育内容比比皆是，这正是思想政治教育没有吸引力、成效不佳的主要原因。教育内容适应、不切合教育对象的发展需要和现实状况的评价指标，是思想政治教育的本质和思想政治教育以人为本基本原则的要求。

教育内容的适切性的另一要求，是教育内容对社会发展的需要和现实状况的适应、切合。思想政治教育毕竟是以社会的要求来教育人，目的是实现人的社会化，让受教育者成为适应和推进社会持续发展的人。所以，教育内容的适切性不能仅谈适应、切合受教育者。但是，在受教育者和社会两者中，适应、切合受教育者必须摆在第一位。因为不适应、不切合受教育者的教育，其效率、效益都不会高，甚至是负效益。无论多么适应、切合社会的教育都将没有了意义因而，较长时期以来我们以社会为本位的思想政治教育必须进行适度地调整。

把握和运用好教育内容的适切性指标，就要注意以下几点。

1. 把握现实社会要求

教育内容的适切性，包括适切现实社会的要求。因此，在评价教育内容的适切性时，评价者要把握现实社会的要求。现实社会对不同的群体有不同的要求，评价者必须清楚现实社会对所评价教育对象的要求，并将这些要求与施教内容相比照，从而做出"适切"程度或等级的评价。在这里，把握好现实社会对不同群体的要求是做出正确评价的关键。在现实评价中，并非所有的评价者都清楚现实社会对自己评价的教育对象的要求。因此，评价的针对性、准确性往往存有问题。

2. 了解施教具体环境

具体来说，教育内容的适切性还应包括适应、切合施教的具体环境。所谓施教的具体环境，包括施教单位面临的主要职责（工作或学习任务）、思想政治状况、思想政治教育的条件等。不同的施教单位有不同的职责、思想政治状况、思想政治教育条件等，这些因素对思想政治教育的内容也有影响或决定作用。思想政治教育不能脱离具体的施教环境而确定教育内容，恰恰相反，应根据具体的施教环境选择、安排教育内容。否则，教育内容也没有或者适切性不强。因此，运用好教育内容适切性指标，评价者还需要认真了解被评价对象的施教环境。

3. 熟知教育对象情况

教育内容的适切性，是指适合教育对象的需要与特点。因此，在评价教育内容适切性时，首先要看的就是这一点。正因如此，评价者要熟知教育对象。这里的"熟知"包括许多内容，如教育对象的思想品德状况及发展需要、教育对象的知识和阅历、教育对象面临的环境等。真正把握住教育对象的这些情况，将教育对象的这些情况与施教的内容相比照，从而做出"适切"程度或等级的评价，也不是容易的事，需要评价者做深入细致的工作。

4. 倾听教育双方意见

教育者和受教育者是思想政治教育活动的主体，教育内容是否具有适切性或适切程度如何，教育主体具有重要的发言权。教育内容适切性高，受教育者就喜欢，就乐意接受，受教育效果就好；否则，受教育者对教育就没有兴趣，不愿接受，教育效果就差。同时，教育者选定教育内容也必有其理由，并倾听教育者的意见，了解其理由的适切性，便于评价者做出正确的判断。

（三）教育效果的知行统一性

教育效果的知行统一性，即思想政治教育从效果上看，既能让受教育者掌握一定的思想政治道德理论规范，又能让受教育者将掌握的思想政治道德理论规范指导或转化为行为，实现认知与行为，特别是行动的一致性。

人的思想政治道德从本质上讲是个人行为，特别是行动的问题。因为人的行为特别是行动才会产生有利于还是有损于他人或社会的后果，人们主要是依据行为特别是行动去评判一个人的思想政治道德面貌的。在思想政治教育上，教育者应注重知行统一，特别注意引导受教育者将已有的思想政治道德认知转化为行为，落实到行动上。

在现实的思想政治教育中，往往是仅注意思想政治理论的灌输，对教育效果的评价也往往是仅有书面的纸笔测试，以纸笔测试成绩的高低确认一个人思想政治道德水平的优劣。这样的教育和评价是不妥的，这也是导致思想政治教育效果欠佳的重要原因。在思想政治教育评价中必须突出知行统一，将知与行的统一性作为思想政治教育重要的评价指标。

把握和评价好教育效果的知行统一要注意以下几点。

1. 既注重认识，又注重行为

人的思想品德的形成，以知为基础，以行为归宿，良好的行为是思想政治教育的最终目标。所以，把握和评价思想政治教育效果，就既要注重受教育者对思想政治道德理论知识的掌握，又要注重受教育者的行为特别是行动，把两者统一起来。不可仅看一点，特别是不可仅看认知。否则，就不是思想政治教育的评价。

2. 注重被评价者的本职工作状况

人的思想政治品德的高低会从多方面表现出来，但行为是主要的，而在行为中，更为重要的是自己本职工作或者叫作分内之事完成的状况。因为本职工作或者分内之事是自己的本业，是自己与他人、与社会交往的基本职责。将自己的本职工作或分内之事做好了，才承担了自己的基本责任，才尽到了自己与他人、与社会交往的基本义务，才表现出了自己基本的，也是应有的思想道德素养，否则，思想政治道德素养就难以合格。因此，把握和评价思想政治教育效果的知行统一性，要注重被评价者的本职工作状况。

3. 注重被评价者已获取的成绩、荣誉

知行统一不是虚拟的，而是真实的、可见的客观存在。因此，在把握和评价思想政治教育效果知行统一时，要注重被评价者已获取的成绩、荣誉。这些已获取的成绩、荣誉是知行统一的最好见证。

4. 注重被评价者的口碑

由于种种原因，有的人的良好的思想道德行为获得了荣誉，而有的人的良好的思想道德行为没能获得荣誉。在现实社会中有的荣誉也并不"荣誉"。但是不容置疑的荣誉是有的，那就是口碑。评价者要深入到群众之中，收集口碑，注重口碑。在评价权重中，口碑重于可见的荣誉。

二、大学生思想政治教育评价模式的创新

评价模式既反映着思想政治教育的形态特征，也反作用于特定形态的思想政治教育，还给评价提供便于操作的样式。思想政治教育的评价模式主要有质与量相结合的模式、自评与他评相结合的模式两种。

（一）质与量相结合的评价模式

所谓质与量相结合的评价模式，即将定性评价与定量评价相结合的模式。也就是说，在思想政治教育评价中，既要对评价对象进行"整体和性质的分析综合，以鉴别和判定思想政治教育实践效果性质"[①]，也要对评价对象"运用数据的形式，通过对评价对象表现出来的一些数量的关系的整理分析，从数量上相对精准地把握思想政治教育实践效果状况"[②]的评价模式。

1. 质与量相结合评价模式的优势

思想政治教育评价主张采用质与量相结合模式的主要理由有以下几点。

第一，事物都是质与量的统一。唯物辩证法认为，事物都包含一定的质，也都有一定的量，是质与量的统一。因此，思想政治教育评价，就既看其质，也看其量，这样才符合事物的发展规律，才能使评价客观、准确、和谐。

第二，量的评价必须以质为前提。"数学、统计学和计算机科学的发展，为思想政治

---

① 程婧著. 积极思想政治教育研究 [M]. 天津：南开大学出版社,2020.12.

② 叶方兴著. 思想政治教育的社会视界 [M]. 桂林：广西师范大学出版社,2020.10.

教育量化评价奠定了基础"①，量化评价在现实中逐渐被采用。但是，"离开定性的定量评价，毫无疑义……定性是定量的前提和结果"②。

第三，仅有质的评价难以精确。质的评价是传统的评价方式。这种方式"容易过多地依靠经验和印象，导致主观随意性"。即仅有质的评价是难以进行精确的评价的，因此是不科学、不和谐的。

第四，质与量结合的评价才准确。质是不同事物相互区别的规定性，量是保持事物性质的规定性。质量评价以便区分优劣，认识其性质；量的评价以便区分优劣的程度，对同性质的对象作出准确的鉴别。可见，质与量结合的评价才准确、和谐。

2. 质与量相结合评价模式的程序

一般来说，质与量相结合评价模式的操作程序如下：

第一，看、听、问—形成初步印象—有了初级的质。对思想政治教育对象的评价，不论是对个体的评价抑或群体的评价，一般来说，评价者首先通过看、听、问等活动，看评价对象的面貌、状态，听评价对象汇报，问评价对象的教育安排、效果等。通过这样的看、听、问，评价者对评价对象会形成初步的印象——好，或者比较好，或者不够好，或者比较差，或者很差，以及类似程度的初级质的判断。

第二，查、调、访——深入了解分析——获取足够的量。在有了初级的质的判断后，评价工作进入了重要的阶段——深入了解分析。一般来说，深入了解分析主要是通过查阅资料、调查、访问的方式进行的。查阅资料即查阅评价对象提供的反映本次评价情况的文本资料；调查即对文本材料、"看、听、问"阶段了解的情况等加以查证、核实；访问即深入受教育者之中，了解、掌握更具体的情况。通过这样的查、调、访，获取足够的量。

第三，依据量研究质—质与量相结合。在有了初级的质，获取了足够的量以后，依据量分析、研究质，量的研究与质的研究方法指在研究中发现新现象、新事物，或提出新理论、新观点，揭示事物内在规律的工具和手段。起初的质的判断是否妥当；对质做出更为精确的判断，依据量研究的质，即质与量的结合，才是更客观、真实的评价。

3. 质与量相结合评价模式的基本要求

思想政治教育运用好质与量相结合评价模式的基本要求有以下几个方面。

第一，质的判断必须以量为基础。在质与量相结合的评价模式中，初级的质的判断可能没有充分的量的支撑，但这时的质的判断也是通过"看、听、问"获取的一定的量为基础的，否则，质的判断就是无据的。在获取了足够的量以后进行质与量相结合的评价时，质的判断不论对一定质的程度的判断抑或不同质的判断，都必须以量为基础，否则，

① 王东、陈先著. 新时期高校思想政治教育理论与实践 [M]. 北京：九州出版社,2019.05.
② 张丽芳主编. 高等院校思想政治课程教学模式创新研究 [M].武汉：华中科技大学出版社,2019.10.

对质的断定就难以客观、准确，就难以服人，因此，就没有评价预期的好结果。

第二，进行量的分析要充分。在质与量相结合的评价模式中，量也是重要的：它规定着质或者精确质，或者确定质。因此，进行量的分析时，要脚踏实地，认认真真，要了解足够的量、真实的量，对量的分析、研究要充分、要精细、防止形式主义、走马观花。

第三，进行质的判断要谨慎。起初的质的判断对整个评价起着基础的、导向的作用；最后的质的判断是对评价对象的质的判定。不论前者还是后者在评价中都是至关重要的，因之，在进行质的判断时要谨慎，尽力使判断客观、准确。否则，不仅评价失真，对评价对象可能也会造成很大的不利。

第四，量的分析必须以质为前导。在质与量相结合的评价模式中，虽然量的分析是重要的和必要的，但是对于量的分析必须以质为前提和指导，即必须看清是什么质上的量。否则，离开定性评价的定量评价，毫无现实意义。

（二）自评与他评相结合的评价模式

所谓自评与他评相结合的评价模式，即将被评价对象自己评价与其他评价主体的评价结合起来进行的评价模式。具体地说就是，被评价的教育者或受教育者（现实评价中，较多的是评价受教育者，因为受教育者的情况，特别是受教育者的表现，是思想政治教育效果的直接呈现，即便是对教育者的评价，也主要通过评价受教育者的情况来进行）对自己进行评价，其他的评价主体——或者教育者，或者领导，或者专家，或者相关人员对评价对象进行评价，并将两个方面抑或多个方面的评价相结合，得出最终判断的评价模式。

1. 自评与他评相结合评价模式的优势

思想政治教育之所以倡导自评与他评相结合的评价模式，主要是因为以下几个方面的理由。

第一，自评与他评相结合的评价有利于激发、调动被评价对象的积极性。正因为被评价对象最清楚思想政治教育的情况，而既往的思想政治教育评价没有或者很少让被评价对象参加，致使评价难以准确并且难以为被评价对象积极接受。因此，运用自评与他评相结合的评价模式，让被评价对象参与到评价过程中去，有利于激发、调动被评价对象的积极性，使他们易于接受评价结果，更使他们积极地投入到持续的思想政治教育过程中去。

第二，自评与他评相结合的评价才客观、准确。评价是为了掌握思想政治教育的情况和促进教育活动深入地开展。谁最清楚思想政治教育的情况呢？被评价对象。被评价对象是思想政治教育的主体和亲历者，他或他们对教育的过程及其效果心知肚明。所以，被评价对象要自评。

第三，自评与他评相结合是对既往思想政治教育评价的改革和创新。特别是在当代社会，我们倡导以人为本，人们的自主意识、民主意识、参与意识普遍增强，仅有他评，把被评价对象看作机械的客体，这样的评价是很难让被评价对象接受的。所以，思想政治教育提出自评与他评相结合的评价模式，以改革既往的、不合理的评价模式。

第四，自评与他评相结合的评价才和谐。虽然被评价对象最清楚思想政治教育的情况，但是较长时期以来，在现实的评价中，被评价对象难以参与评价，盛行的仅有他评。这往往导致评价仅关注了那些显性的东西，甚至形式，对教育过程、对受教育者思想认识的提高、心理的变化等难以顾及，而这些却是思想政治教育中的重要方面。正因为这样，对于评价给出的判断，被评价对象往往有意见，甚至影响了思想政治教育的持续进行。所以，坚持自评与他评相结合的评价模式，评价才会和谐。

2. 自评与他评相结合评价模式的基本程序

第一，被评价对象自评。不论是对教育者的评价，还是对受教育者的评价；不论是对个体的评价，还是对群体的评价，被评价对象自评，即让被评价对象对自己的思想政治教育工作（对教育者而言）或接受思想政治教育的过程与效果（对受教育者而言）作出评价。被评价对象的自评，可以采用定性评价———一般是定等级；也可以运用一定的量的表达——定分数，不管运用哪种方式，都必须有依据，即对判断的足够支撑，以防止自评的虚假。

第二，其他评价主体评。其他评价主体的个数难以确定，有可能是一个主体，有可能是多个主体，如教育者（对被教育者的评价）、受教育者（对教育者的评价）、领导者、专家学者、思想政治教育的职能部门、知情者（或同事，或同学，或家长，或朋友，或与被评价对象有较多交往者，等等）。参与评价的其他主体越多，评价的结果就越客观、准确。其他主体的评价，一般是定性与定量相结合的评价。

第三，自评与他评相结合。在自评与他评的基础上，将自评与他评相结合，即将两个评价结果进行整合。所谓整合，并不是将两个结果简单相加或按一定的权重计算出最后的结果，而是要认真地对比、分析、研究各评价的客观、合理之处，对各评价结果进行"去粗取精，去伪存真"，然后由各评价主体的代表协商出最终的评价结果。

3. 自评与他评相结合评价模式的基本要求

第一，动员被评价对象如实自评。较长时期以来，在思想政治教育评价中，自评未被重视，或者未被采用，原因是多方面的，如教育观念问题——没有把评价对象当作主体以及社会理念问题——没有以人为本理念等。但是，更为主要的原因可能还是不相信被评价对象。

第二，各评价主体独立进行评价。为保证各主体评价的真实、准确，在采用自评与他评相结合的评价模式时，各评价主体要独立进行评价，自主地表达自己的意见，否则，就等于没有了多个评价主体，还是一个主体主宰评价。特别是对于自评，要确实保证被评价对象不被控制、操纵、愚弄，成为某个人或某些人的玩偶。

第三，其他主体评价要客观、公正。评价中的客观、公正非常重要，否则就违背了评价的初衷——总结经验教训，推进思想政治教育持续、深入开展。其他评价主体的客观、公正，首先取决于态度的客观、公正，其次取决于工作的认真、扎实，特别是那些平时与被评价对象接触较少、了解较少的评价主体，要保证评价的客观、公正，必须深入到被评价对象的日常教育、工作、生活中做细致的观察、了解、调研核实，否则就难以保证评价的客观、公正。

第四，对评价结果的整合要科学。由于种种原因，例如，对评价对象的了解程度，评价者先入为主的成见和评价中的态度，评价者的水平，评价中工作的认真程度等，各评价主体的判断肯定是有差别的。对于各个主体的评价如何赋以权重、整合？这是个复杂的问题，需要认真研究。一般来说，谁更知情，谁更懂得评价，谁获取的证据更有力，在赋以权重时谁的意见就更为重要些。在整合中，要充分发扬民主，让各评价主体平等地表达自己的意见，阐述自己的理由，通过民主协商得出最终的评价结果。

第六章 新时代思想政治教育工作的协调整合

第一节 高校思政工作协调与整合的含义及内涵

思想政治教育属于综合管理科学和教育科学，具有实践性和理论性。从结构功能的角度来看，它结合了不同的要素，它们在彼此作用和联系的过程中，发挥了各自的功能。思想政治教育具备价值道德性、动态性、人文性等特点，这些特点共同驱动了思想政治教育机制的复杂化、完善化、具体化。但是，思想政治教育机制具备能够把控的运行规律，能够被人们习得和掌握。

一、高校思想政治工作基本理论

（一）高校思想政治工作的含义

从表面来分析，机制这个概念和机器有联系，但是实际上它属于具有隐喻性的概念。机制是指某个事物内在的活动方式，其既包含每一个构成机体的部分，也包含它们彼此之间的关系，还包含这些结构互相作用的方式和彼此产生的变化过程。

高校思想政治工作概念是在大学生思想政治教育领域中的扩展和丰富，大学生思想政治教育工作指的是在思想政治教育各种规则的指导下，为了提高大学生的实践能力、思想道德认知，促进大学生健康成长，高校中的个人、团体、各个部门、活动等思想政治教育各要素彼此通过互相制约、作用、联系、协调，而构建的具体的、动态的活动结构、运作方式，这个体系具有很强的操作性。大学生思想政治教育机制属于一个整体的运行系统，具有其特殊性。作为思想政治教育机制的主体，大学生都是受过高等教育的人，素质高，具有一定的理论思维能力和分辨是非的能力，所以在对他们进行管理和教育时，要用情感去打动人，用道理去说服人。避免受到主观因素、人为因素的影响，在制度规范方面，要重视其公平性、人性化，发挥作为主体的大学生的主观能动性，培养理论，更重要的是从事实践活动的能力。二是目标的特殊性。思想政治教育机制不仅要实现管理和教学、稳定、合理、有序运作的目标，同时还要实现贯彻党的路线方针政策、培养大学生能力、提高大学生道德素质等方面的目标，在行为上、价值观上帮助大学生建立合理的、科学的价值观、人生观、世界观。机制要素互相发挥作用具有特殊性。主体和目标的特殊性决定了思想政治教育机制中每个要素以特殊的方式发挥作用，对思想政治教育机制中每个要素的效能都提出了高层次的要求。它们彼此之间必须强调全面开放性的合作，加强服务和引导的理念教育。四是特殊的机制运行方式。在这一方面，要综合整体性、全面性，不仅要有管理工作和教育工作的正式与非正式之分，还要重视它们，不仅要有动态发展理念，还要有协调发展理念，不仅要把思想政治教育渗透到大学生日常生活中，还要坚持思想政治教育工作的长远发展。通过培养学生的道德能力和开展素质教育，使学生的成长和社会的发展趋势相符。

（二）高校思想政治工作的特点

思想政治教育指的是社会群体有既定的道德规范、政治观点、思想观念，针对其成员开展有组织的、有计划的、有目的的影响，使得他们形成与社会发展相符的思想品德的社会实践。针对高校思想政治工作而言，主要表现为四个特点。

1. 运行功能

思想政治教育是一个有机系统，不是一成不变的，它处于不断的发展变化中，通过系统内部诸要素的有机整合，使得其整体功能最大化运行，通过要素的优化组合，来达到系统目标的顺利实现，来驱动整个系统顺利长远的运作。主要表现是以空间为维度的结构作用和组织方式，以时间为维度的机制运作过程，通过表面的现象，能够看到其本质性的内容，比如其中的结构、步骤、如何生成及其运行环节等。此外，规范化的制度和管理在其运作的过程中发挥了关键调控作用，只有充分调动各要素的积极性，并为它们提供相应的保障，才能够促进思想政治教育整体功能的发展，从而顺利实现预期目标。思想政治教育系统的工作进程及其方式的作用方面也有特殊性，在组织和运行方面达到全面性认识、准确性认识，就是对思想政治教育机制的分析性。因而，思想政治教育机制研究的问题重点在于把握机体的组织形式和运行规律，最大化发挥其功能。

2. 关系协调

作为一个有机的体系，思想政治教育包含内外部中所有环境和要素。每个要素相互统一，但是又存在着差异，因而，要使得系统稳定运作、处理运作中的各种矛盾，就要优化系统内部诸要素之间的关系，各要素在系统中的结构和功能各异，它们所处的地位也是存在差异的，所以，要更加注重其内部诸要素之间关系的和谐，促进各要素有序发挥各自的作用，充分的利用要素的积极能动性，也要对它们的功能进行限定，避免它们对外界因素发挥其功能产生不良影响。另外，机体机制还要发挥协调作用，总的表现是：协调各部门之间的利益冲突、多部门配合完成一项任务、有效的信息交流和沟通。机制的关系性含义要求相关工作人员要立足整体考虑问题，在工作过程中贯穿系统论思想，不仅要注重大局，还要注重集体利益和长远利益，除此之外，还需要兼顾每个要素各自的特殊性，通过各要素的有效整合，最终使整体功能最大化，各要素功能最优化、要持续推动各种资源的优化整合，更加有效提升思想政治工作的效果。

3. 制度规范

在思想政治教育机制的全过程中，都存在制度规范，关系协调和机制运行都需要规范化的制度的支撑，没有这方面的规范，各要素就无法有效整合，同时，在思想政治教育运作方面，也会遇到很多问题和障碍。在运用制度管理的过程中，要更加注重法制化、客观性、管理的效率性和民主化，总的来说，就是要把制度贯彻在协调、监督、考核、控制和保障等方式之中的这一过程，同时，兼具动态性和稳定性的制度规范也为思想政治教育目标的实现奠定了基础。实现思想政治工作协调整合机制的制度规范化发展，可以有效促进思想政治教育工作的稳定进行，确保机制运行能够得到法律法规的保障。也可以实现思想政治教育更加自律，使得机制在运行方面更加有序化，也会对于机制的运行规律的把握和了解更加深入，随之制度的规范化发展也会更加具有科学性，传统的制度的非人性化、形式化等问题会得到妥善解决。

4. 方法科学

因为思想政治教育具有其特有的发展规律，在一定程度上具有稳定性，因而进行管理和运行思想政治教育工作研究有其方法论可循，把握思想政治教育工作发挥功能的规律与要领，一方面能够对机制的运行结果进行预测，另一方面能够掌控机制发挥的条件。在不同的环境和条件中，控制机制有不同的运作方法。尽管机制运行具有一定的差异，但是总的而言，是有一些普遍的、共性的特点和规律的。对于各类不同的运行模式，也要注重其方法，把握其运行的本质，对于各种思想政治教育机制要达到理论上的抽象，进而形成各种各样的规范。重视方法论内涵的相关人员有很明显的工具主义倾向，将人的要素简单处理成那种具有客观规律的、具有同样取向的要素。于是，凸显了思想政治教育工作的自发性，推动了这一机制方法论的模式化发展。这并不代表方法论模式在任何情况下都能够适用，只是在具体的情况下，在一定的条件下，其普适性才得以成立。同时，这种机制的模式不是一成不变的，也不是单一的，而是具有动态性和多样性，在理论上，这种机制的方法论对于这种机制的运进行了抽象的表达，并进一步升华。正是因为这样，要使机制方法的实际有效性顺利实现，还需要秉持实际问题实际研究的基本原则。关注机制研究，要立足机制含义所包含的所有角度出发，使机制发展更为明显，掌握运行方式也更加容易，而要使机制的运行更加有序和规范，首先就要发挥人的主动性自觉性，使其在人有目的的掌握下运行。

二、高校思想政治工作协调与整合理论

（一）协调与机制协调的内涵

最初，协调理论是对物理现象进行研究时使用的理论，这个原理研究的是能量转换问题，这种能量转换具有开放性的特点，是在不平衡的状态下进行的。就和外部世界的

交换而言，组织内部的协调是一个自我完善、自我对接、自我调整的空间，其能够在内部进行功能、时间、空间等方面的有序组合。协调理论在产生和发展过程中，参考了突变理论、控制理论、信息理论、系统理论等理论中的优质因素，通过结构分析、统计数据、设计模型等方式，从具体到抽象，从点到面，从微小到宏大，得出了在相关系统和组织内部存在着规律性。在关于协调理论的设计方面，有三个核心点：一是协调成效的开放共享性，二是自组织模式的非线性结构性，三是伺服原理的动态交替性。在这三点中，协调成效的开放共享性注重系统内部的临界状态，也就是在开放的、复杂的系统中，有很多子系统存在，它们彼此发生作用，会产生集约效应，这种集约效应推动整个系统经过了无序——有序——高效——稳定的发展过程。伺服电机动态制动是指在电机持续运行时，通过改变电机电流方向和大小，使电机实现快速停止的控制方式。而在系统内部存在的序参量也具有重要作用，能够对子系统发挥支配作用，在外部结构、内部结构变化时，系统中的一些序参量会以组合排列和变化结构的方式发挥干预作用，进而影响整个系统的发展。关于系统的自我适应、自我调控和自我转化，是从非线性结构的自组织模式中理解的，从空间来看，整个系统受到内外部空间的制约和影响，外部世界和系统内部结构，都会使系统发展模型产生变化。

协调思想政治教育的机制不是简单的工程，而是复杂多变的，随着外部条件的变化，都可能使思想政治教育机制的协调发展受到影响。所以，思想政治教育必须要随时结合时代发展趋势，对自身的指导方针和发展方向做出优化调整，从而迎合时代发展趋势，构建与人类发展规律、学科发展规律相符的协调育人机制体系。

（二）整合与机制整合的内涵

整合是将各种力量交错、配合所形成的一种综合和总量的结果。"整合"也就是教育整合，是借助社会、家庭、学校多方的合作产生的一种具有综合效果的共同力量。结合以上对"整合"和"思想政治教育"概念的阐释，能够了解到，思想政治教育所有构成要素本质上都属于思想政治教育这一合力中的分力。理论界针对思想政治教育整合含义的分析，主要针对的是教育整合。

（三）高校思想政治工作协调与整合的异同点

1.高校思想政治工作协调与整合的不同点

思想政治教育也是一个大系统，其发展变化除了受自身的影响外，也受到其他系统的影响，尤其是社会系统的影响，所以，思想政治教育的协同创新也要随条件的变化而变化，在不同的条件下做出适当的调整，以实现其科学发展。理论指导实践，实践反馈理论，在实践中不断丰富和发展理论，促进协同创新发展，是现代社会发展的需要，也是时代的显著特征。推进思想政治教育工作的发展，要遵循其发展的一般规律，同时也要结合时代特征，融合时代内涵，体现时代性。从协同创新理论的范畴来看，思想政治教育的发展同样也是一个别具特征的演变过程，是一个开放性、不平衡的发展进程。运用协同学、创新学理论研究思想政治教育创新发展问题，不仅能够匡正对发展问题的认识，还能提供科学的方法和有力的实践指导。因此，对于思想政治工作的协调来说，思想政治工作的协调是对于原有思想政治工作机制的工作模式、工作内容的重新设计。

对于思想政治教育的整合来说，整合理论是基于恩格斯研究的整合，是将各种力量交错、配合所形成的一种综合和总量的结果。在思想政治教育整合中，每一个发生力的因素都是独立存在，又彼此联系的，它们产生的效果并不简单是每一个因素作用力的相加，有些分力贡献的力量比较小，而有些分力贡献的力量则比较大，还有一些分力贡献的力量可能被忽略，其最终的效果比每一个分力相加的效果要大，也就是说，是一种达到"1+1 > 2"的整合效应。因此，思想政治教育的整合是对原有思想政治工作机制的精简和增设，它会改变原有的部分机制，并且改变力度相对比较大。

2. 高校思想政治工作协调与整合的相同点

高校思想政治工作协调与整合的相同点主要表现为研究主体与客体的一致。思想政治教育的主体性是由思想政治教育者的主体性、受教育者的主体性和思想政治教育活动的主体性有机构成的复杂整体。所谓的思想政治教育主体协同强调：家庭、学校、社会等多元的教育资源、教育力量的整合集聚，通过协调合作，实施同步教育，形成教育整合，从而推进人的全面发展。在信息化时代迅速发展的今天，利用信息平台整合收集更丰富的教育资源，对于实现思想政治教育主体协同具有重要作用。因此对于思想政治教育协调与整合的主体来说，其实施主体是相对一致的。第一，基于单一系统内部的主体为出发点的协同机制研究；第二，从多样化系统内部主体为出发点的协同机制建设。

对于协调与整合来说，其实施对象都是对于机制的改善，因此实施对象一致。机制的建设创新性发展包括多方面的内容，而最重要的有以下几个方面：有保障方面的机制创新、运作方面的机制创新、评估方面的机制创新、领导方面的机制创新建设。目前学术界有的强调要发挥高校党委的作用，加强宣传工作的疏导、组织、协调等方面的功能。有的强调加强思想政治教育工作的教育机制和渗透机制建设，打造多样化的网络教育平台，重视思想政治教育工作在其他工作中的重要地位和作用。具体办法为：第一，以课堂教学为出发点研究协同机制；第二，从多渠道的教育协同为出发点进行协同机制建设；第三，从校园文化入手来研究协同机制；第四，加强高校内部机制建设、高校与高校之间的机制建设、高校与其他单位之间的机制建设，加强党建工作，明确目标管理、决策管理、执行管理、监督管理的机制运行方式，强化落实管理工作；第五，从高校学生工作为出发点进行协同机制研究。

综上所述，高校思想政治工作协调与整合，就是高校思想政治工作者利用自身主体性，通过一定方法与手段对家庭、学校、社会等多元教育资源、教育力量的重组整合，从而实现高校思想政治工作机制的完善与发展，进而推进受教育者的全面发展与进步。

第二节 新时代高校思政工作协调与整合的必要性

伴随中国特色社会主义进入新时代，我国在诸多领域又重新进入调整与变革的新阶段。全部的新问题、新情况，都对高校思想政治工作提出了更高标准的新要求。怎样拓展思想政治工作的机制、方法、形式、内容，强化其实效性与针对性，帮助学生树立正确的价值观、人生观、世界观、理想信念，保障高校工作接受马克思主义的绝对领导，将战斗力和人心充分凝聚起来，这将是高校思想政治工作改善的核心任务。

一、高校思想政治工作机制协调与整合是高校育人的基本要求

有力的思想政治教育为大学生的健康成长提供了保障。大学生思想政治教育是高等教育的重要组成部分，对积极建设社会主义精神文明，保障我国高等教育的社会主义方向具有重要意义。它能够帮助大学生树立正确的价值导向，使之成为真正意义上的社会主义事业的接班人和建设者。它还能有效提升大学生的综合素质和思想政治素质，帮助他们树立正确的价值观、人生观、世界观，成为中国特色社会主义事业的合格建设者和接班人。它更能保证我国在全球竞争中的优势地位，加快实现社会主义现代化建设目标，使中国特色社会主义事业有新的接班人。因此，高校思想政治工作机制协调与整治具有重要的价值。

但现阶段高校思想政治工作却客观存在很多问题和不足。其表现有两方面。一方面是作为高校思想政治工作主体的"两课"教师和相关干部整体的情况并不乐观。具体表现是"两课"教学存在教学内容针对性不强、陈旧、重复，教学方法单一等问题，而且"两课"教师数量短缺，整体综合素质不高，管理干部待遇低、不稳定，工作中的责任意识和使命感比较差。第二方面是高校专业课教师作为高校思想政治工作的核心力量，并未充分发挥育人功能。高校教师只注重讲解知识，但不注重育人，两方面的工作没有充分衔接。第三方面是校园文化建设作为高校思想政治工作的主要载体，并没有充分结合思想政治工作，影响了这一工作的顺利开展和成效。

机制问题是高校思想政治工作软弱无力的根本。从我国思想政治工作很多先进系统积累的工作经验来分析，只有构建一套可行的、完善的、科学的思想政治工作运行机制，才能够全面提升高校思想政治工作的效果，并能处理好高校思想政治工作开展的浅表性问题。所以，目前我国高校的思想政治教育必须保证其在机制方面的创新。要创新思想政治工作机制，重点是借助探索思想政治工作来创新管理方式。要求其在建立和设计工作机制方面，使思想政治工作系统中每一个环节有效运作、互相作用、充分联系，优化整合和配置思想政治教育工作的各种资源。现阶段，在各种思想文化碰撞、政治多极化、经济全球

化的背景下，人们的工作方式、生活方式、价值观都出现了很多新的变化，思想政治工作也面临着全新的情况、矛盾、问题。受到各种社会思潮的影响，大学生的观念差异比较大，有些观念值得提倡，但是有些观念应该制止。创新思想政治工作机制实际上也是趋于现实和形势的需求。

二、协调整合是解决目前高校思想政治工作问题的主要途径

我国高校思想政治工作目前并未取得可喜的成效，许多专家针对这种情况，均发表了个人观点，比如要强化政工队伍建设，突出以人为本理念，优化思想政治工作的方法、内容等，这些建议中有些是值得试行的，但是真正去试行的人非常少，所以导致我国高校思想政治工作的现状很难改变。根本原因是我们缺乏一套有科学理念的、行之有效的思想政治工作机制，使得思想政治工作所包含的各项内容彼此没有形成统一的整体，彼此是独立分散的，整体效应发挥不出来。因为很多领导对思想政治工作没有予以高度重视，他们的上级管理者也没有给他们施加压力，从而影响了思想政治工作的成效。一般都是政工队伍确实想有作为，但是因为得不到高校的重视，场地、资金、待遇等支持都非常有限，降低了他们的工作主动性。

三、协调与整合是形成高校思想政治工作系统性的基础

思想政治教育资源指的是在思想政治教育活动中可以被教育者充分开发利用的，全面实现最终目的的所有要素的综合。通过这一表述能够了解到，思想政治教育具有丰富的资源，是大学生开展思想政治教育需要利用的资源，也是大学生思想政治教育整合发展需要利用的资源。现阶段，大学生思想政治教育资源并没有集中起来，而是呈分散状态分布，各自的优势都没有发挥出来，这就使得大学生思想政治教育的整合效果大打折扣。

大学生思想政治教育整合的过程，实际上就是整合大学生思想政治教育资源的过程，这两个过程彼此作用，紧密联系。通过一定的手段、方法等优化配置思想政治教育资源，为整合大学生思想政治教育提供依据，大学生思想政治教育形成整合可以充分整合大学生思想政治教育资源。通过建立社会、学校、家庭互相配合的协调机制，不仅能够实现有效整合，并且可以促进它们内部结构的全面升级发展，全面整合大学生思想政治教育资源。大学生思想政治教育的整合性特征，要求为了实现发展目标，必须将各种资源充分整合起来，不然的话，就会浪费资源，思想政治教育的整合效果也会受到影响。

四、新时代高校思想政治工作合力联动运行机制的构建

新时代的高校思想政治工作合力联动机制的建立是调动中国共产党领导、社会的大力支持、家庭的积极参与、以学生为主体以及高校人才培养的中坚力量，它是由某种沟通

机制作为桥梁将各类因素综合起来，经过统筹协调来形成某种合力，进而提升培养人才的效果。另外，系统的运行机制和激励机制对整个运行过程能够进行准确的评估、激励，以此来形成此机制的自我协调、完善与发展。新时代高校的思想政治教育合力的运行机制的构建主要包括以下两个方面：

第一，中国共产党的领导、社会的大力支持、家庭的积极参与、以学生为主体以及高校培养人才这五个方面的育人力量有较为独立的运行环境，这就需要大力发展其内部育人力量的建设和发展。高校教育是人才培养工作的主阵地，要达到显著的效果，就必须使高校的教学部门、党组织、管理部门和服务部门等的育人功能落到实处。党的领导是整个运行机制中的主体，这就需要各级地方的党组织主动积极地参与到人才培养工作中来，以其独特的文化精神指导育人过程，从而实现育人的目的。社会的大力支持是保证机制运行的先天条件，这就需要正确的舆论导向进行引导，并且要加大舆论环境的监管，巩固实效。家庭的积极参与和以学生为主体是机制运行不可或缺的条件，推进家风建设可保证环境交互影响的积极性，有利于育人实效的巩固，加强对学生的正确引导可以借助群体内影响来实现育人的价值。

第二，党的领导、社会的大力支持、家庭的积极参与、以学生为主体以及高校人才培养这五个方面是紧密结合、统筹发展的。要促成各方面力量的有效结合，首先要保证沟通机制能够为各类育人力量形成合力提供基础，通过这一基础，便可以相同的目的为导向并结合各类育人力量的特点来统筹规划，形成有效的协同模式，从而来保证育人的实效性。其次，要通过有效的评估激励机制，来对整个系统运行的机制进行评估，以此来优化系统的运行机制。最后，评估激励机制还能够为各类人才培养的力量进行评估反馈，从而提升各类育人力量的工作实效。

五、新时代高校思想政治工作多方联动运行机制的特点

新时代高校思想政治工作多方联动运行机制的主要特点有多体系之间具有较强的互动性、明显的方向性、联动的层次性以及机制内部要素之间的相对独立性。主要有四个特点：第一，运行机制各体系之间具有较强的互动性。在前面的论述中可以看到，党的领导、社会的大力支持、高校的育人教育、家庭的积极参与以及以学生为主体这五个方面并不是相互孤立的体系，而是具有密切的关系，它们之间相互合作并相互牵制，它们是高校思想政治多方联动机制的有机组成部分，而这一运行机制整体功能的发挥也是依赖于各部分之间的相互协作。第二，该运行机制具有明显的方向性。党的领导、社会的大力支持、高校的育人教育、家庭的积极参与以及以学生为主体这五个方面发挥的作用各有不同，但其目标都是为了更好地促进学生的发展，保证高校思想政治工作的有效开展，从而实现育人的目的。第三，该机制的联动具有层级性。党的领导和社会的大力支持为该机制的联动

运行提供了宏观指导和资源支持；高校教育是一个中观环境，它是具体的运作者；而家庭作为一个微观系统，它主要以家庭为单元，来反馈和调节学生的自我教育，促使学生内化各种作用，从而实现有效的教育过程。第四，该运行机制各要素之间具有相对独立性。党的领导、社会的大力支持、高校的育人教育、家庭的积极参与以及以学生为主体这五个部分虽然紧密联系的，但各个要素都有其特定的运行环境，因此我们说，各要素之间具有相对独立性。

第三节 新时代高校思政工作协调与整合的路径

思想政治教育协同创新包括主体协同、创新载体、整合内容、优化目标等具体内容，并且不同创新主体所认识和理解的协同创新实践有很大的不同。所以高校思想政治工作机制在全新的时代背景下，整合和协调也要以此作为出发点。

一、健全管理制度

（一）部门协调

运用协调这个基本的管理方式，将各方面的工作高度统一起来，形成一股合力。党政充分配合，才能够实现各个部门之间的沟通配合，共同参与并处理思想政治工作开展的主要问题，高校中相关的组织管理部门应该深入研究分析思想政治工作的不足之处，找出产生问题的原因，有针对性地制定高校中思想政治教育工作开展的大体方向，切实做好大学生思想政治教育的工作部署。在职能、权责明确的基础上，学校各个部门要接受学校统一的、严格的管理和考核，使得高校建立教书育人和服务育人的大局意识。学校教育中，教师是学生的重要他人，教师与学生的接触最多，他们是教育的中坚力量。因此，在与学生沟通的过程中，要为人师表，做到教书育人。在授课时，要将思想政治教育内容渗入其中，以更好地达到教育的良好效果。同时，学校还需做好学生工作，学校的各级管理部门要坚持落实育人工作，将管理工作和思想政治教育工作紧密结合，引导大学生具备良好的行为规范，遵守法律法规，遵守学校纪律；另外，在开展教育管理的过程中，要和学生的实际相协调，满足学生对就业、交友、健康等多方面的基本需求，当学生遇到问题时，要及时地提供帮助，并解决好问题，使得教育管理工作更为真实地贴近学生。服务人员也要结合学生的实际，推行多种服务类别，如捐款资助、心理咨询和就业指导等多种服务项目，切实为学生提供便利的服务，让他们不仅能接受教育，还能享受各种服务。只有各个部门建立相互沟通协调、密切配合的良好合作关系，才能够切实有效地将思想政治教育落到实处，最终提升高校思想政治工作的针对性和实效性。

（二）激励得体

所谓激励得体是指要加强对激励机制的完善，使其能更好地发挥自身的功效。要加强对激励机制的完善，就必须采取以下两种措施：

第一，要充分调动高校思想政治工作者的工作积极性。对于校领导来说，就需不断改进并强化对学生思想政治的考察方式，紧抓思想政治工作者的日常工作，不能有所敷衍和松懈。同时，还需构建一个客观、合理评价机制，对思想政治工作者进行全方位的考核、评估。对表现突出，工作成绩优异的思想政治教育工作者给予一定的精神奖励和物质奖励，鼓励他们在今后能够不断坚持创新，积极开展思想政治教学、科研等各项工作。反之亦然，对于工作不认真，考核不合格的思想政治教育工作者予以批评，并监督这部分人做出检讨，对后期的工作做出规划，并监督其完成各项工作。第二，为改进思想政治教育工作者的工作内容，需要将考核制度和激励制度结合起来，把任务指标作为衡量工作者工作是否落实到位的主要标准，通过考核、评估，对优秀教育者的工作提出肯定。同时，也要实事求是，指出工作中的不足，并提出整改意见，认真制定工作计划，争取把高校思想政治工作落到实处。换个角度来看，激励机制也充分调动了广大工作者的工作积极性，促使教育工作者能够认真地进行教学、科研等各项工作，激励思想政治教育工作者能不断地提高自身的业务水平，最终迈向更高的台阶。

（三）树立全新工作理念

树立新理念是优化和完善高校思想政治工作的基本前提，要跟随时代发展的部分，了解学生和社会的实际需求，不断完善工作理念，有效指导并开展工作。在市场经济发展的大环境下，高校的思想政治工作要坚持将"立德树人"这一基本理念贯彻到底，但同时还需不断强化教育过程中所提倡的"齐抓共管、形成合力""社会参与，社校协调配合"等，多种理念相互渗透，坚持做好多方联动工作，不断推进高校育人工作的大力发展。

二、完善教学机制

（一）深化教学改革

首先要完善教学内容。新时代的高等学校在推广思想政治理论课的过程中，主要依据国家颁发的法规和条例进行教育方案的制定。在这样的状况下，教学内容要和党的方针政策紧密关联，与时代发展方向一致。由于高校思想政治教育课程比较呆板，使得学生在很大程度上不能解决思想问题和实际问题相结合的矛盾，所以要增加教学内容的新颖性和丰富性。具体做法是：第一，思想政治教育工作者在教学的过程中，要根据国家形式政策、高校学生实际情况以及社会实际生活经验进行教学内容的填充。思想政治教育工作者的课程内容不能只局限于教学大纲和课本，毕竟任何课本都有自己的局限性，而是应该树立新的教学观念，以开放的姿态迎接各学科的交流。第二，教学工作者不仅要完成思想政治教学大纲规定的课程内容，还要寻找各个学科之间的交融点，了解学生的日常思想行为情况，找到他们最为关心和困惑的问题。思想政治课程的教学就是为了促进学生思想的发展和成长，使他们成为全面发展的复合型人才。为了提高学生的素质和思想，需要对课程内容进行调整，从而提高学生听课的积极性，让他们在课程上有所学，有所感悟，有所获得。所以思想政治课程的内容要紧跟时代的发展，紧跟国际大形势，紧跟我国的实际发展，紧跟国家的方针政策，同时，还要结合大学生的实际情况，解决大学生最为关心的社会热点和难点问题。

其次要创新教学模式。当今社会的教学方式需要与时俱进，不能仍然按照传统的模式来，以下是几种比较新颖的教学方式：第一种是多方渗透教学方法。第二种是案例分析法。第三种是问题诱导讲述法。第四种是论辩研讨答疑法，即教师提出问题，让学生们分为两方进行问题的辩论，通过辩论的过程，让学生们更加深刻的了解问题，对知识有更深的印象。第五种是情景交融模拟法，即通过设置一定的外部环境，让受教育者感觉身临其境，通过亲身的体验更好地将理论知识转换化自己的知识。通过上面五种方法可以了解到，教学方式可以是多种多样的，不要仅仅采用灌输知识的模式。

最后，还要加强教学与实践的整合。思想政治课程的教学，不要仅仅依靠理论知识的灌输，还要辅助一定的社会实践活动，这样才能让学生更加充分的理解知识点。一般来说，社会实践教学分为两种模式，一种是约束机制，另一种是非约束机制。对于约束机制来说，主要指在进行思想政治课的教学过程中，学校会对学生和老师设置一定的考核标准，例如有的学校会制定学分考核标准，需要老师和学生在规定的时间内完成一定的学分和学时。有的学校则是会进行实践活动评比打分，通过老师和社会实践参与者的打分，来评判哪位学生的实践活动分数高。对于非约束机制来说，学校对思想政治课的教学模式、教学的内容、方式、评比方法等不固定，这让老师和学生有很多的选择机会。对于学校的教学任务来说，给学生户外实践的目的，就是为了让学生在实践的过程中将理论知识与实践结合起来。两种约束模式的教学方法不同，约束机制则是保证教学实践活动得到发挥，它制定的考核方式提高了学生参加户外实践活动的积极性。约束机制的实施不仅仅需要老师和学生的配合，还需要学校管理部门的支持和协调。非约束机制让思想政治理论课程的实践变得更加主动。在实施的过程中，学生们可以遇到很多在教学计划中不存在的问题，这就使得实践活动变得更具挑战性，同时也避免了学生们为了完成学校的考核任务而去应付实践活动。在实际的教学过程中，学校可以将约束机制和非约束机制结合在一起，这样既能提高学生参与实践活动的积极性，也能提高教学质量。

（二）强化课程育人

大学生群体是党和国家发展的主要资源，大学生是否具备过硬的思想素质，是能否成为社会主义建设者和接班人的基本要求。大学生思想道德素质的提升主要是依靠思想政治教育，其中马克思主义理论的学习是学生形成正确世界观、价值观和人生观的主要手段。因此，不断改进和优化高校思想政治理论教学是整个机制运行的核心内容。新时代、新社会这一定位对高校思想政治工作提出了新的要求，高校思想政治理论课程需不断结合现实社会的实际需要，不断优化课程内容及教学手段等。而这一优化要求的落实需要我们坚持正确的政治导向，坚持规范的管理流程等。

随着社会的快速发展，对各类人才的需求也不断增加，高校的专业教育也加速发展，虽然这种形式基本保证了社会发展的需求，但着眼于未来，这种趋势并不能满足长久的发展。鉴于目前高校更注重专业课程的形式，思想政治教育所处的地位相对较低。换句话说，高校更加注重对学生专业能力的培养，忽视对学生思想道德方面的教育，而这一教育模式与"立德树人"的教育理念背道而驰。如果高校继续此种教育模式，就会使学生的世界观、价值观、人生观产生偏离，伴随出现社会意识淡薄、追名逐利的不良行为，进而危害国家和人民的利益。基于此，要对高校思想政治工作机制进行优化，就必须结合目前我国社会发展的必然趋势，并结合育人的核心理念，构建完整、合理的运行机制。高校专业课教育的优化需从两个方面着手：一是要优化教师队伍，提高教师的基本素养；二是在教学过程中，教师要注重将价值性和知识性相统一。其中，优化教师队伍，提高教师基本素养主要是指，高校要重视教师思想观念的建设，保证教师思想的纯洁性与先进性。与此同时，还要着重提高教师专业的能力和科研水平，不断提高教学质量。

（三）促进创新发展

不断的突破和创新，使其顺应时代的发展变化，是优化高校思想政治工作的基本要求，多方联动机制就是要求我们要从内容和途径两个方面进行突破、创新。内容的创新并不是说要推倒以前的教育内容，而是说要在原有的基础上，根据社会发展的需要对内容进行增减。基于此，高校要围绕时下社会对学校提出的"培养什么样的人才——怎样培养——为谁培养"这一基本要求，厘清办学理念，坚持融合党的领导、社会的大力支持、家庭的积极参与和以学生为主体多方力量，加强协调沟通，不断深入挖掘各部分资源的潜在力量，形成教育合力，使各部分的功能最大化。

在思想政治教育工作的多方联动机制中，途径的突破和创新在于不断地完善课堂教学体系，充分挖掘课堂外各环节的育人功能，发挥党的领导、社会的大力支持以及家庭积极参与这三方的育人功能。第一，不断完善课堂教学体系。课堂教学是高校思想政治工作开展的基本形式，主要包括理论课和专业课两个方面。一方面，我们要通过课堂教学的方法加强理论课程对学生的影响度；另一方面，在对教学方式创新的同时要强化教学过程中的价值导向作用，更好地实现知识性与价值性的统一。第二，除了课堂教学外，学生的各项活动中都蕴含着一定的育人功能，因此，高校思想政治工作多方联动机制要加强联系，推进模块发展，充分发掘各个教育环节的育人作用，保持坚定的立场和方向，形成资源共享，从而确保高校思想政治工作途径的突破与创新。第三，高校的思想政治教育多方联动机制是将党的领导、社会的大力支持与家庭的积极参与融合到工作范畴之内的，通过多种途径形成教育合力，加强各力量之间的协调沟通，以此来推动高校思想政治工作的完善与优化，从而达到更好的育人成效。

高校思想政治工作创新发展所追求的目标就是教育的实效性，该目标的达成主要是依靠高校思想政治工作的亲和力与吸引力这一外部因素，而高校思想政治工作的多方联动机制正是吸引力与亲和力的提供者。一方面，高校思想政治工作联动机制的运行是基于教学的实际性，不断挖掘各种内部资源，整合社会实践经验、地域特色等，使教学内容更加贴合实际，转变单向灌输的教学形式，让学生能够根据教学内容形成自主学习的氛围，不断学习、归纳并总结理论知识，真正做到理论联系实际。另一方面，在教育技术上，要不断地更新技术手段，引进先进的技术成果，让教学借助信息技术，打破时空限制、灌输限制等传统方法，引导学生自己获取知识，学会筛选，推进学生的自主学习。

三、创新评价方式

（一）评价方法创新

思想政治工作是高校管理的重中之重，学校通过对学生进行思想政治的教育，让学生从多方面的角度进行自我评价，从而发现自己的优点，挖掘自己的潜能。进行过程评价测试，是自我提升的一种手段，应该做到以下几点：

第一，要求所有的成员都要参与进来，把目标分割成一个个小目标，将各个位置的职务和工作内容进行明确，形成阶梯形的管理网络体系，每一个成员负责一部分思想政治工作任务。由于是全体成员共同参与的，所以需要进行各阶段目标的考核，增加全体成员工作的高效性。一旦学校确定教学目标，学校就要以此目标教学工作考核的依据，还要将此目标与学生的实际情况进行结合，制定出短期、中期、长期的目标，只有这样分阶段实现目标，才能更好地建立一套完善的教学目标体制。

第二，在评价思想政治工作的过程中，应该把握此工作的特征，不能将此工作单独分离出来，也不能单独地对它进行评价，而应该将思想政治工作和教学内容、管理方式、服务体制、科研方式进行结合，这样才能全面提高思想政治工作的作用。为了更好地体现思想政治工作特征，需要教师在日常教学工作中注重引导作用，让教师成为思想政治工作的传递者和引导者。因此，学校要重视老师这个职位，加强教师队伍的建设，让教师给学生的思想政治起带头作用。

第三，加快健全高效内部对思想政治工作的评价体系。思想政治工作评价体系主要包含：如何健全各院系的思想政治工作的年度评价体系，并根据学校的实际情况和学校的工作内容进行改变，不断地将各阶段目标与实际情况相符合；将思想政治工作的考核归于高校长期目标和各院系教学管理目标之中，将他们一起进行评价，从而让思想政治工作和各学院的教学任务紧密相连；明确教师的职责分工，让教师主动发挥引导者的作用，将思想政治工作发挥出最大的作用，增加大学生的学习动力。

（二）评价过程动态化

要采取各种手段，努力完善思想政治工作评估机制，毕竟它不但是思想政治工作的起点，又是思想政治工作的终端。评估是思想政治工作中不可缺少的一个基本环节，它是客观存在的，在整个思想政治工作中拥有承上启下的作用。传统的评价方法不太适应全媒体环境的要求，鉴于此，有必要建立网下评价与网上评价的新机制。

有效使用"网下网上"实时评价新机制，可以促进动态跟踪考核良性发展。要做好每月一次的思想政治工作，可以将所做的工作内容发布在高校思想政治工作的媒体上，借助一定的网络信息平台，多角度多方位地向大学生讲述思想政治工作，并全面汇报学生思想动态。

"网下网上"动态评价新机制，有利于结果自动生成。通过网络信息平台，公开发布活动的动态，公开宣传大学生创先争优承诺，公开接受广大师生的评价。各级领导干部与党员要力求做到"一讲二评三公示"，每一位参与者都要认真汇报自己的工作，并力争完成创先争优所要求的工作业绩，严格依据量化标准向上级申报加分。量化考核规定的分值，自动生产与之相对应的积分，为创先争优提供量化基础。

"网下网上"排名公示新机制，有利于活力的完美体现。在全媒体信息平台中，针对高校思想政治工作论坛的专栏，巧妙地设置"学生思想政治工作积分排行榜"，要求全院师生开展创先争优活动，并对该活动进行实时的、动态的在线报名。可以以班级作为单位，创建相关活动档案，每月定期开展评比活动，一目了然地展示相关信息。

"网下网上"评价新机制，有利于改变思想政治考核内容。在网下评价中，可以以试卷的方式来对大学生的思想政治教育进行考核，同时要将网上评价纳入道德评价的指标。在考核的过程中，还应当注意大学生网络行为的考核。

（三）标准量化

在制定思想政治教育效果的评价标准时，要避免带有过多的主观思想，要严格遵循"实践是检验真理的唯一标准"的原则，要充分结合被教育者的实际情况，尤其是被教育者的思想政治改变状况、被教育者的行为方式、被教育者的接受程度等；不但要结合思想政治教育的目的，更要有效结合思想政治教育的任务，要将二者进行综合分析。鉴于此，思想政治教育的评价系统务必以学生的发展为核心，以学校的发展为基本点，采用多元化分层次的标准化系统。在大学生的群体中，其思想政治教育效果的体现，通常表现在三个方面：第一，是否促进了科研人才的发展。第二，是否推动了全校的精神文明建设。第三，是否促进了学生的全面协调发展。

四、优化保障机制

（一）硬件保障措施

1. 队伍保障

我们所建立的队伍，不但要具备专业化，更要具备职业化；不但要拥有强大的理论基础，更要拥有强大的实践能力。所谓专业化，指的是每个人都要具备强大的思想政治教育工作经验，同时还要具备与此相关的专业知识。高校思想政治的工作人员，是大学生的人生领导者，理应具备超强的思想政治素质。作为这支队伍的成员，必须是社会主义核心价值体系的践行者，必须是社会主义荣誉观理论的坚持者，必须始终深入贯彻党和国家的重要思想。在思想政治工作中，作为高校的思想政治教育工作者，要始终坚持以科学的理论来引导人，要始终坚持以理服人的教育理念，这就要求每一位高校的思想政治教育工作者都必须具备非常扎实的马克思主义思想政治专业理论。高校思想政治工作专业性强，其本来就存在科学、客观的教学课程体系，教学内容极为丰富，所包含理论思想深厚，不但包括指导中国稳定发展的马克思主义基本思想，而且还包括一些社会心理学等方面的问题。最关键的是，高校思想政治工作是一门综合性非常强的政治教育学科，授课教师不但要具备思想政治教育的扎实专业理论，更要具备与此相关的专业领域知识，比如说心理学方面的知识、教育学方面的知识、社会学方面的知识等。

所谓职业化，指的是专门从事思想政治教育的专职人员。相关领导部门在选聘教师的过程中，一定要结合思想政治教育求职者的多方面因素来考虑，尤其是学科背景、工作能力、学历高低、道德水平等；同时还要具备相应的执业资格，比如说是否具备心理咨询师资格，是否具备就业咨询资质资格，是否具备职业咨询师资格等。加入职业资格制度之后，广大的思想政治工作人员便会充分结合自己的岗位，更加系统、更加深入地学习与之相关的专业知识。针对思想政治教育的专职人员，学校或者相关领导部门还可以通过考试的形式，来掌握工作人员的执业情况，同时还可以提供相关培训，为广大的思想政治教育工作者取得相关职业证书。职业化工作的深入开展，可以推动广大的教师队伍走向专业化与职业化。

2. 制度保障

要保证高校思想政治工作机制的高效化与规范化，就必须对大学生思想政治教育机制进行制度化。制度化是规范化与高效率的有力保障。为了确保整体工作的有序健康开展，充分发挥教育功能，请务必建立与之相适应的制度。第一，有效建立管理权责制度。有针对性地对高校思想政治工作进行全方位的管理，就要确立管理者的地位，并建立相对应的管理权责制度；管理权责制度，可以让全校管理者各司其职，充分发挥监督的作用，从而高效规范整体教育的运行。第二，多角度多方位针对性地建立意见反馈制度与管理信息交流机制。借助网络信息平台，搭建网络载体之间的信息交流制度，确保所获得的思想政治教育信息的时效性、全面性、实时性，推动参与者与管理者的信息交流，加强意见反馈，提高现代化思想政治教育管理工作。第三，鼓励全院师生建立效果评价制度。在全学院定期组织思想政治教育效果评价，并针对评价结果作出相应的整改措施，评价效果一般会呈现出内隐性与延时性的特点，故而在评价的过程中，要适当利用一些特殊的评价方法与评价规则。第四，针对高校思想政治工作，建立健全与之相适应的法律法规制度。社会主义市场经济代替社会主义计划经济之后，高等教育学校的师生都出现了思想道德方面的新问题，针对这些新问题、新情况，需要有与之相对应的法律制度来保障。

3. 物质经费保障

在大学生的思想政治教育中，务必在物质与经费方面给予充分的保障。第一，要加强基本设施的建设，思想政治教育的开展，就必须以相关设施作为基础保障。如：在举行大型思想政治教育工作的讲座时，必须要有相应的活动场所；在推动大学生就业服务的过程中，也需要有相应的场所，同时还要有与之相对应的交通工具；有些大学生出现心理障碍，还需要有大学生心理咨询场所；有计划、有组织地建设与大学生日常生活密切相关的科技馆、博物馆、爱国主义教育等的相关工程；加强信息技术及多媒体的建设，促进学生各项群体活动的举办，加强大学生公共文化设施的建设。这些基础设施的建设均可以推动大学生思想政治教育的开展。第二，要根据学生实际，加大经费的投资，着力改善大学生的教育条件。要确保大学生的思想政治教育拥有强大的资金保障，相关领导部门要明确针对思想政治教育财政投入的比例。通常情况下，教育经费的投入主要包括两个方面，一是经常性的理论教育经费，二是跟宣传教育活动相关的经费。在思想政治教育财政投入中，除了这两方面的经费之外，还应当包括实践调研的经费、与社会考察相关的经费。要使思想政治教育机制得到正常平稳的运行，就务必拥有强大的资金保障，从而有效保证大学生思想政治教育的健康稳健发展。

（二）软件保障措施

1. 提升红色门户网站的生命力

高校红色门户网站已经有了一定的历史，从创建初期到现在，已经过了十几年的时间，不管是网站内容还是技术水平，都得到了一定程度的提高。但有的高校，其红色门户网站的内容仍然比较呆板与严肃，网站的形式比较单一，理论知识比较枯燥，过分强调教育功能。这些问题的存在严重地影响了网站的生命力，从而阻碍了本校红色门户网站的可持续发展。随着互联网的飞速发展，以手机为代表的新媒体具备方便快捷、交互即时的优点，而很多高校的红色门户网站在电脑端看着美观大方，在手机端看着却并不是特别的美观，这就丢失了网站的目的。在新形势下做好红色网站，是推动高校思想政治工作的最佳途径。

首先，要充分结合当代新媒体，在红色网站中加入内容丰富的多媒体信息。在新媒体时代，人们更加关注网站的内容，网站要具有生命力，其内容务必丰富，形式务必多样。其次，要多为用户考虑，针对性地增强网站的服务理念，在高校学生的思想政治教育中，红色网站是了解国家重大政策的重要平台，红色网站一定要发挥育人的特点，更要提高服务意识。网站开发者要力求将红色网站打造成一个集各类服务信息于一体的信息服务平台，让大学生在享受红色网站的过程中不断健康成长。最后，还要不断增强红色网站的互动性，新媒体最重要的一个特点便是互动性，换句话说，新媒体在传播的过程中，特别重视对人的服务，它是一种以人为中心的传播方式。红色网站可以开设各方各面的交互性栏目，可以随时对学生的思想状态进行收集，也可以随时随地与学生互动。

2. 充分利用虚拟网络社区平台

而对高校思想政治工作者而言，不管是教委推出的网络社交平台，还是一些商业性的网络社交平台，他们都是新媒体下的思想政治重要阵地。对于网络虚拟社交平台，我们要对其充分利用，有效增强思想政治工作的环境。

3. 合理构建微博德育平台

当前在大学生群体中，使用微博的人变得越来越多，很多国内外的社会政治事件，往往是通过微博迅速在网络上传播开来的，所以作为高校的思想政治工作者，一定要高度重视微博的传播作用，有效利用微博的政治传播作用与微博的思想塑造作用。正因如此，作为高校的思想政治教育工作者，就要正视微博给高校德育工作所带来的机遇与挑战，采取科学合理的方式来构建微博德育平台。

有效构建针对性的微博德育平台，应做到以下三点：

首先，要着力构建相对比较完善的微博运营支撑体系。高校应当深入调查大学生使用微博的情况，针对性的健全基于微博的运营管理机制，根据学生使用微博的情况，成立专门的小组。同时对微博平台的运营队伍进行专业化的培训，提高对微博平台的使用能力，加强对微博突发事件的处理能力。就目前的发展来看，大多数高校利用微博平台进行思想政治教育还处于初始阶段，用复旦大学来举个例子，当前复旦大学的新浪官方微博，其负责运营的主管部门是网络宣传办公室，并联合学生会、团委会、青年志愿者协会、市场营销协会等多个组织，有效地将学生的微博日常生活与德育工作结合起来，充分发挥微博的服务功能。

其次，应深入学生内部，加强微博信息干预体系的建设。微博为信息的发布与传播提供了最佳的途径，但是在微博环境中，却存在很多的消极信息。作为高校的思想政治教育工作者，务必警惕这些消极信息。可见，高校在利用微博德育平台的过程中，务必深入学生内部，加强微博信息干预体系的建设，力求采取各种手段，有效降低消极信息对大学生造成的负面影响。作为辅导员，务必要做到有微博，关注微博讯息，增强对学生的关注力度，时刻留意相关学生的微博动态，还要及时制止不和谐信息的发布与传播，对于传播消极信息的学生要进行相应的批评教育。思想政治教育工作者要有效利用微博，推进中国主流文化思想的传播，积极引导大学生营造健康的舆论氛围。要不断关注重大事件的舆论导向，不盲目跟风，针对学生的问题，一定要做到及的沟通疏导并处理。

最后，要充分利用微博中意见领袖的强大作用。所谓意见领袖，指的是在传播网络中经常给他人提供信息的活跃分子。作为高校思想政治工作者，一定要高度重视意见领袖，在大众传播效果的形成过程中，意见领袖起着非常重要的过滤作用或中介作用。意见领袖将相关消息扩散给受众，在网络上形成信息传递的两级传播作用。很多大学生通过微博方式找到了自己的老师、同学，在微博中互相关注，从某种程度来说，这种方式的确扩宽了大学生的人际交往关系，但是也扩宽了大学生接收信息的渠道。在网络信息传播的过程中，那些粉丝较多信息被转发次数多的微博博主，他们其实就是意见领袖，意见领袖对网络舆论有着超强的影响力。

第七章 新时代思想政治教育工作的协同育人

第一节 高校思政工作协同育人的理论基础

一、马克思主义合力思想

在整个马克思关于资本主义和无产阶级革命研究以及著作撰写的过程中，并没有明确提出过"合力"这一说法，也没有使用过"合力"这一概念。马克思在论述社会资料的生产时，指出"受分工制约的不同个人的共同活动产生了一种社会力量，即成倍增长的生产力"[①]。在《资本论》中对此解释道："通过协作提高了个人生产力，而且是创造了一种生产力，这种生产力本身必然是集体力"[②]。也就是说，分工合作所产生的合力最终转化为集体力。并且在马克思看来，单个劳动者劳作力量的简单叠加与多个劳动者在同一时间共同从事同一劳动所达到的效果存在本质差异。也就是说，分工合作所创造的效果和价值是单个劳动者经过很长的劳作时间、很大的劳动强度依然很难实现的。在全社会的分工合作中，扮演着决定性作用的是"同一"，"同一"是一种社会属性，可以理解为多个劳动者之间有共同的利益需求和合作愿望。基于"同一"，不同劳动者之间才能实现有计划、有组织的协同劳动，完成生产的既定目标。如何才算是有计划？这要求不同劳动者在共同目标和共同利益的驱动下，有意识、有目的、主动性地开发利用资源，通过协调各自的工作内容、劳作时间、劳动强度，提升组织内部功能与结构的协调性、有序性、系统性，从而形成整体性的有效凝聚力和创造力。协作不仅使个人生产效率和能力有了明显提升，重要的是创造了新的生产力，改变了社会整体的发展方向和规模。

马克思在物质资料生产和恩格斯在社会历史发展的分析中有关"集体力""合力"的论述和阐发，对思想政治工作协同育人具有突出的理论借鉴意义。高校思想政治工作协同育人是一个系统性的复杂工程，其中有人、物、技术、环境、空间、信息的参与和介入，并且思想政治工作系统与周围其他系统也是以相互作用、影响的方式发生着联系，产生思想政治工作合力。因此，要注重思想政治工作协同育人合力的开发，充分挖掘和利用不同层次、不同方面、不同领域、不同环节的育人资源，尤其要深刻把握工作主体、对象、介

---

① 马克思恩格斯选集：第 1 卷 [M]. 北京：人民出版社，2012：165.

② 马克思恩格斯选集：第 2 卷 [M]. 北京：人民出版社，2012：207.

体、环体各要素之间发生相互作用的内在规律和联系，把握他们的"同一性"，使整个高校思想政治工作系统实现有效的要素整合和结构重组，促成各部分要素、各部分力量的有机互动、融合创新、协同发展，形成系统的联动效应和育人合力，致力于高校思想政治工作协同发展。

二、马克思主义人学理论

综观马克思一生浩瀚的理论学说成就，围绕"人"研究而形成的人学理论构成了其中最核心、最关键的部分。关于人的本质问题，马克思作出了清晰而现实的回答，人的本质在其现实性上，是一切社会关系的总和。一个人不可能是虚无和固化的存在，也不可能脱离社会而独自生存，个人以现实个体存在于社会环境中，以这样或那样的方式与他人进行着交往实践，从事着相互联系、相互合作的生产活动，不断创造新的社会关系网络。因此，社会关系构成了人存在的基本前提和发展的根本动力。伴随生产力的发展，社会关系不断更新，人的本质也历史地完善着。每个人的自由发展是一切人的自由发展的条件，共产主义的目的就是实现人的自由全面发展。先要把人从私有制的剥削劳动中解放出来，创造一个生产力发达、物质资料丰富、人性自由的共产主义社会。在这个社会中，每个人获得平等的社会地位和权利，拥有充分的经济自由、政治自由、精神自由、道德自由，可以按自我需要和个性最大限度地发挥才能和力量，从事以个人为目的的劳动活动，实现个人在脑力、体力、物质需要、精神世界、社会关系等各个方面的最大发展。关于人如何实现个人价值这一问题，马克思强调人的价值是通过他所从事的创造性的改造物质世界的现实活动所体现出来的。人正是在发挥能动作用改造外在环境条件，并创造出新的劳动产品满足自身和社会需要的过程中，使自己的价值在对象化产品上获得新的体现和升华的。人实践的过程就是个人价值得到体现的过程，人改造对象的活动就是价值创造活动。实践是人存在和发展的前提，人通过具体的实践活动塑造出有利于自身发展的条件和环境，获得实在的现实基础，才有了人的解放和自由发展以及社会历史的进步。建立在实践这一观点的基础上，马克思提出人的需要不仅源于生物本能，即生存和生活的需求，还产生于人改造和创造社会的实践活动。需要不仅是人的本性，更是人们从事各种劳动实践活动的动力，从而创造出价值产品以满足各种需要。并且人的需要具有"多样性"特点，物质、精神、心理多方面的需要构成了一个复合体，促成了人类行为实践的多样性。

马克思主义人学理论对人的基本问题以及社会关系的剖析，是马克思对原有人学理论进行批判思考的结果，他从实践唯物主义的角度全方位地揭示了人在社会历史进程中的地位和作用。依据马克思主义人学理论的归旨，高校思想政治工作要紧紧围绕"人"这一核心，将大学生的成长和发展置于一切工作的中心，尊重大学生的主体性地位和身心成长规律，重视考察社会关系和社会环境对大学生思想和行为变化的多重影响，创造良好积极的育人环境，关注大学生的个性化发展需求，引导和服务大学生成人成才。同时，思想政治工作者也要注重在实践活动中提升自我能力素养、完善人格、满足需要，实现主客体双方的自我解放和个性发展。除此之外，思想政治工作实施主体要深刻认识到大学生群体正值成长的关键时期，具有学习、科研、实践、交友、娱乐等多方面的需要，因此要善于发挥思想政治工作的主体、环体、介体、客体要素作用，供给大学生需要的内容，促进青年大学生在道德品质、智力创造、兴趣志向、心理素质、人文素养、实践技能、自由个性全方位的成长和发展。

三、协同学理论

协同强调通过系统内部子要素的协调、合作、沟通以及系统内外部的资源整合，形成衔接有序、互动融通、协同合作、目标统一的运转系统，产生系统的叠加效应，达到效果最优。从宏观层级考量，高校思想政治工作协同育人基于若干基础元素的配合和联动构成系统集合，是一种涵盖多个部分、多重要素、多个学科、多个主体的复杂工作组织形式，如果单靠高校一方必定是独木难支。这一大工程有赖于政府、高校、家庭、企业、社会组织等育人主体的参与，依靠多支点、多动力、多方位的组织行为建立合作关系，拓展教学、实践、网络、文化、管理、组织等各育人元素的功能，为大学生创造时间和空间上可持续发展的最大可能。高校通过开展思想政治工作协同培育大学生，即是要在深刻理解协同理论原理概念的前提下，运用综合性思维模式、系统论方法、整体性视角考察思想政治工作过程，将思想政治工作看作一个动态的系统，探求这一庞大系统内各大育人要素、环节、阶段的协同机理和联动规律，摸清影响要素作用发挥的控制性因素，进而采取有效性措施促使各个子系统以良性互动向有序化升级，防止出现各个育人主体"各自为政"和各个环节彼此脱离的情况，促使思想政治工作系统内部形成紧密联系和有序配合，帮助整个系统在资源整合、结构优化、功能重组、系统匹配上实现更为显著的突破，激活系统发展动力，最终真正实现思想政治工作育人效果提升。

第二节 大数据时代高校思政工作协同育人的内涵

大数据技术手段发展日新月异，使高校思想政治工作协同育人呈动态发展过程，其内涵表达也伴随实践发展而不断更新，如何将其内涵变化科学地揭示出来成为研究这一问题的题中之义，也构成了思想政治工作实践创新的基础和前提。研究课题从大数据背景出发进一步审视高校思想政治工作协同育人的目标、原则、特征、价值范畴，尝试对这一工作实践进行深刻的分析和全面的探索，以进一步厘清高校思想政治工作协同育人的内涵体系。

一、大数据时代高校思想政治工作协同育人的目标

（一）落实立德树人根本任务

立德树人是我国高等教育学校的根本使命，直接指明了高校存在和发展的依据，厘定了高校思想政治工作的应有之义，明确了一切思想政治教学与管理工作必须坚持的核心理念和导向。立德树人的对象是正处在青年时期的大学生，其政治认同、民族意识、人生观、价值观、道德观、荣辱观、文化意识均处在不稳定状态之中，并且大学生自律能力、辨别能力较弱，较容易受不良信息误导。在当前日新月异的大数据时代，大量网络数据的庞杂交混、瞬时更新以及多元网络思潮复杂多变、风起云涌，加快了大学生意识和思想变化速度，使大学生自身的主流价值观意识和理想信念极其容易动摇，从而产生价值困惑、心理焦虑、道德认知模糊等问题。对此，高校应紧紧围绕大学生这个中心，将大数据理念和技术融入思想政治工作的各领域、各环节、全过程，重视通过植入大数据思维方法、构建思想政治教育大数据系统、培育掌握大数据应用的教师人才队伍、完善大数据教学保障机制，为大学生供给针对性强、个性化、精准化服务，促进和加强思想政治工作各类育人主体的即时互动、经验共享，根据不同个体学生所喜欢的方式，差异化地利用课堂教学、科研实验、校外实践、生活管理、学生资助、心理服务、情感教育等形式，进一步激发各项育人资源和要素动力活力，协同发挥效用，形成强大的教育合力，引导和帮助大学生德、智、体、美、劳协调发展，培养一批又一批既具有优秀道德品质、健全人格，又具备突出的综合素养、强烈爱国情感、崇高理想信念的青年大学生，为国家建设和民族复兴培育坚实和强大的后备力量，坚决落实立德树人根本任务。

（二）促进大学生的全面发展

马克思历经无产阶级革命的长期实践和经验总结，形成了对"人"的深刻认识，提出"人的全面发展理论"，他认为应当从多重角度来审视人的全面发展问题：人处在复杂社会环境中，需要通过多样化需求的满足、技能的提升、社会关系的稳定、个性的解放实现个人的全面发展。思想政治工作的核心和指向是人，本质上是为人的发展成长提供服务和创造条件，促进人智力、体力、品德、兴趣、才能、素质、心理、社交的均衡发展和全面成长。大数据时代的到来，为实现人在技术支持下智力和思维层面的延伸发展提供了新的机会和可能。大数据与高校思想政治工作的接轨和融合，能够有效利用大数据技术平台信息覆盖范围广、处理迅速、互联共通、即时交流的优势，打造集思想政治工作主体、客体、环体、介体于一体的大数据思想政治工作循环网络，依托人—机器—环境的协同，形成专业课与思政课、理论学习与实践操作、线下学习与在线学习、校内教育与校外引导多向联结、交叉协同，建立全员、全过程、全方位育人链，营造思想政治工作无时不有、无处不在的优良氛围，为大学生成长成才塑造良好的外部环境，由外而内、由浅至深逐步改

造大学生的世界观、人生观、价值观。并且，大数据基于数据整合、数据挖掘、关联分析、用户个性画像，洞悉隐藏在数据背后的大学生思想行为群体与个体规律，动态跟踪每一个大学生个体的学习动态和行为习惯变化并预测其发展走向，帮助教师设计针对性强、个性化强的思想政治工作，实施必要干预、有效引导，最大限度激发每个大学生的内在潜能、学习兴趣，使大学生能够在思想、心理、情感、意识观念和行为各个层面发生积极变化，最终促进个人的全面发展。

（三）构建个性化育人新模式

"个性化教育是尊重个体特殊个性，发掘个体潜力，培养个体独特才能，促进个体自由发展的教育理念和模式"[①]。这一理念和模式适应了大学生自身追求个性化成长的需要，也满足了多元化人才培养的社会需求，一直为我国高等教育所强调和倡导，主导了今后高校大学生思想教育的发展方向和建设目标。人类社会从网络时代到大数据时代的进步和跃升，促进了大数据信息技术、人工智能技术、云计算技术在教育领域的应用与融合，催生了以智能、信息、网络为表征的教育新模式，这为思想政治工作的个性化、精准化发展创造了新的增长极。大数据海量、多样、高速的技术优势，能够对每个大学生个体的课堂行为、生活行为、工作行为、消费行为、阅读行为、娱乐行为、交友行为等多维数据进行实时采集、跟踪与监测，并且对全体样本数据进行即时存储、处理和深度分析，根据每个学生数据集合和海量资源的共享智能生成用户画像和可视化模型，为思想政治工作者的决策生成可供参考的建议，促使教师作出科学决策，针对个别学生的特殊性需求，设计符合每个大学生"口味"的专属学习方案，推荐最适合的学习资源，并根据学习接受力和内容偏好的不同适度调整教学内容，实现"内容个性化"。同时，以大数据为依托的思想政治工作平台可根据大学生个体道德水平、知识结构、学习进度、学习规律、学习特点、学习风格、学习需求的互异，采取差异化的教学方法、模式，安排合理的教学进度，实现"过程个性化"，从而最大限度挖掘每个大学生在知识学习、科研实验、学生工作、社会实践、文体特长等方面的潜在优势。与此同时，大数据根据大学生智力、品德、心理、思想等方面的数据变化实时反馈学生个体的受教育效果，找出影响教育教学的问题原因，推动教育实施者改进教学方案，从而达到"效果个性化"。这样，大数据运用于思想政治工作旨在从内容到形式、从主体到客体、从教学过程开始到结束构建起一整套科学、完整、可行的个性化育人实践运行模式，真正实现更加符合人性和人的发展规律的个性化服务。

（四）满足社会主义建设需要

中国特色社会主义发展进入新时代，构成了我国社会主义经济、政治、文化、社会、生态建设新的历史方位和时代坐标。在新的时代背景下，社会主义建设既赢得了崭新的机遇，也面临着更复杂的形势、更高的要求、更艰巨的任务。青年大学生是社会主

---

① 郑永廷. 思想政治教育学原理 [M]. 北京：高等教育出版社，2016：176.

义建设的新生力量，肩负着实现两个一百年伟大中国梦的社会责任和历史使命。因此，高校应当全面认识思想政治工作的重要性和必要性，要坚定不移落细落实大学生思想教育引导工作，用大数据对思想政治工作的内容、形式、手段进行技术改造和置换，优化内容供给，改良工作载体，丰富方式方法，打造协同格局，促进马克思主义理论、社会主义主流价值、科学文化知识在青年大学生中的分众、分度、分层传播，着力培养大学生为社会主义建设奉献青春的初心和抱负，提升大学生的思想道德素质和科学文化素质，为社会主义革命、建设、改革伟大事业推进培育优秀的后备力量。同时，要增强思想政治工作的与时俱进性和生命力，做活、做深、做实思想政治工作，用精准有效的思想政治工作为我国社会主义长远发展、健康发展保驾护航，发挥思想政治工作在经济发展、政治稳定、文化传承、生态治理、党的建设、国民价值塑造中的思想指引和精神鼓舞作用，以适应新时代历史坐标下我国全方位建设的实践需要，解决人们思想价值观念与国家经济发展水平不相匹配的矛盾。

（五）推动国家教育事业发展

当前，我国经济、政治、文化等各个领域的建设紧跟新时代的步伐，正在稳步迈入新阶段，国家一流高校、一流学科建设战略规划为我国高等教育的新发展创造了契机。在这一新形势下，高等教育作为人才培养工作的关键环节和把关阶段，应当如何因时、因势、因事改革，以取得新突破、开创新局面，是一个需要深刻思考和迫切解决的重大理论与现实问题。根据党和国家对人才建设与高等教育改革的指示，紧紧围绕人才培养中心任务，着力推动思想政治工作协同育人理念、思路、手段、载体、基层工作、评价机制的系统创新，激活思想政治工作协同系统的内生动力，推动思想政治工作与学校教书育人、科学科研、党建团建、社会服务、文化传承与创新等工作有机协同，提升思想政治工作与其他工作的协同育人效果，这将极大推动我国教育事业发展。主要体现在：其一，推进素质教育发展。目前部分高校思想政治工作中还存在着重理论与考试、轻实践与应用、信息技术手段应用不足等现象，导致一些思想政治工作者在教育教学实践过程中忽视了学生的个性培养和素质教育，"素质教育"浮在空中并未落地。将大数据融入高校思想政治工作协同育人，将使思想政治教育者从大数据思维重新审视自身的育人理念和方式，围绕"学生素质教育"有意识地创新工作思维、完善管理服务、协同育人资源、设计针对性课程、提升决策科学性等，形成最优育人方案，最大化提升学生的综合素质。其二，完善人才培养体系。依托互联网络平台、大数据门户的连通机制，实现思想政治工作和其他各项教学工作、管理工作、科研工作、实践工作、宣传工作、党建工作、贫困助学工作的融合和衔接，共建、共享大数据思政工作协同网络，将有利于打造课程、科研、实践、文化、网络、心理、管理、服务、资助、组织等多种育人要素组成的全方位、多环节、链条式的育人网络，完善高等教育复合型人才培养体系。其三，提升教育现代化水平。在大数据的支撑下，赋予思想政治工作以技术活力，旨在加快思想政治工作从网络思政到精准思政、智慧思政的内在式创新，推动协同育人信息化实践深入发展，建构集学生知识教育、能力培养、素质提升、价值引领、道德塑造为一体的现代化新型育人模式，提升育人质量，加速高等教育肌体式改革、内涵式发展、系统性创新，提高教育现代化发展速度和水平。

二、大数据时代高校思想政治工作协同育人的原则

（一）方向性原则

我国思想政治工作具有为社会主义服务的性质，且协同育人育的是社会主义人才，因此必须坚持社会主义方向。首先，要坚持社会主义的指导思想。高校思想政治工作一切决策的制定与实施、一切教育实践的开展与改进，都必须高举社会主义伟大旗帜，以无产阶级理论和成果作为工作的重要指南，将马克思主义及其中国化理论成果作为当前高校人才培养工作的科学指导，尤其在复杂的大数据背景下，更要把思政工作的重要指示摆在首位，坚决落实好为社会主义办学服务的要求。其次，要实现社会主义的目标。思想政治工作要围绕社会主义现代化的伟大建设目标，牢牢把握党在社会主义初级阶段的路线、方针、纲领，为社会主义的长远发展提供思想保证和造就后备力量，培育一代代合格乃至优秀的建设者和接班人，鼓励他们用实干服务社会主义建设。最后，要突出社会主义的特色。在思想政治工作内容设计、方法运用、具体实施、评价反馈等环节中突出社会主义特色，善于运用马克思主义的世界观和方法论对大学生进行世界观、人生观、价值观、道德观、文化观、民族观、政治观教育，引导当代大学生认同和树立共产主义远大理想以及中国特色社会主义共同理想，将国家政策方针、重大发展战略、建设目标研究好、宣传好，强化大学生的爱国主义、爱社会主义、爱党意识，以社会主义的科学理论和思想体系引领大学生的思想认知和价值形成，规范其行为实践。

（二）人本性原则

大数据为思想政治工作赋能，价值旨归在于"人"，关键在于用算法和机器挖掘数据隐藏的各种衍生价值和潜在价值，为思想政治工作服务，为人的各项成长需求助力。坚持"以人为本"，把人本性确立为基本原则不仅是发挥大数据技术价值理性的应有之义，更是凸显思想政治工作协同育人本质的实然之举。这首先体现在工作理念上尊重大学生的主体地位。思想政治工作的实施主体应当将大学生作为一切教育行动的出发点和落脚点，将大学生成长的内在规律和发展需求作为实施教育改造的依据，在育人价值目的上、思想观念上、方法手段上、机制制度上坚持人本位取向，体现人性化特色，主动关心、爱护、帮助大学生，解决个人世界观、价值观、人生观方面的疑惑，在思想政治工作的过程中尊重教育对象的自主权和选择权，注重挖掘大学生的独立性、主动性、积极性、创造性，丰富大学生自由个性的丰富内涵，彰显大学生的主体人格。其次工作要着眼于大学生的需求。大学生的需求满足是大数据思想政治工作的重要驱动，也是目的之一。注重从数据挖掘、

数据跨界、数据碰撞中研究大学生的需求变化规律特点，以使教育主体对学生内在需求做到精准的理解、预判、供给，从多种渠道、用多种方式发挥各大育人要素的集成效应，满足大学生物质层面、精神享受、人格层面、社会尊重、交友学习、自我实现层面等多元需求，引导受教育者自我调节、自我教育、自我完善，使大学生在知识、情感、意志、品质、个性的潜能都能得到发挥。最后，在工作方法途径上要彰显情感温度。传统的说教、灌输不仅缺乏情感温度，还大大降低了思想政治教育效果，引起学生的排斥和反感。运用大数据分析真正直观透视大学生的内心世界，了解学生生活学习实际，使教育者有意识地将生硬呆板的理论条文转化为鲜活的图片、动画、表情、视频以迎合青年大学生的偏好，鼓励学生通过各类方式亲身体验、用心感悟、发展个性，协同其他力量参与共同建构家庭、社会、高校"三位一体"育人格局，用家人的关爱、社会的温暖、师长的引导感动、感染大学生，使思想政治工作的主体与大学生心心相容、情意共通，真正用情感育人、情感化人、情感成人。

（三）个性化原则

大数据推动着思想政治教育向可量化、可视化、实证性和精准化的方向发展，为个体的个性化追求提供了从理想构图向现实转向的可能性，让思想政治工作者能够更精准地发现大学生的个性专长，因材施教，精准调适，设计针对性的教育计划。首先体现在教育内容的精准性。利用大数据技术中的开放性、个性化、互动性、可选择性的特点，建立自主学习倾向"云课堂"，采集学生学习结果和方式大数据，以数据建模和用户画像直观透视群体学生共性学习规律和个体特征，并对大学生需求变化实时精准跟踪和科学预测，将其中有价值的信息反馈给教育者，让教育者清楚地了解受教育者的个人学习情况，按照大学生差异化的学习路径建设智慧学习路网，深化思想政治教育供给侧改革，供给学生个体专门化、针对性的教育内容，提升思想政治工作效果。这样，大数据在思想政治工作协同育人中的应用不仅在扁平方向实现了对教育对象目标样本的全覆盖，而且能够在大学生个体的纵深发展上实现精准化的挖掘，使思想政治工作的内容供给合学生之需，应学生之求。其次体现在教育方法的差异化。思想政治工作为了贯彻和实现特定目标在实践中需借助一定的方法，传统"千人一面"式工作方法固化了思想政治工作育人模式，教授内容与学生需要的适应性不足，反倒形成对教育对象的成长禁锢。大数据时代差异化定制成为主攻方向，大数据能够从数据中发现教育对象行为特征、成长目标呈现出的复杂化、多样化、互异化、层次性特征，以差异化思维意识强化对学生个体的关注和重视，对个别大学生具体教育问题做到具体分析，从而帮助教育者有区别采用灌输、劝说、引导、启发、实践锻炼、榜样示范、自我教育、形象演示等方法，增强育人方法和机制对个体的适应性，让大学生自然、欣然接受教育者的引导，把思想政治工作做到大学生的心坎上，对其心理和思想产生直接和深刻的影响。最后体现在教育目标的针对性。高校思想政治工作协同育人的目标是培植德才双优、能担负开拓伟大梦想和建设伟大事业使命的优秀人才。但是，不同大学生有不同的能力优势和性格特征，应当在培育目标上体现差异性。大数据基于对不同学生在心理素质、情感思想、价值态度的统一性承认，从个别化对象数据析出不同学生个体先天优势能力、学科背景、学校特色、专业特长、学习程度的差异，为教师提供如何制定学习目标、架构内容体系、设置考核目标和评价标准的数据参考框架，使教育目标更加契合不同阶段大学生的情感、价值、心理和行为的需要，从而促进每个大学生的个性成长。

（四）时代性原则

时代性原则是指高校思想政治工作协同育人要反映时代变化、契合时代背景、紧跟时代潮流、适应时代形势，根据时代和社会的发展不断作出调适和改变，与当下的现实环境和社会氛围相融合。思想政治工作协同育人的时代性首先体现在对时代背景的契合上。大数据时代构成了当下最鲜明的时代背景，并且伴随大数据、云计算、人工智能技术的迭代升级，大数据时代正在朝向更高级的阶段过渡和转化，出现了智能化的形态发展趋向。推进思想政治工作协同育人发展应当正确认识大数据时代的必然性和重要性，以大数据时代为重要遵循，抓住大数据时代这一难得的发展机遇，科学、合理、谨慎运用大数据创新、改造方法手段，体现工作的时代感。其次体现在对时代问题的把握。大数据时代的思想政治工作协同育人要紧紧围绕"立德树人"大任和培育时代新人的重大使命，结合新时代背景下出现的新变化、新要求，精准把握当前高校育人过程中在主体、观念、机制、载体、效果方面存在的新问题、新矛盾，进而施以有效措施进行破解。最后，思想政治工作协同育人时代性体现在对前沿技术的追踪上。步入大数据时代，大学生活动的一举一动乃至思考想象皆以数据呈现，数字化表征揭示了大学生的真实自我，教育主体基于因果关系考量和经验直觉而形成的教育决策可能并不具有相当的可靠性。大数据超算、大存储、云计算、深度学习实现了大数据思政工作的技术突破，不仅驱动思想政治工作内在机理对容错思维、全样思维和相关思维一定程度的认同性接纳，更在研究视阈、信息化分析方法、智慧化育人载体、一体化服务平台、科学化反馈与评价机制等方面变革思想政治工作，从内里和外显双重维度建构大数据思政新模式，重视网络育人、数据育人，以思维和技术的同步创新增强高校思想政治工作的时代性、生命力、感染力，提升高校协同育人的精准性、人文性、实效性。

（五）科学性原则

在遵循思想政治工作一般规律的基础上，运用大数据和协同领域的理论和方法对过程中出现的问题进行思考、分析和解决，援引出科学结论，以此凸显思想政治工作科学内涵和科学价值，是大数据时代高校思想政治工作协同育人的基本指向，其科学性主要体现在对"三大规律"的遵循上。首先要遵循思想政治工作规律。思想政治工作协同育人要坚持社会主义办学方向，以党的坚强领导作为有力保证，围绕立德树人任务，加强理想信念教育，用马克思主义的科学世界观和方法论引导教育大学生，用中国特色社会主义理论体系铸魂育人，提升大学生的理论自信；要以思想政治工作论述和教育思想为科学指南，用科学性、真理性的理论为思想政治工作提供指导实践，为大学生成长成才奠定牢固的思想基础，用社会主义核心价值观增强大学生价值自信和价值认同。其次要遵循教书育人规律。高校不仅是传播科学知识的高地，更是育人的摇篮，其第一层次的任务是教书，更高层次的目标则是育人。高校思想政治工作要用好课堂教学主渠道，深耕思想政治理论课，其他各门课程要"守好渠""种好田"，形成协同效应，促进教书与育人协同一体，做好知识传授与思想培育、价值引领、品德塑造的统一。同时善于利用校园文化、社会实践、科研实验的育人要素，让大学生在文化熏陶下、亲历体验中、科研训练中受启发、长才干、提素养。最后要遵循学生成长规律。大学生属于独立意识强、自我意识强、个性诉求鲜明的一代，且价值观和情感心理尚未成熟。大数据时代下的高校思想教育要形成科学工作观念，营造平等互动、民主讨论的学习氛围，尊重学生的主体个性差异，善于运用大数据科学的思维、方法、技术手段分析大学生心理行为变化规律和研判学生思想变化动向，回应大学生需求关切，多采用引导式、体验式、互动式、鼓励式的方法对学生进行思想教育，将思想政治工作价值性的内容讲得"有意思""有韵味""有温度"，让学生听得懂、喜欢听，用社会主义正能量的传播和宣扬引领大学生身心和人格健康发展。

（六）系统性原则

高校思想政治工作协同育人是一个由多个主体、多门课程、多项制度、多种资源、多元载体共同融入，按照特定的方式和规律组成并运行的复杂系统。要实现系统效能最优化，必须基于系统观念、系统思维考察对象，以系统的方法分析和处理矛盾，站在全局，考虑整体。首先体现在树立系统思维和全局观念上。把思想政治工作协同育人看成是一个系统工程和有机整体，把其中涉及的思想政治工作主体、对象、信息、载体、制度、平台等各个要素看作组成系统不可缺少的独立部分。在开展思想政治工作的过程中，要以协同育人全局观念作为指导，从全局和整体上分析问题、考量问题、解决问题，着眼于思想政治工作的整体效果和整体发展，从政治上、组织上、思想上、技术上统筹兼顾。其次要协调好要素之间的关系。协同育人涵盖多个要素和部分，这些要素和部分关系着系统功能的实现、效益的集合以及系统发展。思想政治工作应当统筹协调好育人系统中主体、客体、环体、介体之间的比例关系，使教师、大学生、家长、大数据技术平台、思想政治教育信息、思想政治教育环境之间能达到结构上的平衡，从而按照适度的比例关系共生共存，使思想政治工作组织、课程体系、运行机制、管理制度、政工队伍要素的整合能够形成彼此合作、平衡、依存的科学模式，尤其各门课程要基于本门课程的性质和任务，合理规划各门课程在教学内容上的侧重点，凸显内容的专业性和思想教育性，促成教学合力，提升系统效益。最后，要协调好部分与整体之间的关系。思想政治工作协同育人的每个要素和环节都是构成系统的关键部分，任何一部分的缺失和欠佳都会影响系统的发展，系统的推进也会带动每个部分的发展。因此，思想政治工作平衡好部分与整体之间的关系，依据特定环境和条件构建整体与部分制约、依存的协调关系，既要发展要素，也要致力于整体最优，使高校思想政治工作稳步向前发展。

三、大数据时代高校思想政治工作协同育人的特征

（一）主体的多元性

"全员育人"是党中央对新形势下高校思想政治工作育人机制新探索提出的重要思路，是加快形成协同育人格局的重要一环，它是指不同思想政治工作主体基于一致目标协同塑造大学生价值信念、引导大学生政治培育、疏导大学生心理隐忧、铺垫大学生成才之路、供给大学生情感关怀，以促进大学生的成长进步。承担思想政治工作组织、发动、实施和监督等功能与义务的人，构成了思想政治工作活动的主要能动性因素，这其中包括专职教师、学生工作队伍、党团组织、家庭、企业、社会等多个主体。教师是开展思想政治工作的主要队伍，是协同育人的主体力量，承担着课程育人的主要职责。高校各门课程都具有育人功能，每一位教师都负有育人使命和职责。不管是思想政治理论课教师还是专业课教师，人文社科教师还是理工科教师，都负有学生思想政治工作的重要责任，应当将学生的思想道德教育融入课程学习、科研训练、职业指导等任务中，通过不同形式和多元化的内容对大学生施加影响，要在大学生的政治观、文化观、价值观和思想认知层面留下深刻印记。学生工作队伍作为学生日常生活和学习管理工作的组织、实施与监督者，也承担着学生思想行为教育的职责。学工队伍主要包括辅导员教师、学校管理部门教师，这些教师通过党建团建、主题教育活动、心理辅导、生活管理，真心关切、关心、爱护学生，帮助解决学生在成长过程中的疑惑和难题，做学生情感生活的知心人和成长进步的引路人。党团组织是大学生成长成才的重要环境和载体，也是协同育人的重要力量。家庭、企业、社会组织以及各种爱国主义教育基地对大学生的世界观、人生观、价值观的形成具有潜移默化的影响，是大学生思想政治工作的重要载体。

（二）对象的复杂性

思想政治工作协同育人的直接对象是"人"，是正处在成长关键期和思想敏感期的大学生，他们思维活跃、行为多样、辨别意识能力较差，对于人生价值和外在世界的认知尚未定型，在思想和行为层面都呈现出极高的复杂性。思想政治工作对象复杂性体现在两个方面，一方面是大学生的思想和行为变化快。高校大学生处在刚刚成年、青春懵懂的年龄阶段，其思想价值观、人生观、世界观都处于不稳定状态，其心理想法、思想倾向以及行为选择都极易受外界环境的影响而产生改变。另一方面，对象复杂性还体现在大学生思想和行为的矛盾突出。伴随社会主义改革的深入和网络应用的全球普及，社会环境和社会舆论变得更加复杂多变，一些错误思潮和信息舆论迷惑了不少大学生，使他们对正确价值

观的群体认同和内在认同有所削弱，这就导致大学生群体中出现理性思考和关注现实的意识弱化、政治信仰模糊、民族认同降低、疏离传统道德甚至仇视社会、心态浮躁等问题。一些大学生在面临价值判断和道德选择时，常常疑惑重重；面对理想信念的奋斗时，常常意志不坚；面对集体利益与个人利益、当前利益与长远利益的协调时，常常认识不清。他们在思想和思维上的彷徨、困惑最终表现为行为矛盾，衍生出行为出格、错乱、攻击等问题。大学生思想和行为统一性的缺乏，加大了思想政治工作协同育人的难度。

（三）方法的精准性

大数据时代，师生思想和行为以及思想政治工作的内容、方法、效果皆数据化了，数据被广泛应用于高校教育的各个领域，使思想政治工作的方法实现了向非线性、信息化、精准化转变。大数据以采集、存储、分析和应用等环节构建一体化链条，其中大数据采集、分析、应用是实现大数据价值转化的核心步骤，也是体现大数据方法精准化的重要环节。大数据采集是大数据时代思想政治工作精准化方法的首要环节，奠定了大数据建模、分析的物质基础。在大数据的支撑下，可以借助学校教务系统、学生信息门户、校园一卡通、学习软件（云班课、易班）、社交平台、视频监控中心等一体化系统，以离线采集、在线采集、互联网采集等模式实现学生数据采集动态化，对数以万计大学生的课堂出勤、图书馆借阅、食堂消费、归寝情况、运动锻炼、社会交往、社会实践等多维数据和指标以及他们在网络上留下的文字、音频、视频、表情数据进行全面采集、记录、监测，汇聚形成强大数据流，构建个人用户元数据库。大数据分析建立在统计学学理基础和机器学习技术支撑下，通过算法编程预先设计数据分析方式，从而实现数据的自主记忆与识别、智能分类与存储、超级运算、深度分析，刻画每个学生相关性动态轨迹并输出形成共性词条，从庞杂的数据中析出大学生的行为偏好和习惯、学情考情、就业偏好、心理意向，构建具象化、可视化学生用户画像、模型、图表。同时大数据可以监测高校舆情危机，分析舆情产生源头，科学研判其演变动态，及时启动预防和应急处理机制。大数据应用是数据发声、创造价值的过程，这一过程体现在大数据结合不同的环境和目的，告诉教育者什么样的决策是科学的，如何实施才能降低教学管理过程中的风险和成本。对于学生而言，大数据为每个学生生成个性化、精准化成长方案，提升学习推送精准度，使思想政治工作内容精准对接大学生的情感需要、价值需要、心理需要、学习需要。

（四）资源的共享性

大数据是一种资源，也是一种价值，只有推动资源开放共享，才能释放价值倍数效应。大数据时代高校思想政治工作资源具有共享性特征，体现在资源的跨群体、时间、空间的流动、传输、共用。其一，资源的跨群体共享。高校思想政治工作要实现协同育人必然要打破高校与其他主体之间的壁垒，依托网络建立沟通渠道和开放的大数据交流平台，这些渠道和平台在扩大高校思想政治工作协同育人资源来源、提升资源配置效率和服务水平的同时也成为"联系主客体的一种物质形式"，促使不同主体在数据这一载体的连接下结成相互关系，加速师生之间、各学院和部门之间，以及高校与家长、社会组织、政府部门、企业之间的信息交流、数据分享、跨界合作步伐，打破数据垄断，使数据资源在不同群体之间的流动过程中，其价值被充分发掘和精准运用，从而为高校思想政治工作服务。其二，资源的跨时域共享。大数据时代每个大学生的学习行为、消费行为、社交行为、运动行为皆以数据形式爆炸式叠加、增长，形成思想政治工作数据资源，这些资源依托手机、平板、校园网站、微博、微信、QQ等多种介质组建的庞大传输网络，实现即时传输、分享、获取，彻底改变了传统教育时代下思想政治工作资源共享不及时的弊端，使高校思想政治工作者可以在第一时间获取最新信息，从而及时调整教育决策和方案。其三，资源的跨区域共享。数据驱动的资源共享平台成了高校思想政治工作协同育人的重要基础设施，这一平台基于区域精准定位、自主整合区域内的有效资源，打破空间物理条件对数据流通和共享限制，突破区域壁垒，形成开放、互联、共通的网络空间环境，促进区域内的课程、科研、实践、文化、网络、心理、管理、服务、资助、组织资源融合、有机一体，推动育人主体共建、共享数据信息网络，发挥出大数据信息资源多重效益和价值，融合多种教育力量，完善协同育人模式。

（五）机制的互通性

机制是指系统内部机理和相互作用、对话交流的关系，是系统内部结构优化和功能发挥的关键性要素。互联网背景下的大数据具有整体性、开放性、互动性，连接了万物互联的世界，打破了思想政治工作系统的孤立封闭，加之思想政治工作协同育人机制的建立，连接起了主体之间、线上线下、课上课下的整体网络和层级体系，形成相互贯通的思想政治工作教育链，使校内各部门和各育人主体实现即时性的信息获取、传递、交换，缩短了认知事物的时空距离，实现各个方面的工作同步进行；更密切了协同育人系统要素的内部关系，避免形成"分力"和"壁垒"，真正形成协同效应。协同育人机制包括管理机制、工作机制、激励机制、保障机制。管理机制主要对思想政治工作协同育人的组织领导、规划决策、实施环节、反馈总结等环节进行科学性的指导和规范性的约束，确保育人内容和手段实施既符合党和国家的要求，更适应学生接受能力水平。工作机制是协同育人主体工作衔接流程和协同育人任务实施的制度化方法和规范要求，确保思想政治工作各个环节有序进行、衔接顺畅、目标协同，实现思想政治工作知识传授、价值引领和能力培养的有机统一。激励机制为高校思想政治工作协同育人提供科学导向和积极动力，运用物质、精神或其他激励形式激发教师育人的主动性，培养学生积极向上的内在动力。保障机制为高校思想政治工作协同育人真正落细落实提供物质保障，是高校育人必不可少的基础之一。协同育人各大机制遵循的理念相契、实施的对象相同、作用的机理相似、内在的规律相通、实现的目标相近，具有相互衔接、相互联系、相互促进的关系，构成了高校思想政治工作协同育人的完整链条和长效机制。在高校思想政治工作协同育人实际过程中，管理机制、工作机制、激励机制、保障机制既各负其责又有机统一、既齐头并进又相互协作，协调高校思想政治工作各大主体、各类要素关系，形成协同运作效应，共同发力。

（六）路径的聚合性

聚合是指单个的事物或元素以某种方式从离散到集中状态转变的过程，而高校思想政治工作协同育人的路径运作即是校内校外、线上线下各项育人是以大学生为核心通过协同方式实现作用力聚合的过程。大数据背景下，高校积极推动人才培养工作与技术接轨，改变了物理技术支撑下的思想政治工作信息传播、资源获取、人际合作的机制和方式，即改变了高校育人的路径。对于大学生个体而言，需要接触多个客体对象，如教师、家长、社会人员等，接收来自多方面的信息资源，以掌握个体成长所必需的多个学科门类的知识技能素养，从而获得全面发展。然而，教师、家庭、社会、企业等主体地理位置布局的分散性以及思维的封闭性却制约了协同育人模式的形成。基于协同育人视野观察高校思想政治工作，其路径呈现为高校、家庭、政府、社会、企业等主体围绕"人"这一核心，以物质合作、技术合作、信息合作、人员合作的方式，实现思想政治教育资源的聚合和集中，而不是传统的"单兵作战""各自为政"。基于开放、互动、自由的思想政治工作空间和大数据一体化平台网络，打造完善成熟的高校体系化、全方位、全天候育人网络，构建有机互动、双向"互哺"的教育合作机制，各大育人主体以大学生为聚合中心点，教师、家长、社会群体等从育人空间中的多个定点协同发力，构建开放式、互动式、双向式、协同式的工作关系和样态，共同合作、共同参与，形成高校、家庭、政府、社会、企业合力育人格局，协同开发各类育人要素资源，在育人路径的选择、资源的供给、数据源参考上与大学生现实培养目标、个性需求相互匹配，使各大主体有针对性发挥各类资源价值协同效应，共同致力于大学生的个性化成长和发展，在大学生思想、心理、情感、道德观、价值观、文化观等方面的变化中彰显思想政治工作的价值。

四、大数据时代高校思想政治工作协同育人的价值

（一）提高思想政治工作资源的共享性

大数据和互联网以其技术的耦合共同创设了一个信息瞬时流动、共享的虚实交互空间，在意义和价值的建构中，体现了一个自由交流、众人奉献、共同参与的过程。不仅如此，大数据提供内驱动力、基础设施、技术服务等，推动高校思想政治工作协同育人资源共享体系的完善，提高资源共享性。其一，有利于完善资源共享载体。大数据时代高校思想政治工作协同育人建设要求推动了相关网络技术载体的开发与应用，加速了大数据、微媒体、云计算、人工智能等信息科学技术与育人工作的融合，一系列新媒体、新技术营造了思想政治工作信息传播的良好生态，为教师和大学生的知识获取、信息搜集、互动交流提供了平台，也为思想政治工作资源共享供给了多元化载体。其二，有利于加速资源共享

过程。"大数据时代教学资源的跨群体、时间、空间分享，创造了资源共享的加速度。"[①]高校通过建构以智慧校园、学生信息门户、教务等为一体的服务系统，对学生个人基本信息、学习信息、生活信息、思想和心理信息、毕业信息、就业信息实施一体化采集、整合、管理。同时利用校内网络平台建立招生、就业、教学、学工、后勤保障等部门之间、学校和学院之间、各二级学院之间的资源服务关系，能够加快资源在思想政治工作过程中的共建共享过程，扩大数据资源被高校思想政治工作主体获取、选择、应用的速度和效率，推动思想政治工作主体之间达成业务配合。其三，有利于提升资源共享价值。思想政治工作数据资源在被应用前，按照内部特定程序和有序结构进行清洗筛选、分类重组、管理扩展，然后安全存储在不同序列和类型的数据库，被确立为价值性资源。同一类型的数据可以根据不同目的被应用到不同情境中，分析出大学生群体和个体不同类别的特殊性需求，从而均衡配置资源，为其推送选课、考试、选房、图书借阅、就业实习、毕业推荐、自习室预约、学生兼职、考研报名等相关资源服务，提升资源配置对思想政治工作客体的自适应能力和服务能力，精准对接客体需求，进一步提升用户体验，使资源共享价值获得更充分的发挥。

（二）强化思想政治工作服务的针对性

传统模式下的高校思想政治工作囿于信息工具以及采集、记录、存储、流通技术的限制，思想政治工作只能依托于课堂出勤、作业考试、局部调查、随机采样、个别访谈等方式反馈出学生存在的思想问题，从而提供相应服务。但是一些"表面现象"和教师的主观臆断导致部分高校思想政治工作方法走向了模式化，其供给的内容缺乏针对性和吸引力，弱化了思想政治工作服务能力。服务针对性对于大学生个性成长具有关键作用，是展示高校思想政治工作协同育人能力的窗口。因此，应当在协同育人理念、方法、路径、细节、效果评判等环节体现出针对性，针对个别群体、个别问题、个别需求供给服务。首先，大数据精准研判学生需求，提供针对性服务内容。大数据"样本＝总体"的数据模式能够使思想政治工作数据样本从个体转变为全体，数据规模从小部分转变为海量，数据类型从一方面转变为全方面、多层次，创造了高校思想政治工作全体样本和所有数据的量化分析方式，透过大学生学、吃、穿、住、行多维数据的挖掘、分析、清洗、建模，发掘信息数据背后的隐藏信息，剖析学生的特殊需求和个性差异，精确定位大学生的需求层次，预测大学生思想和行为动向，有针对性地为不同大学生提供思想引导、政治教育、心理疏导、情感感化等服务，满足学生在成长发展过程中的需要和期待。其次，大数据敏锐感知大学生思想行为问题，提供针对性对策。大数据系统掌握样本全部数据，能够研判大学生对象的一般性发展规律和动态曲线，一旦出现细微"差错"，便立即启动危险预警机制，快速诊断学生在思想、心理、身体、行为方面可能出现的异常问题，帮助思想政治工作育人主体深入了解学生疑惑困惑，主动关心学生内心真实想法，提供人性、温暖、个性的关

怀引导服务，帮助大学生解决困惑难题。最后，大数据真实评价育人效果，提供针对性改进方案。思想政治工作大数据评价基于数据化多维评判标准，科学、客观评价育人效果，检视思想政治工作存在问题，将思想政治工作效果评判从经验式、主观式总结转向技术驱动下的客观反馈，从细微数据深入剖视大学生思想教育问题的根源，自主建构有针对性的改进方案，进而提高大学生对思想政治工作服务的满意度。

（三）增强思想政治工作育人的实效性

"浇花浇根，育人育心"，思想政治工作如何能够深入大学生的内心，育好大学生，这是叩响大数据时代高校思想政治工作协同育人的关键一问。大数据时代下，数据科学在高校思想政治工作教学、实践、管理、服务、资助、文化等领域的功能应用，有利于加快构建全员、全过程、全方位育人网络，打造技术生态下大数据智慧协同育人新模式，切实增强育人实效。首先，大数据有利于定制个性培养计划。依托智慧校园、师生信息门户、学生工作大数据平台对学生数据的采集分析，绘制大学生个人和群体"画像"，为大学生定制精准资助、学业预警、成长推荐、毕业分析等多维学习菜单，并根据数据实时更新情况即时调整培养计划，同时为教师提供学生培养工作的多维度参考建议，帮助其完善教学内容和改进教学活动。其次，大数据助推"隐性资助"。大数据"一站式"信息系统从学生一卡通消费、图书馆进出、在外兼职、勤工助学、恩格尔系数等数据指标的清晰量化中"见微知著"，根据其困难情况给予生活补助、助学金资助甚至减免学费书费等帮助，提供勤工助学、助管、助教、助研岗位，做到应助尽助，形成大数据思政资助育人体系。最后，大数据转教学模式"漫灌"为"滴灌"。高校大学生群体规模庞大、个性多元，怎样才能尽可能关注和满足每一个学生的需求？应运用大数据强大的洞察发现力、分析挖掘力研究大学生三观形成的原因、条件和规律，在课程思维、课程内容、课程方法、考察方式、学情反馈上做到"精准滴灌""量身定制"，为每个大学生提供不一样的教育方案，提升思想政治工作人文关怀，构建起有智慧、有温度、有趣味、有内涵的精准思政育人体系，促进大学生主体知识提升、价值培育、能力进步的有机统一和全面协调。

（四）提升高校学科发展的协调性

思想政治理论课侧重于对理论知识的阐释与传播，是学生思想道德培育和价值观塑造的主渠道，其他各门课程也都负有立德树人的使命和责任。大数据下高校思想政治工作协同育人要求不仅要发挥思想政治理论课的第一课程作用，更要深挖哲学社会课程、心理教育课程、通识课程、专业课程、艺术课程、信息技术课程中蕴含的思政元素，发挥其在大学生思想道德教育方面的作用，使其他各门课程和思想政治理论课同频共振、同向同行，这样能有效推进其他课程与思政课在价值功能上的协同，促进学科之间的协调发展。长期以来，部分高校还存在重理轻文的现象，学科建设发展规划过于强调专业特色，注重培养大学生的专业理论素养和实践技能，却忽视了本学科的德育感化、人格塑造作用。强化高校思想政治工作协同育人，推进课程思政建设，秉承"课程承载思政"和"思政寓于课程"的理念，针对"立德树人"人才培养目标和学生思想行为规律完善学科培养方案、结构设计、课程体系、内容编排、授课计划、教学方法，有意识嵌入思想道德教育要素，让公共通识课程和其他专业课程教育体现出"思政味"，增强其他哲学社会学科、管理学科、艺术学科、理工学科的育人内涵。在"课程思政"要求下，高校进一步形成科学的学科发展理念，着重在优势打造、实践项目、科研立项、资源配置、人才培养方面更好地与大学生思想政治教育任务衔接，用学科专业理论丰富大学生知识储备的同时，又发挥课程的德育价值，促进学科专业性与思想性、理论性和实践性、知识性和价值性、特色性和大众性发展的统一，能够提升专业学科对大学生人生观、价值观、政治观、道德观、文化观的引领力，实现学科知识教授与价值培育、思想引领的同频共振，推进思政课与其他各类课程交叉融合、有机互动、共同发展，提升高校学科发展的协调性，打造多学科、多层次、立体式协同教学体系，形成课程思政的育人合力。

第三节 大数据时代高校思政工作协同育人的对策

对大数据时代高校思想政治工作协同育人相关问题正本清源，旨在更好地运用大数据方法、工具、技术逻辑解密思想政治工作数据符号背后的价值所指和规律变化，通过方案设计和对策选择为高校协同育人实践探索提供现实指引，推动大数据科学与高校思想政治工作协同育人融合。以国家人才培养需求为逻辑基点，基于问题与归因剖析，从理念、队伍、平台、体系、机制上提供大数据时代高校思想政治工作协同育人的理性战略应对，有助于从理论创新和实践视域双重维度推进这一实践深入发展。

一、树立多维融合的协同育人理念

（一）树立"立德树人"理念

培养什么人，是教育的首要问题。立社会主义之德、树社会主义建设需要之人，是高校思想政治工作协同育人在大数据时代下的价值诉求和实践归宿。坚持"立德树人"理念是工作实践之应然和必然。首先，要突出"以德育人"理念。品德培育是人才培养的重中之重，是彰显思想政治工作协同育人成效的首要因素。高校教师主体要深刻领会大学生思想道德品质培育于个人成长、社会发展、文化传承乃至民族复兴的重要意义，始终坚持育人先育德、成人先成德，树立"立德树人"责任意识、担当意识、主体意识，在思想政治理论教育、专业知识教育、社会实践教育、学生管理、资助服务等课程体系和环节贯穿德育教育，要根据大数据反馈的对象文化背景、知识存量、社会阅历差异，针对性开展社会、职业、家庭、个人层面道德素质理论教育和行为指引。其次，要强化"以文育人"理念。以文育人构成了大数据时代思想政治工作协同育人的学理逻辑和实践向度之一，要求思想政治工作者把握传统文化、时代文化创造、发展、沉淀、融合、演变、传承的历史规律，将文化元素与现代科技融合，运用网络图像、表情、VR、AR、H5等形式创新性呈现文化艺术，为高校思想政治工作协同育人素材输入新鲜血液。学校要多举办网络文化艺术节、网络文化知识竞答、征文比赛等文化活动，传承教风、校风、家风文化韵味，营造匠人匠心的网络、校园、社会、家庭文化氛围，以由微而著、由外而内、潜移默化的路径教育感化大学生思想、滋养其心灵、浸润其品性，用文化所蕴含的独特民族情怀、价值理念、精神品格、处世智慧、人格素养、时代意蕴铸魂育人。最后，坚持"全面育人"理念。培育全面人才，植根于马克思主义终极价值追求，构成了思想政治工作"树人"的核心旨趣。促进工作对象的全面发展，要以"全面育人"观念为逻辑起点，树立"全面育人"大格局观，深耕立德树人沃野，一方面要通过完善工作内容，促进专业知识、技能方法、道德文化、价值观、意识思维、情感人格、心理素质、体能素质、行为规范等的育人内容协同，构建"大思政"内容体系。另一方面更要优化方式方法、载体、技术、制度、人员、环境、对象等协同育人内部要素的结构性关系，充分挖掘文化、数据、制度、组织、管理、服务、网络等要素价值，发挥各大要素在不同层面对大学生的引导力、影响力、塑造力。

（二）树立"全员、全程、全方位育人"理念

大数据时代下，坚持"全员、全方位、全过程育人"理念在于遵循思想政治工作协同育人规律，打破传统基于高校教师与学生之间的孤立的单维教育链条，形成由政府、高校、家庭、社会等多个主体共同建构的形式上各自独立，但在机制上又相互关联、交互的育人场域，利用育人场域内多个成员主体、多种育人资源、多重育人空间的能动性作用协同运转、相互配合，形成思想政治工作合力。首先，坚持全员育人理念。校内教职工、家庭成员、政府官员、社会组织都负有大学生成长成才引路人的责任，是"全员育人"系统的子要素。"全员育人"理念视阈下，要以系统思维和整体视角考察高校思想政治工作，把政府、高校、家庭、校友、企业、社会组织等一个个独立的集群看作是子系统，子系统之间依托大网络、数据流、连接键，连同周围的空间、时间、介体、信息共同构成开放、包容、联动的思想政治工作有机体，营造校家、校政、校企、校社等互联共通"大政工"实践格局，要素之间基于交叉、互动、共话、协同、合作关系实现组合优化和效果集成。其次，坚持全程育人理念。"全程育人"理念视阈下，思想政治工作基于大学生成长这一主要线索在时间上保持一个长期的持续过程，其工作主体根据大学生在不同成长阶段的学习需求、思想特点、社会心理，采取不同的工作方案，将思想政治工作贯穿于大学生成长的每一个阶段和过程。高校要抓准大学生从进校到毕业、从在校到假期、从上课到周末等等时间转接节点，利用大数据全天候、全时段追踪大学生思想行为变化，采取课上与日

常、显性与隐性、正式与非正式教育有机结合的实践育人方案，强化大学生政治、思想、品德素质的全方面培育。最后，坚持全方位育人理念。"全方位育人"理念视阈下，高校要以空间中存在一切工具、形式、方法、手段为中间载体，赋予各个中间载体以关联关系，将思想政治工作融入大学生校园生活的方方面面。高校要借助线上网络新媒体、三微一端、App 平台、微课慕课、大数据云计算中心等信息网络，全方位为大学生提供服务，包括自动化测评大学生综合素质、公正评比奖学金、大力宣传网络文化精品、建设网络心理辅导室、加强学风校风宣传、加快学生组织信息化建设与管理、建设大学生征信体制等，同时利用线下课堂、校规班规、红色展馆、家风文化、社会热点等资源协同，形成多渠道、多维度、多层次"全方位"育人格局。

（三）树立"以人为本"理念

高校思想政治工作协同育人活动的最终目的是使对象形成符合国家建设和社会角色要求的优秀道德品质、正确价值观念。人构成了思想政治工作的主体，也是受体，树立"以人为本"理念，应做到以下几点。首先，要树立尊重大学生成长规律的理念。思想政治工作是社会领域、教育领域存在的现实活动，其运行必然要遵循其一般规律和特殊规律。思想政治工作的直接和主要对象是大学生，遵循学生成长规律是基于思想政治工作是由人的自主能动行为构成的实践活动这一特性而确立的根本前提。高校教师要从大数据中清晰直观地探析大学生一般性成长特征和阶段性特殊表现，分析意识与行为、心理与情感、环境与人、群体与个体的相互影响机理、本质规律和抽象联系，从其复杂的关联中缕出大学生心理行为的变化规律与特点，以大学生现代化培养价值取向作为工作定位，在内容供给、工作方法手段、课程体系搭建适应学生个体生命特质，落细落实以学生为本的育人理念。其次，要强化差异化思维。互联网背景下网民文化、直播文化、互动文化的产生，不断冲击着大学生的价值认知模式和交互方式，其追求个性、出众、互异的性格特征更加鲜明，这对高校的差异化教育服务提出了更高要求。大数据的成熟应用以及云计算、人工智能的突破性进展使"差异化"教育真正从理念倡导变成了现实实践。高校要强化思想政治工作协同育人主体差异化思维，引导他们主动运用大数据科学记录不同个体学习行为数据，可视化、动态化呈现每个学生不同的知识结构、学习生活轨迹、性格表征，关注大学生的独特个性和特殊需求，以针对性、个性化、差异化的教育模式分类、分层、分个体提供服务，突出内容、资源、过程、效果的差异化特征。最后，要强化人文关怀。大学生既有生活、学习、交友、娱乐的基本需要，也有被理解、尊重、认同、信任、价值创造的人生追求。在高校的思想政治工作协同育人中彰显"以人为本"理念，要突出对大学生的人文关怀，要求育人主体树立"社会"与"个人"双重价值有机统一的理性思维，强调人的主体地位和价值实现，在理念、目标、内容、形式上将人的现代化发展作为归旨，彰显解放人、发展人、服务人的"思维归属"，内容设计上更加关注大学生个体发展、享受、情感、心理、意志、信念等方面的需要，在工作方式上体现艺术化、人文化、细腻化，用释疑解惑、当面疏导、同辈陪伴、文艺感化、心灵互动、换位思考、网络育人等方式，让思想政治工作抵达大学生内心，引导大学生在价值理念、知识探寻、人生目标、信仰追求上实现自我发展、自我完善、自我超越。

二、建设多员参与的协同育人队伍

（一）建设引导有力的领导队伍

高校党政、共青团领导队伍是思想政治工作协同育人的首要责任人，既要掌舵定向、谋篇全局，又要统筹各方、抓好落实。领导干部自身要明确形势、认识要求、科学定位，不断新观念、强能力、深理论，增强"立德树人"内在功力，确保高校思想政治工作凝聚大数据时代育人合力。具体做法为：第一，领导队伍要培植决策互动思维。在大数据与思想政治教育融合生态下，高校要厚植思想政治工作领导队伍大数据决策的思维模式和转换技能，借大数据全体思维、关联思维加强决策互动性，援引大数据资源网络构建多部门领导参与、审议共商、意见融通、共识共建的大数据决策机制，强化横向部门职能协同、纵向校院两级领导衔接的关系，促成高校思想政治工作决策的主体互动、知识互动、思维互动、时间互动、场所互动、媒介互动，协同运用数据建模、精准图示厘清育人问题、任务、责任、细节清单，并精细布局、分类定制决策施行方案。第二，领导群体要塑造党政协同智慧。大数据时代下，高校党政协同有利于优化思想政治工作领导系统的内部关系、组织结构和工作模式。

（二）建设协调配合的教师队伍

办好思想政治理论课关键在教师，构建大数据时代高校思想政治工作协同育人格局关键在主体协同。不同学科、岗位、阶段、层级的教师基于内部机制和结构实现横向对接、纵向联动，使主体协作从无序向有序、从个体向团队转变，共同创造服务合力。建设协同配合的教师育人队伍，需要把握好各个变量的关系，其中思想政治理论课教师是主要主体，其他教师是次要主体。首先，把握好思政课教师与专业课教师的协同。思政课教师与专业课教师同是教书育人的"导师"，思政课教师主导大学生思想理论认知，专业课教师主导大学生专业认知，同担思想价值引领之责。大数据背景下加强思政课教师与专业课教师的协同，要完善教师微信群、QQ群、公众号、OA在线、网络直播室等平台搭建，推动思政课教师与专业课教师在学科内容、科学技术、科研资源、思想资源、数据资源等方面的分享、交流、共话，通过聘任、轮岗、邀请等方式，开展思政专家名师线上直播讲时事、"精彩一课"、学术沙龙系列活动，宣传好思政课程与课程思政内涵建设、重要地位、价值意义，传授专业课课程思想政治教育资源挖掘与运用技巧，消除专业课教师的学科偏见，在"守好一段渠，种好责任田"的合作下共建开放、互动、平等的沟通对话机制，打破双方主体跨界协同的思维、学科、院系、课堂障碍，建立教师思政协同团队，共建大学生成长之路。其次，把握好思政课教师与辅导员的协同。思政课教师和辅导员工作性质相似、职责相通、目的相同，是学生思想教育工作的骨干队伍。因此，高校要善用大数据一体化平台、信息化手段、新媒体网络为两大主体通力协作打通渠道、创造条件，优化两大队伍组合的关联性方式，加强两大队伍的功能性互动，既要便捷思政课教师实时掌握学生的行为和思想动态及诉求，也要提升辅导员的马克思主义理论素养，强化思想政治理论课课程育人的理论深度与提升日常管理育人、服务育人的温度同向同行，实现双主体育人力量同频共振，引导思想政治工作纵深化发展。最后，把握好思政课教师与其他教师的协同。高校思想政治工作育人队伍要素构成具有多样性，就校内来说，除思政课教师、专业课教师、辅导员外，还包括行政管理教师、心理咨询教师、后勤服务教师、外聘网络辅导教师等"关键少数人"，"而全员育人中'关键少数人'的'合力共治'至关重要"。大数据时代下，高校要提升大数据分析技术与思想政治工作的融合速度，加快研发和使用融教学、信息、管理、宣传、咨询、资助、实验、评价、财务、后勤、舆情管治、健康监测、校园安保等功能于一体的智慧校园系统，强化校内其他教师在学生思想政治教育中的引导、建设、管理、保障角色，打通师师、师生、生生的共时、共场域交互通道，开发场景、文化、活动、网络、资产等隐性思想政治资源，实现学生数据化、信息化、无痕化、全方位管理和引导。

（三）建设协同互助的校外队伍

高校思想政治工作协同育人具有社会性、开放性、整体性，其创建、发展、改革既有内部动力的驱动，也有外部社会环境、经济转型、国际形势的影响。协同校外力量合力共为，是互联网时代思想政治工作转型时之大潮，也是开拓良好外部空间之必然。基于大格局、宽视野，组建以高校为主导，覆盖校内领导、教师、家庭、政府、企业、社会组织、科研机构等群体的"大思政协同体"智囊团，有利于优化思想政治工作内部与外部结构关系、系统组成、运行模式，促进校内队伍与校外队伍相互衔接、补充、融合，整合资源力量，挖掘家庭教育、社会教育的育人功能，形成育人合力。首先，构建家校协同育人队伍。家庭教育作为兼具双重属性的一种行为实践，既具有尊重人的天性成长的自然属性，也有引导人的行为符合角色规范的社会属性。家庭成员之间具有特殊的、独有的黏合方式和情感联系，能够基于亲情感化、言传身教、心灵沟通、生活互动、角色配合等方式，强化大学生的家风家训、亲情观念、敬老爱小、邻里关系、人生挫折、人格、性格、习惯教育。大数据时代构建家校协同育人队伍，要善用、多用融媒体、大数据交流、云计算传导技术，建设"家校微信群""网络家庭教育学校""网络家访""线上理论宣讲""远程互动"等家庭育人体系，构建信息化、网络化、数据化家庭思想政治工作系统，促进学校与家庭基于空间交叉、时间承接实现同步共育、合力育人，构筑家校网络思想政治工作命运共同体。其次，构建校企协同育人队伍。发挥企业在高校思想政治工作链中的育人作用，是践行高校实践育人要求的重要抓手。加快高校与企业协同，要着重培育校企"双师型"思想政治工作队伍。通过建立校企战略合作网上协议，构建同步、智能、交互的产、学、研三位一体育人网络，为学生学习、实习、就业搭建大数据网络平台，共建"创客空间"、孵化园、实验室、联合培养实验班等项目，加强人才培养、科研项目、技术攻关深入联合，结合企业科普实践、技术创新、文化价值、发展历程、创业名人、行业模范，强化大学生思想价值观教育。大数据背景下校企协同育人要重视大学生分类定制培养，统筹大学生理论和实践、校内与社会、第一课堂与第二课堂多种教育资源，共享优质数据、智库、平台、技术、行业、资产，促进课堂育人与实践育人在内容、作用方式、效果等方面的反馈互补，创造性地把高校思想政治工作与行业领军人才需求进行精准化的前端对接，让理论与实践在校企合作中"打结"，全方位培养大学生思维创新、实践技能、专业素养、学科兴趣、团队精神、社交方法、求职技能、职业规划意识、应变能力等。最后，构建学校政府协同育人队伍。政府对高校思想政治工作既有"管""引"的责任，又有参与、协助、配合的义务。在全球智能、创新、颠覆、互联、开放的大数据浪潮下，政府应当加快健全数据开放、共享、安全标准体系，建立政务数据与高校思想政治工作的多联结通道，将黏性强、契合度高、价值大的数据向高校开放，加速有效数据在思想政治工作中的传播、转换。同时教师和政府人员要通过政策协商、决策分享、监督联动、评价共识、方案共建、责任同担、对象共教建立工作契合点，为大学生提供基层挂职、顶岗实习、支教扶贫的专业化、精准化对接服务，既要发挥好政府对高校思想政治工作的引导、管理、监督、调控、激励作用，又要运用政务工作的专业性、严谨性、服务性育人育心。

三、搭建多式聚合的协同育人平台

（一）搭建精准化教学平台

大数据的核心价值在于用数据本身的逻辑过程揭示规律、研判趋势、提供方案，从而实现价值变现。加速大数据在高校人才培养工作的植入，构建思想政治工作大数据教学平台，既是回应大数据革命之时代必然，更是探索思想政治工作协同育人自我发展路径的需要。高校大数据教学平台依托学生信息数据库、用户画像系统、智能评价与反馈系统支持，体现数据收集与验证—算法建模—内容供给—学情反馈的运行逻辑和管理思路。搭建高校思想政治工作大数据精准化教学平台主要运用大数据实时记录、精准分析、高速运算、自主智能的特点和优势，为教育教学提供先进的技术载体和手段，从而更好地协同主体、资源、平台同步运转。数据抓取和采集是教学平台运行的第一步，高校可以借助摄像头、传感器、电脑等设备，用大数据抓取、语音识别、图像识别、物联网等技术实时采集、追踪、记录大学生网络访问和交互信息、面部表情、语音语调、姿势行为等各项数据和指标，将采集得到的异质非结构化数据进行清洗、提取、解析、转换、验证，再将处理完的数据根据预定设置的标准和路径生成学生个体"数据仓库"，无数个"数据仓库"排列组合构成学生信息大数据系统，被存储的数据构成大数据精准化教学平台服务模型的原初资产和基础性支撑。大数据的本质就是个性定制、精准服务，学生数据被精准分类、快速整合后，基于关联分析和聚类分析，思想政治工作大数据系统快速锁定大学生所有相关信息词条，用个性化标签的集合构建大学生用户学习画像和可视化模型。这样，教师从用户画像中洞察出不同年龄层次、不同专业类别大学生学习习惯、兴趣、偏好、规律、需求的差异性和特殊性，科学研判其思想和行为发展趋势，提供与之相适应的教学环境、视频、课程及配套 PPT 等教学设计，凸显网络资源的思想道德教育价值效应，形成在线学习与课下学习模式良好对接、互动、平衡关系，在大学生个体的纵深发展上实现个性化的挖掘。高校要完善大数据教学平台教学评估模型设计，通过对学生不同课程表现数据的同步跟踪、切换、查询，数字化掌握大学生学习进度，基于大数据算法模拟和计算公式，从各项量化指标变动感知学生行为、心理、情绪的多维度动态变化，自动检测大学生学习效果，生成学习报告，协助教育者对思想政治教育教学效果进行反馈，针对性地给予学生个体"个性化"学习纠错指导，让教学表达与学生需求协同联动，更有效地引导大学生的思想发展、价值形成与素质提升，进而提升思想政治工作的科学性与实效性。

（二）搭建信息化管理平台

得益于大数据科学发展，"数据驱动管理"成为今后高校思想政治工作管理的主要方式和样态。进一步提升管理要素在协同育人系统中的供给服务能力，要加快建设高校信息化管理平台，建立教务、学工、党委、团委、后勤、就业等部门参与的网络化、智慧化协同管理模式，推动大数据理论与管理实践相结合，建构灵活的云服务模式，提升管理速度和质量。学生思想工作、教职工、后勤、科研、财务、设施、党团管理相互牵连、密不可分。面对大数据时代高校思想政治工作管理变革，要科学运用大数据建构高校信息化管理云平台，将大数据技术嵌入高校课堂教学、学生生活、交友实习、舆情管控、科研项目、基础设施等方方面面，落实科学性、安全性、规范性等要求。课堂是高校思想政治工作协同育人的主渠道，应当强化大数据平台对课堂的信息化管理，建立由大数据、物联网、电子摄像头、监控器、教学 App 组成的信息传输链条，形成课堂数据流闭环管理，将学生课堂出勤、答疑、作业、上课状态数据编辑存档，自动编辑电子助教手册、课堂云方案，协助思想政治工作者进行课堂教学管理。大数据时代学生思想教育如何能够真正育人育心，关键在于高校的信息化管理是否能帮助化解学生的疑难困惑。高校信息化管理平台要强化预警机制，赋予教师、系统管理员、辅导员、班主任以数字身份，以随时获取学生数据和进行学生信息交流、比对、检验，及早发现大学生思想、心理、健康、行为问题苗头，建立预警学生名单，分学院、分年级将预警学生对接到具体的教师，进而对学生行为进行精准介入、干预，提供相应的援助和指导，将大数据思想政治工作信息化平台对学生思想关怀帮扶工作的关口前移。针对校园易发的舆情危机、校园安全事故，用大数据即刻预警、溯源追踪、评估影响，监控舆情发酵速度和演变态势，并以及时、有效、安全的措施管控和化解危机；针对校园资金、仪器设施、教室自习室、备用物资、图书馆藏书文献管理，要建立专门的资源管理数据库，采用数字编码、条形码方式等实行信息化存档、分类、监控、流转、调配。强化信息化管理平台在科研实验中的应用价值，是推进科研育人步伐的关键。大数据环境下，高校科研实验要从信息技术入手，用大数据对科研项目的可行性和价值性进行智能评估，整合科研资源均衡分配，运用智能数字手段对科研数据、实验结论、论文成果进行检验评估，充分发挥数据方法和信息化手段在科研管理中的作用，更好地实现科学研究在推动大学生专业素质、学术素养、学术伦理培养方面的价值迁移。为保障高校思想政治工作相关数据安全，高校要运用电子身份、数字加密、隐藏等技术，加强对师生隐私数据、机密数据、价值大的数据的特殊管理，并且要建立数据应用的电子许可证和电子监督，确保数据在法理和伦理的限度内被应用。

（三）搭建智慧化服务平台

大数据搭建了高校思想政治工作功能多元、即时调控、信息共享、人机交互的协同育人平台，不仅推进了精准教学、信息管理，更优化、扩展、升级了思想政治工作智慧服务功能。基于大数据提供的外部场域、实践逻辑、技术手段，建设高校思想政治工作协同智慧服务平台能进一步提升服务在育人过程中的价值，完善高校教育服务体系。在大数据时代，高校要将思想政治工作服务向智慧化、信息化、网络化方向倾斜，精准、及时、全面满足大学生群体的多元化服务需求。大数据分析可以及时、真实地反映人的精神需要，根据工作对象需求差异，协同其他主体和资源，升级思想政治工作协同育人服务内容，是高校协同育人提质增效的必然要求。高校要深化思想政治工作智慧化服务平台建设意识，多渠道传播、多平台展示、多形式供给思想政治工作服务，增强大学生获得感。网络知识服务模式使大学生学习的时间和空间产生了分离，其学习、生活的主要场域正在从线下向网络空间转移。高校思政工作者要敏锐捕捉和利用这一表征，加快建设线上服务平台，为大学生提供智慧、精准、人性的学习服务。依托大数据技术和万物互联的网络平台，连接学校数字图书馆、慕课、在线学堂、微课、爱课堂、学习通、思想政治工作网站等线上平台，供给实时在线课程点播、讲义下载、课堂答疑、随堂测试、习题交流、小组讨论、头脑风暴、考前辅导等学习服务，真正建立以服务平台为载体、以知识为介质、以育人为目的的师生共融、共通、协同学习模式。除知识学习外，高校思想政治工作智慧化服务平台还应当从数据识别、用户标签中发掘当代大学生特殊的交友、情感、活动、健康、文化艺术、学科竞赛、考证考研等其他需求，以进一步加强服务平台的功能整合、系统管理、信息互动，增强平台供给能力，拓宽服务领域，增加交友礼仪、舒压小技巧、考证考研经验分享微信推文，举办线上摄影、诗文朗诵、英语写作、数字音乐会、学术征文等比赛，提供个人健康监测、心理测试与专人辅导服务，建成融活动、文化、科研、服务、网络、心理多种元素协同育人的智慧服务模式。除此之外，高校要加快大数据精准资助服务在平台的内嵌，提升高校思想政治工作资助育人效能。

四、建立多元联动的协同育人机制

（一）建立运行高效的激励机制

激励是提升高校思想政治工作协同育人效果的直接手段，其通过特定的方法体系对主体、客体施以外部刺激，使受激励对象在心理、价值观、行为层面产生正向改变，进而实现育人育心。随着大数据变革步伐的加快，高校应当积极探索思想政治工作协同育人激励机制的重构路径，创造性地运用大数据激励思维和激励方式，为学生提供个性化、精准化、多元化教育激励，激发"人"作为要素的巨大潜能和内驱动力，创造思想政治工作协同育人最大活力。

大数据时代高校思想政治工作协同育人激励目标的确立—激励内容的组织—激励方式的实施更加凸显差异、关联、清晰特质。一方面要立足于国家人才培养目标和社会需求，根据大数据时代思想政治工作的现实变化，重视激励目标与高校思想政治工作数字化变革、信息化建设、协同式育人理念的深度融合，保证激励政策与高校思想政治工作协同育人顶层设计相适应。另一方面要根据大数据统计揭示的教师和学生阶段性主导需求和个人特质的差异性，分群体、分阶段、分学科为教师和学生设置合理适当的激励目标，用激励目标的牵引和督促作用促使教师提升思想政治工作协同育人的主动性，使学生在思想政治理论学习方面形成良好的自我激励意识，让激励目标与高校思想政治工作主体客体产生"化学反应"。高校应当利用大数据工具"绘制"激励内容体系，用优质的内容为师生服务。大数据"用户画像"功能可以设计激励对象的标签体系，经进一步分类细化获得一级、二级内容标签。理论特质和实践特质构成了教师的一级激励标签，理论特质下的二级激励标签涵盖大数据高校思想政治工作协同育人主体的理论学习、认识、思维、热情、兴趣、创意、直觉、冒险精神和知识野心等，实践特质二级激励标签涵盖将大数据运用与高校思想政治工作的技能、方法、经验、成果等，从标签映射中"绘制"专门针对教师的激励内容方案。对于工作对象大学生而言，大数据将与个人相关的散乱、碎片数据整合为结构化的系统，利用云端技术进行定向挖掘和分析，"绘制"由专业兴趣、课程表现、价值观念、社交准则、信息素养、道德偏好、心理素质、政治信仰、情感需求、法律意识、人文情怀等构成的多维度激励内容标签，形成与不同大学生个体的学习、工作、生活相适应的多方位激励内容系统，保障"全方位育人"。激励机制能否发挥良好效果，关键在于其运用的方式和手段是否高明，这要求高校必须优化思想政治工作协同育人过程中的激励方式。大数据可以轻松从教师的教学完成量、学生成绩、科研成果、学生就业、学生毕业论文质量，智能生成教师思想政治工作协同育人"KPI"，推导出教师德育效果，再针对不同教师区别性采用课程评价、职务晋升、职称评聘、评优评奖、项目支持、课题申报、访学机会等个性化激励方式。对于大学生来说，大数据技术可根据大学生多样、海量、异构的数据结合可视图表，直接解构出大学生个体在思想政治素质方面的强影响力要素和最欠缺的要素，从而采取相应的激励措施，如奖学金评定、三好学生、班干部、优秀毕业生评选、党员推荐、校规班规、实习保研、出国机会等多种方式，在主体激励与客体激励、主动激励与被动激励、物质激励与精神激励、显性激励与隐性激励等激励手段和措施中设计最优组合，充分利用思想政治工作有利条件，促使大学生道德观、政治观、价值观往好的方向转化。

（二）建立导向鲜明的评价机制

大数据的应用引领高校思想政治工作评价机制的数字化创新，进一步优化了高校思想政治工作协同育人的评价模型、过程路径和反馈路径，形成了人才培养评价考核新范式。大数据评价从量化数据中客观、全面、精准、动态反馈高校协同育人的成效和存在问题，相比文字、考试、问卷考核构成的评价机制，其反馈出的信息更加直观、高效、客观且蕴含更加丰富的价值，从而促进协同育人服务方案的科学化完善。

大数据时代高校思想政治工作协同育人评价应当在数据理性支撑下，以"人"为价值核心设置评价模型。每个大学生都属于个性完全独立且不同的个体，其教育、生活、消费、信用数据差异化呈现的背后也有家庭、文化、专业、经历、智力、情商的不一，因而其思想政治表现评价体系、参考标准、评价方案、评估模型的设置也要因人而异。大数据评价基于大学生日常出勤、小组讨论、随堂测试、上机考试、生活行为等数据统计建立数据库，对照不同客体成长环境、学习环境、个性特点、接收能力的差异化，精细考量、个性设置大学生各项评价指标，形成完整的评价模型，构筑科学、客观、精准、个性的思想政治工作协同育人准备性评价体系。高校思想政治工作协同育人应当创新大数据评价机制的过程路径，提升评价过程的发展性价值。大数据的实时、动态、可视特性，实现了对教师协同育人实施过程和学生学习效果的连续性动态比较分析，为思想政治工作决策的改进提供可用参考。高校思想政治工作协同育人实践过程中的数据不断被生成，又不断被解析，从直观图表中诊断出评价对象存在的长期性、阶段性、偶然性问题并研判其潜在风险，通过思想政治工作育人主体的行为介入、管理、调节、优化，为评价对象提供科学指导和精准帮扶。在这个过程中，教师要学会运用知识启发、案例引导有意识地培养大学生自我评价、自我督促的习惯，促进他评与自评的结合。大数据评价应用归旨在于改进、推动、提高思想政治工作协同育人的效果，其中必不可少的过程就是评价反馈。高校应完善思想政治工作协同育人大数据评价机制的反馈路径，考量评价机制建立—实施—结束各大环节的关联关系，从全局考量思想政治工作实践过程，整体评估、检验受教育者的思想、心理、价值观样态变化。应利用大数据便捷的交流平台，密切思想政治工作主体的共商共议，从多维度和视角对思想政治工作协同育人效果程度给出正确的结论评价，研究当前取得的工作结果与实现大学生全面发展的价值目标之间的差距，建构现实性、预见性、发展性建议，并将其反馈到思想政治工作协同育人思路、内容、方法、载体的优化上。

（三）建立支撑有力的保障机制

大数据时代高校思想政治工作协同育人的内容、规模、价值、影响与传统模式的分离已经达到一定层次、程度，必须借助新的保障机制提供支撑和服务。尤其大数据浪潮下大学生信仰和价值取向的多元化加剧了协同育人过程的风险，然而制度保障、组织保障、信息安全保障与思想政治工作发展速度的不同步，大大影响了育人效果。因此高校应当加强保障机制建设，让技术、环境、秩序、制度保障和支持教育工作的实施以及人的合理与合法性需求得到满足。

制度保障贯穿思想政治工作宏观设计、细节落实、问题反馈协同育人全过程，在高校思想政治工作保障工作中具有关键主导地位。推进大数据在高等教育领域的应用层次创新，应当着力加强顶层设计，以制度的形式确立大数据收集、共享、应用的具体规范，针对大数据信息技术在高校思想政治工作协同育人领域的应用开发加快建制立规，推进二者融合视角、理路、方式、方法、载体进一步清晰化、规范化，强化制度设计与技术发展同步同行，提升大数据解释、解决思想政治工作协同育人相关问题的能力。同时应加强建设学校、家庭、社会等主体共同参与的协同育人制度，将师资培训、内容编织、平台搭建、技术开发、资源共享、优势创造、经验推广形成统一标准的制度，促使形成高校牵头、各方参与的思想政治工作共建共享机制。组织群体是筑牢高校协同育人阵线的主体力量，其建设效果事关高校思想政治工作的设计、实施、监督和反馈。高校应当设置思想政治工作协同育人专门负责机构，由校党委书记和分管学生思政工作的副校长联手负责思想政治工作的方向指导和全局规划，从育人大格局确立思想政治工作协同育人目标规划，设计内容方案，明确效果评估条件和细节，用大数据优化协同育人调控方式、协商机制、监督机制、反馈机制等，为思想政治工作提供系统保障。学生思想政治工作部、二级学院党委副书记、共青团、党支部、组织部、宣传部、学生社团、学生会等是思想政治工作协同育人重要的内部供给力量，要积极组建由以上要素共同参与的思想政治工作小组，定期召开主题会议，组织工作交流和参观学习，加强校内各类育人群体之间的紧密配合。通过设立校外联系合作组织，强化高校与家庭、政企、社会名人、著名校友、学术大咖、网络"大V"等外部力量的长期合作机制，通过上下协调、内外联动，打造全员育人矩阵，激活协同育人多维路径。大数据作为技术和工具，在给人类制造惊喜的同时，也带来了数据泄漏、数据丢失、隐私侵犯、数据伦理、版权争夺等信息安全问题，加剧了高校思想政治工作生态的复杂性和不安全性，所以，加强高校思想政治工作协同育人信息安全保障机制建设刻不容缓。高校作为数据管控和保护的责任主体，从技术上应当制定严格的思想政治工作平台访问协议，采用技术加密对教职工、学生的个人信息账号予以管理，建立密码认证、手机认证、问题认证等为一体的防护协议，运用大数据检测、识别、分析技术对外来访问用户进行数字身份检测，健全非法侵入者实时预警、拦截、举报机制，智能保护思想政治工作协同育人平台的关键和敏感数据。同时，还要完善大数据时代思想政治工作信息数据内容扫描、过滤萃取、传输加密、安全情报技术，确保高校网络思想政治工作协同育人资源的安全存储、传输、共享，防止数据被盗窃、篡改、删除。必须要关注的是，信息安全保障关键在于对人行为的规范，要健全大数据思想政治工作协同育人法理和伦理规约机制，对思想政治工作主体的数据采集、交换、使用行为建立明确的许可范围和准则，从而确保高校思想政治工作实践在大数据法理和伦理的规约之下，追求促进人全面发展的价值目的。

第八章 不同背景下的大学生思想政治教育创新

第一节 构建和谐社会背景下的大学生思想政治教育创新

构建和谐校园是高校思想政治教育创新的实现途径，构建和谐校园是构建和谐社会的重要组成部分，是构建和谐社会的示范区。

一、学生始终是构建和谐校园的重要因素

构建和谐社会、和谐社团、和谐校园是我们社会建设的近期目标。构建和谐校园是教育规律的体现。学校教育、社会教育、家庭教育之间的不和谐现象损害了学生的身心健康，与此同时，学生教育的诸多因素也严重影响了和谐校园的构建，学生始终是构建和谐校园的重要影响因素，我们必须把培养学生的一切工作放在校园建设的首位。

所谓的和谐校园是一种以和衷共济、内和外顺、协调发展为核心的素质教育模式，是对各种教育要素整合优化的育人氛围。学校的发展离不开学生的发展，和谐校园的构建离不开学生各方面因素的均衡发展。进行思想政治教育、改变教育思想和教学观念、改善教育形式、搞好思想政治教育工作、处理好教育主客体的地位关系、进行心理健康教育等工作都是以学生这一主体为中心的。学生个性的全面和谐发展、构建和谐的校园文化、协调学生比例、健全学科建设及探讨就业模式，也是以学生这一主体为中心，这几方面工作做得好坏，直接影响校园的和谐发展。构建和谐校园是时代的必然趋势，我们必须一以贯之，把学生的发展放在首位。

（一）学生个性的全面和谐发展与和谐校园的构建

和谐校园的构建最终要落到学生身上。学生个性的全面发展是构建和谐校园的重要标志。当代思想教育的基本宗旨是培养人的自我生存能力，促进人的个性全面和谐发展。既要培养适应社会需要的各种人才，又要培养具有鲜活个性的多样化人才，使学生的潜能、兴趣、爱好、特长得以充分发挥，使学生的知、情、信、意、行等多方面协调发展，把校园改造成由个性得到全面和谐发展的学生组成的和谐校园。和谐的校园文化包括基础

设施文化、自然人文环境文化、以人为本的制度文化、教师文化、学生文化。其中学生文化是和谐校园文化的主流，没有学生参与的文化，不能称其为学校文化。建设个性完善、人格健全的学生文化，直接影响着和谐校园的人才培养。从内容上说学生文化包括德育文化、学习文化、综合实践活动文化、文娱体育和审美文化、生活与心理卫生文化等。在学生文化建设的实践中，应坚持育人为本，使学生在人格上得到尊重；学习上自主、主动参与和探究；生活上自律，主动自理与服务；行为上自律，主动约束与反省。完善学生文化本身的协调发展是建设和谐校园文化的基础，学生的培养离不开协调的学生文化，离不开和谐的校园文化。

（二）大学生思想政治教育的诸多因素始终影响着和谐校园的构建

大学生思想政治教育存在诸多方面的不和谐，如教育形式单一、教育的主客体地位不平等、教育工作脱离实际、心理健康教育受到忽视等。这些因素影响学生全面和谐发展的同时，也制约了校园的和谐发展。

1. 改变教育思想和教学观念是构建和谐校园的指导性因素

传统教育思想和教学观念的弊端之一是专业划分过窄，知识分割过细，课程设置过分定向，致使学生的知识结构单一，视野狭小，思维迟钝，在新事物、新情况面前缺乏应变性和解决问题的能力。其弊端之二是在市场经济条件下，人才流动大，职业转换频繁，甚至在很多部门和单位，职业的概念已经模糊，用人单位对专业对口的要求大大放松了，而大学生思想意识与文化知识相互脱节。在这种情况下，我们必须实施素质教育，把思想教育、专业教育与知识教育相结合，注重与相邻学科专业知识衔接的同时，决不放弃思想政治教育，从而造就品学兼优、德才兼备、适应性强的合格人才，构建与和谐社会相匹配的和谐校园。

2. 改变思想政治教育形式是构建和谐校园的根本因素

说教的教育方法是一种较为传统的教育方法，它的弊端是缺乏师生互动，不能激发学生兴趣，教育效果收效甚微。我们可以通过诸多方式进行思想政治教育，坚持说教与体验相结合的原则，坚持教育形式科技化、现代化的原则。当今的世界是开放的世界，是科技飞速发展的世界。互联网的出现使整个世界变成了一个地球村。应用互联网可以缩小空间，缩短时间，达到直观教育的效果。进行思想政治教育，首先应选择互联网进行教育，但是也应引导学生正确地使用互联网，杜绝学生受互联网的不良影响及产生负面效应。另外，可以开展各种实践活动，对大学生进行思想政治教育。要做好思想政治教育工作必须通过循循善诱的分析和说理，采用思想引导、政治教育、宣传活动的方式，解决大学生政治信仰、价值教育、理想观念、伦理道德等思想问题。只有这样才能增强学生在校园生活和社会生活中的体验，把思想认知与情感体验紧紧结合起来，达到知、情、信、意、行的内在统一。

3. 做好大学生群体的思想政治教育工作是构建和谐校园的基础

进行大学生思想政治教育工作首先要正确地认识学生群体，分析学生群体。为学生服务的思想政治教育工作，不能脱离学生的实际情况。要具体问题具体分析，从而引导学生的可行性和共性的和谐发展。现在的大学生来自五湖四海，有不同的家庭背景，经济状况有差异，性格也存在着差异，因此会出现诸多不同的个体和群体。针对这些不同的群体，要采取不同的教育方法进行思想政治教育，不能脱离这个实际，要正确处理这些特殊个体、特殊群体之间的关系，使学生之间、师生之间建立和谐发展的关系，促进校园的和谐发展。

4. 处理好教育主客体地位的关系是构建和谐校园的重点

在思想政治教育过程中，教师是教育主体，学生是教育客体。传统的教育模式的简单说教、生硬灌输、强制接受显然忽视了学生的主体地位，缺乏对学生的关心，未能实现与学生的平等交流。因此，我们要构建教育主体与教育客体间和谐的平等关系，就必须尊重学生主体意识，树立以学生为本的思想政治教育工作理念。充分发挥学生的主体性和主观能动性，即在发挥教师的主导作用的同时，更要重视学生的主体性，放手让学生进行自我教育、自我活动，协调教育主客体互动的关系，以大学生全面发展为目标，深入进行素质教育，遵循以学生为主体、以教师为主导的教学规则。

5. 进行大学生心理健康教育是构建和谐校园不可忽视的因素

长期以来，心理健康教育没有走入课堂是普遍的现象，高校没有设立全校性的心理健康教育选修课是一个极大的弊端。因为这门课程能系统地为学生提供科学有效、实用的心理学技术和方法，促进学生的心理成长与潜能开发，增进学生社会适应能力。为什么会有那么多的学生有心理问题呢？社会竞争的压力，家庭教育与学校教育的局限性以及个人性格发展的限制，都会造成应对挫折的能力的差别。为了防止他们产生过激的行为，需要广大师生及心理咨询专业人员共同参与，更重要的是在全国各高校普及心理健康教育选修课，促使学生的身心健康得到全面协调发展。只有这样，才能构建由心理健康的学生群体所组成的和谐校园。

（三）大学生层次比例、健全学科建设与和谐校园的构建

随着世界经济全球化和国内经济体制改革的深入开展，社会对人才的需要越来越多。一方面，为了与社会发展的步伐保持一致，我们必须加大硕、博比例，扩大硕士、博士研究生招生。另一方面，硕、博招生不能盲目地扩大，要有针对性。要针对社会各行各业的需求适当地进行扩招，否则将形成高层人才的相对过剩，给国家和人才造成极大的损失，导致学校的发展、社会的发展失调。因此，我们不但要协调学生比例，还要加强学科建设，排除学科不健全的弊端。

二、正确处理和谐社会与和谐校园的关系

为了协调社会与学校的发展，应该构建这样一个和谐校园，即师生们生活的家园、精神的乐园、人才的摇篮。只有这样才能培养身心和谐、健康成长的合格人才，为建设和谐社会贡献一份力量。

我们的发展应该是经济、政治和文化的全面发展，应该是社会和人的自由全面发展。同时，发展应当是均衡协调的发展，包括经济领域与社会领域的协调发展，物质文明、政治文明、精神文明的协调发展。我们所构建的和谐校园是和谐社会的有机组成部分，那么和谐校园也应该是一个民主法治、公平正义、诚信友爱、充满活力、安定有序、和谐发展的文明校园。构建和谐校园，就是把学校建设成最适宜学生成长发展的生态系统，具备民主、科学、人文开放的育人环境，就是要使学校教育与社会教育、家庭教育和谐发展。因此，我们必须采取有效措施处理好学校与社会的和谐关系，尤其是人才培养与服务社会的关系，最终达到培养合格人才的目的。

（一）促进大学生品德教育的针对性与法治社会的复杂性的和谐一致，培养品德高尚的人才

日益发展的社会主义市场经济和民主政治需要健全的法制推动、保障、引导，因此我国的法学教育才得以扩大和发展。我们党实行和坚持依法治国，努力实现国家各项工作的法制化、规范化，保证人民群众依照法律规定通过各种途径和形式，参与管理国家、管理经济和文化专业、管理社会力量，真正做到有法可依，有法必依，执法必严，违法必究，保证了社会主义各项事业顺利发展，但是思想政治教育也是不可忽视的。

思想政治教育是集伦理学、心理学、教育学于一体的综合课程，其目的是通过引导和帮助大学生树立正确的世界观、人生观、价值观、道德观、法制观，学会以科学的方法应对和解决生活、学习、工作中的实际问题，为将来服务社会奠定基础。思想政治教育是法治社会的基础，是公民守法的基础。高校教育就是适合社会的需求，培养和输送德才兼备的人才，社会需要高新知识技术武装的人才，更需要品学兼优的人才。一个人只有知识而没有高尚品德不行，只有高尚的品德而没有知识也不行。所谓的"人才"既是指成人又是指成才。

（二）促进教学活动方式的渐变性与科技发展的迅速性的和谐，培养高科技武装人才

随着科技的发展。改革开放的深入开展。信息技术的飞速发展，网络信息技术渗透到各个领域。工业方面需要信息技术管理控制指导生产；商业需要信息技术进行销售、订购等业务活动；教育部门也不例外，更需要借助信息技术进行教学管理，为了促进教学活动渐变性与科技发展迅速性的和谐，我们必须密切关注互联网对高校教育活动的影响。当

前，网络对大学生思想观念、思维方式、行为模式、个性心理产生了广泛的影响，这就不可避免地给高校教育教学活动带来机遇和挑战。一方面，互联网以其信息量大、传递方式便捷快速、辐射范围广大和高度的开放性、互效性等特点及优势，日益成为人们文化活动和思想传输的重要载体，成为高校教学活动的有益补充和机遇；另一方面，互联网是一个开放的信息传递系统，网络用户来自不同国家和地区，存在文化类型、政治制度、价值观念等方面的差异，其内涵是多元的。由此产生的多元的网络文化给高校教育带来严峻的挑战。为了达到高校教学活动的渐变性与科技发展的迅速性的和谐效果，我们进行高校思想政治教育务必抓住机遇，不能墨守成规，不能抱住传统的说教方式不放，而要充分发挥信息网络技术的优势，将高校教育引入互联网，引进先进的教学方式，从学生的思想实际出发，深入探讨网络时代思想政治教育规律，减少网络负面影响，抓住机遇，促进教学方式与科技发展的和谐。另外，要普及多媒体教学，以取代传统的说教。多媒体教学具有生动形象的特点，对大学生具有具体、直接的教育作用。

随着科技的发展，社会需要掌握高技术的双边、多边人才。首先，必须加强对外交流与国际合作。加强对外学术交流，促进学校科研、教学和管理人员开阔视野，更新知识，了解前沿动态，追踪学科走向，进而促进校园发展与社会发展和谐。其次，聘用外籍教师，加强留学生教育和校际交流。学校与国外合作院校增进彼此的了解，加强学术交流与合作。通过建立长期稳定的校际交流关系，提高学校学术地位，扩大影响，增加学校在社会的知名度，加强与社会的融合。最后，促进文化交流。国际文化交流是传播友谊、增进友谊、感受文化、开阔视野的良好渠道。

（三）促进以人为本、全面发展的育人观念适时性与社会需求多样性的和谐一致，培养迎合社会需求的多边人才

以人为本主要包括两方面：一方面将人们的健康生存和全面发展，人的物质、文化、政治需求及其满足人的权益和幸福作为发展的目标和宗旨、中心和主线、出发点和落脚点；另一方面依靠人，即以广大人民群众作为发展的主体力量、根本动力、发展创造力和前进推动力，能够推动经济社会又快又好地发展。

总之，以人为本就是要造就人、善用人、造福人。造就人就是把人培养造就成合格的优秀的人才；善用人就是在发展中努力使每一个人都能各得其位、各尽所能、各展所长；造福人就是提高人的生存水平、生命质量和幸福程度。

当今的高校教育就是要贯彻以人为本、全面发展的育人观念，就是要造就人，把人培养造就成合格的、优秀的社会建设者和历史创造者，以适合社会的需要，为社会输送更多的各种各样的人才。高校是社会的一个有机组成部分，它的发展与社会的发展息息相关。社会主义的经济体制改革使中国进入市场经济社会。市场经济社会是通过市场调节对资源起配置作用的，这里的资源不仅指物质资源也指人力资源。因此市场经济社会对人才

的需求是多样的。高校教育是培育社会所需的各种各样的人才的教育，它不仅培养德、智、体全面发展的人才，培育有理想、有道德、有文化、守纪律的人才，而且还培养专业化特别强的各种人才，这恰恰迎合了市场经济社会的需求。

第二节 新媒体背景下的大学生思想政治教育创新

新媒体的快速发展，使思想政治教育工作在内容、形式、方式方法、手段等诸多方面发生了很大的变化，我们要适应时代发展的新特点和人们生活的新变化，在坚持传统有效手段的基础之上，不断拓展思想政治教育工作的渠道和空间。利用新的载体，积极探索新的工作手段，进一步增强思想政治教育工作的说服力、影响力、感染力、吸引力、凝聚力和战斗力。

一、依托新媒体创新大学生思想政治教育主体

当代社会，人们的生活越来越离不开大众传播，高校思想政治教育工作者通过学习传播学的基本原理、掌握传播学的传播技巧等，进一步提高综合素质，培养一支"专家型"的思想政治教育工作者队伍，从而更加游刃有余、积极灵活地利用大众传播载体做好思想政治教育工作。

一是更新观念。观念是行动的先导，要培养一支"专家型"的思想政治教育队伍，首先要以思想政治教育观念的现代化作为先导，切实转变思想政治教育工作者的观念。一方面，广大思想政治教育工作者要充分认识到大众传播是思想政治教育的有效载体形式，它在思想政治教育工作中发挥着重要的作用，思想政治教育活动要能够有效利用大众传播引起人们观念、要求、愿望、思维方式和生活方式等的现代化转变。另一方面，广大教育工作者也要意识到传媒时代为教育者带来紧迫感，必须培养一支既具有较高的政治理论水平、熟悉思想政治工作规律，又能掌握基础大众传播知识和技术、熟悉大众传媒特点的思想政治教育工作者队伍，才能从容面对大众传播带来的各项挑战。因此，思想政治教育工作者要带着新观念和新认识进入传媒时代，认识大众传播。

二是学习传播学知识，掌握传播学技巧，掌握信息优势。所谓传播技巧，是指在说服性传播活动中为有效达到预期目的而采用的策略方法，是灵活运用一般传播原理、规律和方法所表现出来的具体而又特殊的传播方法，它是为传播内容、传播谋略服务的。传播技巧是传播理论的集中表现，是传播者高度政治素养和足够的经验知识的综合反映，通过运用相应的传播技巧，可以将要传播的信息意图传给受众，对于政治倾向性、社会性较强的思想政治教育工作，灵活运用传播技巧、方法来组织思想政治教育信息的传播，更是十分重要。作为信息时代的思想政治教育工作者要充分利用大众传播载体，就应该有意识合

理地把传播技巧运用到思想政治教育活动中来，巧妙增强思想政治教育的传播效果。要迅速建设一支"专家型"思想政治教育队伍，要求广大的思想政治教育工作者认真、全面学习传播学知识，掌握传播学技巧，利用扎实的大众传播技术知识，结合实际特点开展生动形象、具有强烈的吸引力和感染力的思想政治教育，多渠道地开展思想政治教育工作。

大众传播的不同媒体具有各自不同的技术特点和优势，如何有效地使不同传媒形成优势互补，在思想政治教育中发挥多种传媒的综合效应，也是我们思想政治教育工作者应该深入思考的问题。

（一）熟悉和掌握各类传媒特点，有针对性地开展思想政治教育工作

不同的大众传媒具有自己不同的特点，不同的受众对大众传媒的接受程度也不尽相同。例如传统传媒中，报纸、书籍等具有印刷信息量大、内容丰富深刻等特点，对受众的文化程度有一定要求，因此可以广泛适用于具有一定文化程度的受众，理论色彩可以稍浓；广播、电视等内容更新速度快，受众面比起书籍等更加广泛，对受众的文化程度也没有一定要求，因此运用广播、电视进行思想政治教育时应该避免使用晦涩、难懂的词语，尽量运用间接、明快、通俗的语言。所以在思想政治教育工作中，应当根据不同受众的需求和实际情况，采用符合其接受特征的传媒方式，通过大众传播更好地为不同类型、不同层次的教育对象进行理论教育，真正发挥其作用。

（二）运用多种传媒进行优势互补，全方位开展思想政治教育

众所周知，大众传媒的一个突出优势就是形式多样，报纸、电视、广播、网络都可以独立作为思想政治教育的有益载体，并且灵活地发挥教育作用。因此，思想政治教育工作者应当充分利用各种传媒手段，加强各种媒体的思想、政治、道德导向，注意在大众传播的多种形式中渗透思想政治教育内容，使学生在不知不觉中受到思想政治教育的影响，从而在潜移默化中提高自己的思想道德素质和精神文化品位。另外，思想政治教育工作者也要进一步加强利用各种传媒方式之间相互协调、相互补充的关系，发挥优势互补，提高综合影响力。

二、依托新媒体创新大学生思想政治教育策略

新媒体时代的思想政治教育主体构成发生了变化。现在除了思想政治教育工作者本身以外，各种网站、网页通过网络新媒体的互动已在客观上成了信息的重要传输者和思想行为的重要影响力量。因此要积极开发和共享信息资源，尽快建设一批学生喜欢的具有鲜明社会主义先进文化特征的红色网站，整体规划，稳步推进，进而构建起区域性乃至全国性、全球性的思想政治教育网络体系，扩大社会主义先进文化在网络上的阵地。

高校思想政治教育工作者还必须是现实生活里做思想政治教育工作的行家里手。占

领网络思想政治教育工作阵地，应不失时机地找准切入点，做好网下大文章，构筑网上网下联动、全时关注、全程覆盖的立体交叉网络。传统媒体中，报纸是一种群体的自白形式，它提供群体参与的机会。广播直接地、面对面地影响着多数人，给人们展示一种不通过言语交流的世界。电视能给人们提供各种生动的素材，满足视听刺激的需要。因此，我们要加强网络媒体与其他传统媒体的合作，如在网络上传递传统媒体的教育信息，或利用传统媒体的优势介绍网络媒体的丰富多彩的资讯。针对学生思想上存在的疑惑和问题，提供正面信息。

思想政治教育的根本宗旨是解决学生在世界观、人生观、价值观、政治观和伦理观等方面存在的问题，帮助他们树立起正确的理想信念，使其成为能辨别是非、善恶、美丑的主体，能抵制各种不良思想的诱惑，能把握自己的行为，使自己合乎社会发展主流趋势的要求。要达到这一目的，就要有针对性地讨论、研究和解决学生关心的、遇到的各种思想政治问题。

第三节 多元文化背景下的大学生思想政治教育创新

多元文化的发展越是蓬勃，思想政治教育工作力度就越不能减小，反而要不断地加大。高校思想政治教育要在弘扬传统中、坚持发展中不断创新，保证思想政治教育源源不断的发展动力，丰富生动鲜活的教学内容，树立所有参与教育教学的成员"敢想敢干"的精神风貌，最终投身于建设中国特色社会主义现代化进程中。创新是高校思想政治教育的力量之源、灵感之源。在社会瞬息万变、新的文化如雨后春笋、社会文化环境瞬息万变之时，社会矛盾集中，新的问题、新的挑战不断涌来，思想政治教育工作面对如此错综复杂的环境变化，必须敢于创新，必须勇于创新，必须不断创新，才能保证高校思想政治教育在意识领域的话语权。

改革开放以来，多元文化影响着我国的国情、党情、人情，多元文化给思想政治教育工作带来了良好发展时机的同时，也考验着思想政治教育工作在意识领域的重要地位，提出了严峻挑战。在新形势下，高校教育工作的重点必须始终放在教育改革、紧跟时代步伐上。必须以创新发展教育工作为新起点，保持和发挥好思想政治教育工作的优势。

一、坚持"以人为本"创新大学生主体地位

思想政治教育工作是关于人的工作，多元文化对学校思想政治教育培养目标定位在人的全面发展，注重人文关怀。思政教育始终围绕贯彻以人为本，服务于学生，探索一条

以大学生为创新主体的理念新思路。

要把尊重大学生的主体地位作为思政教育创新的出发点，有针对性地开展思政教育工作。大学生自我意识、独立意识强，他们不喜欢"你说我听"，喜欢发表自己的不同见解。思想政治教育工作要准确把握当代大学生的思想特征，在思想政治工作中切实认真贯彻以人为本的发展理念，促进大学生全面发展，应努力做好以下几项工作。

（一）激发和培养大学生的主体积极参与意识

学生的主体性在思政教育中起着十分关键的作用。因此，要激发和培养学生的主体参与意识，教育的过程不能总是教师自说自演，错误地让学生把自己放在"观众"的位置上。学生要努力培养自身具备积极的创造力和热情的参与意识，促成学生成为自我教育的主体，并成为能动的、有创造力的主体。在教育的过程中必须赋予学生应有的权利，在享有权利的过程中，不断增强他们的主人翁意识，同时使他们更乐于去承担他们在教学过程中的义务。

（二）学生工作者由教育者转变为引导者

大学生心理日渐趋向成熟的时期，他们对任何活动都有很强的好奇心和积极参与愿望，但主体意识在行为层面的表达能力还不成熟，在参与实践的行为中缺乏科学有效的引导行为。这就更需要教育者科学地指导大学生，使他们内在的参与愿望转化为外在的参与实践行为，将大学生主体意识、积极能动性转化为自我教育、自我管理、自我提升的强大动力，在参与实践中实现自我的全面发展。

改进工作方法作为思政教育创新的切入点，把是否有利于提高大学生综合素质、是否有利于促进大学生思政教育工作全面发展作为检验教育方法成效的标准和依据。

多元文化的新形势下，大学生的思想活动和行为方式呈现出一些新的特点，如意识上的混乱和多样、行为上的独立和多变，教育工作者应该具体问题具体分析，把当代大学生新特点作为创新工作方法的突破口。

通过切实可行的方法，实现思想政治教育工作三个转变，即管理说教向服务转变、封闭教学环境向开放转变、转变狭隘工作方法，最终形成服务为先、文明互通、合理科学的开放式教育教学。

把做好思想政治教育工作和注重人文关怀相结合。在思想政治教育中坚持"一切为了学生，为了学生的一切"的原则，那么思想政治教育工作就不能只停留在书本层面或是只停留在意识领域问题上。说到底，教育工作者要深入实际、深入学生，既要关心学生思想上的实际问题和思想上的疑惑，努力引导、教育、解惑；又要关怀和关爱学生的生活现实问题，努力倾听学生最真实的呼声，努力使思想政治教育工作体现深厚的人文关怀，最终从情感上赢得学生信任，在日常生活的点点滴滴中做到春风化雨、润物无声。

二、把营造互动沟通教育环境作为思想政治教育创新的突破点

思想政治教育的环境不只是局限于思想政治理论教学的课堂上，多元文化为思想政治教育工作提供了更广的传播媒介，营造良好的教育环境更有利于师生间沟通交流、相互促进、共同提高。因此，要做到课堂上平等互动，网络中文明互动，心理上情感互动。

（一）课堂上的互动

传统的思政理论课教学主要以教师的单向灌输式的教学为主，整个教学过程成了教师的"一言堂"，学生处于被动的地位，只能单方面接受教师的"灌输"，思想政治教育由此也就由人格培养演变为科学文化知识的传授。不仅不能培养学生的创新能力，反而会禁锢学生的思维，扼杀学生的想象力。良好的教学环境是在师生共同努力下形成的。在课堂上，教师采取生动活泼的教学方式，抽象和具体相结合，概念和实例相配合，课堂教学和课外活动相促进，教师导向和学生互动共发展，使学生在愉快的心情下学习，师生相互合作、平等和谐。加强用先进的科学文化知识武装大学生的头脑，弘扬中华民族优良传统美德，坚定爱国主义情怀和建设社会主义事业的愿望，在主旋律教育的基础上开展"平等讨论课堂"教学方式，最大限度地发挥学生主观能动性。在互动的课堂上，正确处理老师和学生的关系，畅通师生交流渠道，使学生感受到他们是学习的主人。疏导学生与社会的关系，为学生提供一个锻炼创新能力的舞台。

（二）网络中的互动

网络媒体提供给大学生多元化信息，拓宽了大学生知识视野的同时也拓宽了思想政治教育传播渠道，丰富了学生的头脑，网络生活已成为大学生活的重要组成部分。在网络文化蓬勃发展的今天，传统的思想政治教育方式出现"效果弱化"现象，教育者总以单一正面灌输的形象示人很难吸引大学生的"思想走向"。只有占领网络思想教育阵地，利用网络平台信息量大、内容丰富、方便快捷、普及范围广等优势进行网络对话，互动交流，分析与概述，才能在多元文化的世界中找到主旋律，这是加强思想政治教育自身建设的一种有效途径。从实践情况来看，思想政治教育网络平台建设加强了弘扬社会主义核心价值观，充分发挥网络思想政治教育科学性价值，最大限度激发大学生的主体能动性，使主导性价值观渗透到教育的方方面面。网络互动教育模式使思想政治教育由"固定"转向"可变"，由"一维"变成"多维"，由"单调"化为"多彩"。

（三）心理上的互动

面对日益严峻的社会挑战和竞争激烈的就业压力，大学生很容易产生悲观厌世的情绪。针对大学生棘手的心理问题，教育者要通过互动交流的形式在思想政治教育过程中强

化心理健康教育，进行耐心细致的心理慰藉和辅导，帮助学生学会适当有效地调节自身心理情绪，学会协调学生与教师之间、学生与学生之间和学生与社会之间的关系；在互动中学生积极建设自我心理疏导机制，保持良好乐观的心态，提高自我抵抗压力的能力和心理预警能力，激起学生奋发进取、自强不息的宝贵精神。

三、大学生思想政治教育以培养复合型人才为落脚点

进入 21 世纪以来，随着经济和社会的快速发展，我国已进入了高等教育大众化、多元化阶段。为适应经济与社会发展对人才的需求和人性全面自由发展的需要，创新大学生应用复合型人才思想政治教育工作，对于提高大学生应用型人才的整体素质，保证应用型人才培养质量，更好地完成人才培养目标具有十分重要的意义。

大学生思想政治教育不是离开素质教育另起炉灶、另走一路，而是应与素质教育一样都要以培养复合型人才为目标。高素质复合型人才至少具备以下几方面的能力，即道德素质、创新素质、审美素质、技能素质和身体素质。其中，创新素质是核心，道德素质是根本。知识经济时代下复合型人才必须具有创新意识、创新情感、创新意志和创新实践能力。教育要以培养学生的创新精神和实践能力为重点，全方位地开展工作。培养高素质复合型的人才，对思想政治教育工作提出了更高的要求。在知识方面，复合型人才要具有深厚专业理论和可供广泛迁移的知识平台，具备较强的终身学习能力和专业转换的适应能力；在能力方面，除了具备某种岗位所需的基本的操作技能、技巧外，还要具备探索能力，乐于钻研，把发现、发明、创造转化为具体实践或接近实践。在思想素质方面，应具有正确的人生观、世界观、价值观。

思想政治教育是培养复合型人才创新能力的一个重要手段。第一，它有助于激发大学生的创新意识。思想政治教育可以帮助学生全面把握当今时代的特点，增强社会责任感、使命感，并深刻认识到 21 世纪是需要创新的时代，同时能进一步激励人们进行更高层次的创新追求。第二，还有助于发展大学生的创新思维。创新思维要求在思维过程中破除习以为常、司空见惯的思维定式，积极采取发散性思维、逆向思维、求异思维、联想思维等思维方法。思想政治教育是以马克思主义理论为指导的，马克思主义哲学是批判的、开放的、发展的学说，通过对唯物辩证法的学习，培养学生的科学怀疑态度和问题意识，从而不断发现新问题，进行新思考，提出新观点，给出新答案。

第九章 新时代思想政治教育工作的队伍建设

第一节 辅导员与大学生思想政治教育工作

一、高校辅导员角色相关概念界定

（一）角色相关概念的界定

1. 角色

当社会人在扮演某一特定的社会角色时，产生了符合这一角色的行为举止，并使这些行为举止作为其专属的社会行为规范和行为模式；即使日后角色扮演的主角人物消失了，这一角色是仍然存在的，因为其行为举止已经对社会产生了一定的影响，且不可被替代。社会地位是社会角色的象征，且能够凸显与其身份相匹配的权利、义务的规范和行为模式。社会每一个角色都拥有来自同一领域内与之产生互动的人群的角色期待，在这一领域内，角色会拥有与之行为所匹配的社会身份和社会地位，并应具有相对应的权力去履行其社会职责。由此可见，对于"角色"一词在不同的环境领域有不同的解释和定义。从以上学者对"角色"一词的解释来看，"角色"是由指定的环境所产生的一种必然的、特殊的社会个体或群体，拥有能够彰显其独特之处的地位。这一个体或群体角色在进行角色扮演的过程中，会产生一系列的行为表现且对社会发展带来一定的影响，并且社会对这一个体有着专属的角色期待。

2. 角色定位

角色定位是指在特定的环境下，相对于其他互动角色，拥有专属于自己的且无法被替代的定位，这种定位往往与角色特征、角色行为和角色期望有着密不可分的关系。角色定位会受到社会环境和时间环境等因素的影响而发生变化。

3. 角色行为

角色行为是在角色进行角色扮演时所产生的特定的行为，这种行为可能会有利于塑造人物良好的角色形象，也有可能会改变其所处环境，当然也会存在破坏其角色形象的可能。角色会在进行角色扮演的过程中因环境的变换而产生其相对应的角色行为，主要是受到主观意识的影响。只有在人们认同并确定承担特定的社会角色时，他们才能进行与这一角色相关的特定的角色行为，但如果角色遇到突发状况时，角色也会做出相应的变化反应。所以，只有通过对指定角色在进行角色扮演时所产生的一系列相对应的具体行为过程，才能被人们称之为角色行为，且这些角色行为才会有与之相对应的具体意义。综上，角色行为主要指的是社会中的各类角色在指定的环境氛围内，在进行角色扮演时所产生的特殊的行为过程。

4. 角色期望

角色期望是某个个体角色或某类群体角色对某一指定角色的扮演及行为所产生的期望，它主要起到连接社会结构与社会角色的作用。角色期望主要是通过角色及其角色行为给人们带来的主观认知所产生的主观意识期望。人们也会通过角色期望判断其角色行为是否符合这一角色的身份和地位。人们会根据社会角色所拥有的社会地位、权利、责任和义务来决定对这一社会角色的角色期待。角色期待往往会在对角色行为进行规范时产生，并提出符合其角色行为的相对应的要求。在日常生活中，人们会根据角色期待来掌控自己的行为，依据角色期望对他人的行为进行预测和评价。辅导员作为一种社会角色也要面临社会的期望，这是辅导员进行角色扮演的必经之路。

（二）高校辅导员及其角色的内涵

1. 高校辅导员

辅导，字面上的意思是帮助和指导。那么辅导员，是指对学生进行辅助性帮助和正确指导的校内工作人员。大学辅导员的早期称谓是"政治辅导员"。辅导员这一概念，看似非常简单，并且大家都认为自己对辅导员有所了解，但其实对辅导员的深入认知却十分模糊。这主要是因为其日常行为和工作职责的繁杂，让人难以对辅导员有清晰明确的认识，并给予其专属的定义。辅导员在高校中要从事和学生相关的日常工作，包括生活、学习、心理辅导、评优评奖、就业创业指导等，有的辅导员还会承担部分教学工作。在高校中辅导员的工作性质还存在着专职和兼职之分。专职辅导员是指专门从事学生管理事务及思想政治引导工作的辅导员；而兼职辅导员多数是因为学院内人手不够，为了辅助专职辅导员工作的研究生或课时较少的在职教师。

辅导员不仅是高等学校教师队伍的重要组成部分，更是高校管理不可或缺的一部分，是高校开展思想政治教育的有力保证，是全面切实贯彻学生日常思想政治教育的指导者、是完善管理工作的实施者。因此辅导员不仅要充分履行教师与干部的双重职责，更要与广大的学生建立良好的关系。

2. 高校辅导员角色

社会角色的产生主要是为了满足社会的需要，而产生的角色也会随着社会的变化不断地丰富自己的角色形象。结合对角色和高校辅导员的概念界定，高校辅导员角色是指在高校从事辅导员工作时所呈现出的满足角色期待的行为模式。社会其他角色对高校辅导员角色有着专属的角色期待，且高校辅导员角色拥有着代表这一个体的身份与地位，行使其相应的权利和义务。

3. 高校辅导员角色的内涵

辅导员是高校的骨干，他们的主要角色行为是组织、实施、指导高校大学生的日常学习和生活，努力与学生成为知心朋友，同时也成为其人生导师。由此可见，高校辅导员这一角色在高校乃至高等教育领域中都扮演着无法替代的重要角色。相比其他在校教职工人员，高校辅导员的工作职能有很多，最为核心的就是促进学生全面发展。在高校众多角色中拥有独特的身份和地位，还包含来自社会各类角色对辅导员的角色期待。为了能充分发挥核心职能，高校辅导员应从最基本的思想政治引导者角色，转换为能够适应当下高校大学生发展和教育、管理、服务相结合的多元化角色载体。

4. 辅导员的特征

辅导员在高校工作中是学校、院系等各部门工作的具体实施者，是学生与各院系、处室部门间的桥梁纽带。学生在校期间接触最多的便是辅导员老师，辅导员与学生最亲近，学生干部的行为养成容易受到辅导员工作风格的熏陶。辅导员的进入门槛与专业课教师相比较高，鉴于思想政治教育工作的特殊性，辅导员队伍管理具有政治性强、时效性要求高、工作纪律性严等特点。

二、新时期高校辅导员的角色定位

（一）辅导员角色定位的概念

高校辅导员角色指的就是各大高校中的一线专职辅导员，在工作中表现出来的契合社会大众所期待的行为模式。换言之，一方面是高校辅导员在社会群体中的作用，另一方面又包含学校管理者、学生及社会公众对其角色的期待。

（二）辅导员角色定位的特征

高校辅导员的角色定位有如下的特征：辅导员的范围和角色边界相对宽泛，尚未形成准确的辅导员边际，举个例子，没有切实贯彻提升在职学历、节假日、工作时间及其他福利性的保障等；辅导员考核评价体系难以量化，难以确保公允。高校辅导员工作多以事务性为主，与高校的专业课教师的硬性量化指标考核不同，很难在考核评价时充分调动其工作的积极性。

（三）高校辅导员管理中对角色定位的要求

高校辅导员是高校大学生思想政治教育工作和日常事务管理工作的指导者和具体实施者，也是学生基层工作的重要管理者和协调者，同时更是高校贯彻教育方针，坚定学校办学方向的重要力量。辅导员队伍管理中，首要的就是确定辅导员职位的性质和职责的内容，即确立辅导员在学校的明确的地位、明晰的角色。这是选拔培养辅导员的基础，也是对辅导员进行考核、任用的依据。

1. 学生成长方向的引领者

在高校大学生思想政治教育工作中，毋庸置疑的是高校辅导员具有重要的作用。他不仅要让大学生树立起正确的政治方向，还要夯实高校大学生的思想政治教育工作基础，努力培养高校大学生的道德水平，这些都是高校辅导员角色的基本职责。高校辅导员要坚持实事求是为原则，坚持以实际为基本出发点，尊重学生合理的思想追求，选择欲望、诉求，讲究方法策略，有针对性，有意义地展开思想教育工作。不仅要组织好高校大学生思想政治教育工作，还更要确保其有效实施，要充分发挥示范作用，扮演好高等院校思想政治教育规律的研究者等具体的角色。

2. 学生成才路上的服务者

高校辅导员在高校大学生成才积累的关键时期，亦师亦友，是学生的老师，更是学生亲密无间的朋友。正是因为高校辅导员具有这样特殊的身份特点，才决定着其一言一行都会对高校大学生产生较大的影响。在高校大学生青春成长中最重要的阶段，辅导员在工作中要注意运用管理艺术，充当好管理者和服务者的角色，培养学生成为有理想、有道德、有文化、有纪律的新时代青年。

3. 学生事务工作的管理者

学生日常事务的管理工作是高校辅导员角色最基础的职责之一。事务性工作关乎学生方方面面的利益，学生工作无小事，具体又繁杂，工作开展是否得力，效果是否显著，同学们是否认可结果和过程，对是否能够切实贯彻思想教育工作具有重要的影响。这就要求高校辅导员不仅要做好角色的定位，更要善于总结、不断思考，寻求改进措施，为科学的引导学生打下坚实的基础，积极寻找一条更具模块化、规范化、科学化的发展策略。总之，确保指导方法的正确性才能推进指导工作的开展，兼顾好显性教育与隐性教育的手段，才能为同学们带来优质高效的服务。

（四）新时期高校辅导员的角色定位分析

高校辅导员身为学校思想政治教育的主力军与学生管理队伍的领头人，他们既要具备教师管理学生的威严，又要具备和学生打成一片的随和；既要做好思想政治文化教育，又要关注学生的生活安全；既是管理者，又是执行者。辅导员的角色设定就是一个相对矛盾的、不清晰的存在。除此之外，辅导员以外的其他群体对辅导员身份的认知，与辅导员自身的认知也不尽相同。对学校而言，辅导员是教师队伍的一部分；对学生而言，辅导员是学生各项事务的具体操作者。辅导员对自己的认识也不清晰，而且大多数高校的辅导员都是兼职，是毕业生留校任职的一个考察时期的工作，专职辅导员比例不高，他们也都很少具有专业资格。综上所述，当前辅导员的角色定位是相对矛盾的、模糊的，这就要求我国不仅要全面培养辅导员的专业素养，还要不断推进高校辅导员专业化、职业化的发展模式，更要进一步提高高校辅导员队伍管理和建设力度，使其角色更加清晰，定位更加准确。

三、对高校辅导员角色定位的建议

（一）坚持把思想教育者角色摆在首位

高校辅导员的角色定位虽然丰富，但学生最希望辅导员扮演"学生问题的解惑者"。因此，高校辅导员应先扮演好这一角色。面对学生在学习和生活方面的问题，辅导员要积极帮助学生有效地解决问题；面对复杂的国际局势，学生容易受到不良思想的影响，辅导员应对学生的思想加强引导，提高学生的思想政治素养，明确自身的岗位职责，明确自身思想政治教育者的身份。

（二）逐步降低管理者角色的显要位置

学生最不希望辅导员扮演"学生工作的管理者"这一角色。辅导员的角色定位虽然要将学生的意愿作为依据，但不能完全遵循学生的意愿。因此，高校的辅导员要逐步淡化其"学生工作的管理者"这一角色，而不能完全从辅导员角色集中将其消除。辅导员作为学生工作的管理者应适应教育环境的变化，转变向身角色，由学生工作的管理者逐步转为学生工作的服务者，以便更高质量地完成学生工作；另一方面，辅导员要逐步降低管理者在其角色组合中的显要位置，改善自己与学生之间的关系，与学生平等相处，提高自身的亲和力。

四、新时代高校辅导员角色建构的出路

（一）减少辅导员角色期望的多样性

辅导员的角色期望是因时而进、因势而新的，新时代辅导员角色期望有其发展性、多样性和冲突性的特点。在新时代高校辅导员的角色集中，包含多个不同领域的角色，这些角色包含了"事务工作者""理论研究者""教师""朋友"等性质不同的角色。"事务性工作者"需要个体耗费大量的时间和精力，重复性极强，而"理论和实践研究者"需要个体静心于理论研究，要求个体富有创造性。这两个角色对其扮演者的要求相差甚远，因此辅导员在扮演着"事务性工作者"角色的同时很难再扮演好"理论和实践研究者"的角色。"教师"为人师表，需要具备一定的理论知识和丰富的实践能力，为学生传道授业解惑，是师者和长辈，而"朋友"是建立在双方平等基础上的身份，要求双方有一定的相似性，是伙伴和同辈。因此，辅导员在扮演着"教师"角色的同时也很难再扮演好"朋

友"的角色。新时代高校辅导员角色的发展性导致其角色集的多样性，而角色的多样性又导致了其角色的内在冲突性。但在国家和社会所赋予辅导员的角色期望不能改变的情况下，配置班主任和辅导员助理来承担部分角色，是减少辅导员角色期望多样性的另一种途径。

（二）提升辅导员的职业地位

辅导员在高校工作体系中还是教师身份，虽然可以承担相应的行政工作，但不能影响辅导员日常的学生事务管理工作及教育教学工作。保证辅导员教师角色不改变，从根本上要推进辅导员队伍专业化建设。这种专业化表现，一方面，要提高辅导员的地位，提升辅导员对自身的认同感；另一方面，要提高辅导员专业技能和专业素质，打造高水平高标准的辅导员教师队伍。

（三）提高辅导员角色领悟的充分性

辅导员的角色领悟会决定其角色实践，虽然现实情况会使两者存在偏差，但个体还是会在实践过程中努力扮演好自己认为应该扮演的角色。推动思想政治教育学科建设，加强辅导员专门人才的培养力度；建立职业准入制度，把好辅导员入口关；实现辅导员工作注册制，把好辅导员工作过程关；完善各级培训制度，加强辅导员培训力度；等等。这些都是组织提高辅导员角色领悟的有效策略。

1. 加强辅导员专门人才的培养力度

和国外的高校大学生事务工作者不同，我国目前并没有一个对应辅导员工作要求而设立的大学专业，以培养辅导员的专门人才，大多数高校在招聘辅导员时也并不限制辅导员的专业，这就造成了新晋辅导员在扮演角色的初期无法深刻地认识角色期望，也就不可能很好地完成自身的角色领悟。这成为辅导员在角色领悟中的先天不足。强大的学科支撑，连贯的人才培养路径是专门人才培养的一个决定因素。辅导员最初的职业角色为"政治引路人"，因此，思想政治教育学科作为其学科支撑有其历史性和必然性。高校要为博士生提供担任低年级学生辅导员的工作机会，让他们在实践中研究理论、创新理论，推动学科和专业的发展，也加强了辅导员整体的角色领悟程度。

2. 建立职业准入制度

实现辅导员工作注册制，把好辅导员工作的过程关；完善各级培训制度，加强对辅导员的培训力度。采用全国统一的辅导员工作记录，让初级、中级、高级的辅导员年限有权威的机构进行记录和认证，使辅导员的管理过程实现统一化和规范化，并针对不同工作年限的辅导员进行不同程度的角色领悟方面的培训。加强对辅导员科研项目和访问学者的支持力度，让更多的优秀辅导员在工作实践中接受高水平的学术指导，提高角色领悟水平，提高学术能力。加大思想政治教育工作专项博士的招生力度，让更多优秀的辅导员接受系统的学术训练，成为辅导员学术研究的先行者，推动辅导员整体角色领悟水平的提升。扩大辅导员短期国内外交流和短期培训的覆盖面，交流学习的机会应更多地向独立本科院校辅导员和高职高专院校辅导员倾斜，让他们能够在繁重的工作中进行学习交流，更好地提高他们的角色领悟水平。

（四）拓宽辅导员实现价值的路径

辅导员作为高校大学生思想政治的教育者、思想价值的引领者，实现个人价值的重要方式是做好高校大学生思想政治教育，成为高校大学生学习、工作、生活上的领路人。学校应为辅导员提供对学生进行思想政治教育的更多渠道，不能仅局限在课堂教学之中。

（五）减轻辅导员角色实践的繁重性

从高校辅导员角色实践现状可知，辅导员在角色实践中面临繁重的日常事务性工作，这耗费了其大部分精力，导致其自我角色领悟和角色实践难以保持一致。因此，要减少辅导员角色实践的繁重性，提高辅导员角色扮演的充分性，需要采取划清辅导员工作界限和营造同向同行育人环境的策略。

（六）促进辅导员有效建构自我角色

在采取以上策略帮助辅导员减少角色期望的多样性、提高角色领悟的充分性、减轻角色实践的繁重性后，组织还应该采取构建辅导员工作团队、打通辅导员"多线"晋升通道的策略，来帮助新时代高校辅导员有效建构自我角色。

1. 构建辅导员工作团队

学校应培育辅导员工作团队，实现辅导员角色的单一化，尽量在配置一线辅导员时遵循事务性辅导员（本科生）和研究型辅导员（硕士、博士）相结合，初级、中级、高级辅导员相结合，不同专业教育背景的辅导员相结合的原则；应在日常培训中丰富培训的层次和内容，满足处于不同发展阶段的辅导员的需求，引导不同年限的辅导员结合自身特长进行职业规划，鼓励他们坚持某一专业领域的研究，成长为这一领域的专家；应将一个基层教育单位的辅导员团队，培育为九个角色均有专家的专业学生事务管理团队，指导学生有效地解决成长过程中的不同困惑。

2. 打通辅导员多个晋升通道

高校要切实贯彻辅导员职称评聘单列计划、单设标准、单独评审，评审过程应充分考虑辅导员工作的特殊性，不能简单地统一到专业教师序列去一概而论。各学校应根据自身情况制订辅导员评级定级细则，对应相应的职级待遇，让辅导员职务晋升不单为狭窄的"机关"途径，而是形成辅导员职称、职务、职级的"多线"晋升通道，稳定辅导员队伍，做好辅导员专业化、职业化发展的导向。

第二节 辅导员的核心素质及核心能力

一、高校辅导员应具备的核心素质

（一）优秀的道德素质

高校辅导员要培养学生的优良品格，塑造学生的灵魂，这是由辅导员教育性的特点决定的。辅导员不仅需要向学生传授思想政治教育的有关知识，还要向学生传授做人的道理。这就要求高校辅导员首先要具备良好的思想道德风范。辅导员个人的思想道德风范对学生有重要影响，这种影响是教材、道德格言、奖励和惩罚都不具备的。辅导员良好的个人思想道德风范能够成为学生学习的榜样，潜移默化地影响学生的学习和发展。良好的个人思想道德风范也能够提高辅导员在学生中的影响力和公信力，使辅导员更易于展开学生工作，提升学生工作的质量和效率。辅导员良好的个人思想道德风范主要包括以下两点。

1. 个人品德

高校辅导员良好的个人品德是指品德高尚、平等地对待学生、为人真实诚恳、对自己有严格的要求。

2. 职业道德

高校辅导员的职业道德有三层内涵：

（1）高校辅导员要有崇高的职业信念，要热爱自己从事的职业，热爱自己的学生，有责任感。在工作中，要保持积极向上的心态，及时了解学生的学习情况。

（2）高校辅导员要有高尚的职业道德品质和精神品质。这些品质能够在工作过程中提高辅导员的感召力，无形地影响学生的学习和未来的发展，使学生的品格更加完善。

（3）高校辅导员要有创新意识。辅导员要针对不同学生的不同特点，遵循因材施教的理念对其进行教育。同时，辅导员要大胆创新，改革教学模式和教学方法，更好地为学生服务。

现阶段，我国高校辅导员已经清晰地认识到了当今形式下的高校思想政治教育的作用和认识，能够将思想政治教育作为伟大的事业来完成，在工作过程中，表现出责任感、使命感、职业荣誉感和奉献精神。但要注意的是，在社会主义市场经济条件下，物质财富极大提高，人们的价值取向逐渐呈现出多元化的特点，有些人的价值追求出现问题，由追求长远的目标转为追求眼前目标，由追求精神富足转为追求物质财富，由追求集体利益转为追求个人享受。受到这些价值观念转变的影响，一些高校辅导员对思想政治教育工作的认识发生了动摇，出现了工作不积极、不认真，工作主动性不足等问题。

在当今形式下，高校辅导员工作任务艰巨、工作难度高、工作责任大。辅导员要想高质量地完成本职工作需要付出自己的休息时间，而辅导员的待遇与辅导员的付出不符，导致一些辅导员出现心理落差，责任意识和敬业意识开始淡化，并表现为工作中的种种问题。因此，要增强高校辅导员的素质和能力，引导他们形成对高校思想政治教育的作用的正确认识，提高他们的责任意识和敬业意识，提高对所从事的职业的认同感。

（二）良好的心理素质

高校辅导员要切实贯彻学校的教学计划，协调学生与学校之间的关系。这些工作的完成，都需要良好的心理素质作为支撑。良好的心理素质能够帮助高校辅导员更好地完成学生工作。辅导员的工作十分繁复，处理好这些工作要求辅导员要具备以下几项心理素质。

（1）辅导员要对学生工作充满热情，要有完成工作的耐心。

（2）辅导员要有宽和的心态，面对突然出现的情况要不急不躁，面对工作上的误解要不愠不怒。学生不配合自己的工作时要平和处理，积极与学生沟通，不可粗暴对待。

（3）辅导员要富有爱心，要关心学生在思想或情感上的问题，引导学生走出困境。

（4）辅导员要有进取心和坚定的毅力，要能够应对工作中出现的问题和挑战。

二、高校辅导员应具备的核心能力

（一）组织协调能力

一般情况下，高校辅导员要管理的学生约有一百多人，面对如此庞大的群体，要求辅导员要具有组织管理能力和协调沟通能力。在工作中使用科学的管理方法能够培养学生的独立意识、现代生活观念和人文精神。随着时代的发展，当代高校大学生有着强烈的民主意识和自主观念，这就要求辅导员要使用科学的管理方法对其进行管理。如建立公平合理的规章制度对学生进行管理。建立科学合理的规章制度并切实地执行，能够展现辅导员的管理能力和管理素质。同时，辅导员还要与学校的各个部门积极沟通，协调工作。良好的沟通协调能力是高校辅导员的一种专业能力。良好的沟通协调能力不仅应用于与学校各个部门的沟通，也应用于与学生的沟通。积极有效的沟通能够促进学生工作的展开。

高校辅导员的组织协调能力包括班级结构设计、班级人员配备、指导班级实现学习目标。班级结构设计要以班级整体目标和班级的主要任务为基础。

（二）语言表达能力

高校辅导员要具备良好的语言表达能力，在对学生进行思想政治教育和展开学生工作时要使用内容丰富、逻辑严谨、形象生动的语言。语言表达能力对于高校辅导员来说至关重要，辅导员要掌握一定的表达技巧，使自己的语言表达准确、严密、生动。高校辅导员要掌握交流沟通和论辩技巧，能够准确完整地表达自己的观点，要善于做演讲和宣讲。此外，高校辅导员要能够使用语言将自己的工作思路条理清晰地表达出来，以便向学校领导汇报工作。

思想政治教育主要是通过语言完成教师和学生之间的交流。因此，语言表达对于高校辅导员工作的完成有重要影响。

高校辅导员的语言表达要适应学生的层次性的特点。高校学生有层次性的特点，这些学生来自不同的年龄层，有各自不同的经历，具有互不相同的性格和素质等。这就要求高校辅导员要在与不同的学生沟通时采取不同的语言表达技巧。

对于勤奋好学的学生要使用委婉的侧面提醒的方法，使这类学生能够及时发现自己在学习中存在的问题和不足之处；对于平时不遵守学校规章制度和课堂纪律的学生要使用严肃批评的方法，直接对其不良习惯给出严厉的警告；对于自尊心较强的学生要使用柔和、委婉的语言向其讲授道理；对于性格活泼的学生要使用活泼生动语言对其进行教育；对于学生干部要采取直接沟通的方式，直接指出学生工作中的问题；对于学习成绩处于班级中层的学生要使用激励性政策，鼓励他们努力学习；对于学习成绩不佳的学生要使用开导性的语言，劝其努力学习。总之，高校辅导员要根据学生的不同层次使用不同的语言表达其意，并针对学生的具体问题给出建议。首先，高校辅导员的语言表达要满足学生的爱的需要。高校辅导员要保证能够为学生提出正确的建议，在向学生提出建议的同时还要得到学生的尊重和爱戴。高校辅导员要在语言表达中表达出学生的关心和爱，如果不是发自内心地喜爱学生，那么他的语言表达将是苍白无力的。高校辅导员需要对学生进行严格管理，但要通过耐心的教诲实现对学生的严格管理。其次，高校辅导员的语言表达要满足学生想要获得尊重的需要。高校学生有较强的独立意识和强烈的自尊心，针对这一特点，高校辅导员应在学生工作中使用恰当的理由激发学生的自尊心，使其发奋学习，以实现在平和的语境中获得最佳的表达效果。最后，高校辅导员可以使用幽默的语言向学生讲述道理。幽默的语言能够吸引学生注意力，提高教学效率。

（三）服务学生的能力

高校辅导员既是教育者又是管理者，同时也是服务者，在全面推进素质教育的工作中具有重要力量。高校辅导员应具备服务学生的能力，以扮演好"服务者"的角色。在当今社会主义市场经济大发展的条件下，由现实问题带来的思想问题越来越多。一般来讲，高校大学生绝大部分的思想问题是由现实问题引起的。辅导员要想办法积极有效地解决高校大学生存在的现实问题，对于不能及时有效地解决现实问题，辅导员要对学生进行心理疏导，减轻学生的心理压力。现阶段高校毕业生面临很大的就业压力，毕业生急需就业指导和就业帮助。辅导员与学生的关系最为密切，在毕业生的就业指导工作中具有重要作用。高校辅导员应为毕业生提供必要的就业指导和就业服务，指导毕业生科学择业，减轻毕业生的焦虑。

（四）自我控制和驾驭复杂局面的能力

高校辅导员要掌握一定的心理学知识和心理发展规律，并对自己的心理特征有一定的了解，以帮助自己形成对辅导员角色的具体认识。在工作过程中，高校辅导员要面对来自各个方面的各种各样的问题，心理状态和情绪难免出现波动。这就需要使用心理学知识调整心态，平稳情绪，以保证顺利完成工作。高校辅导员需要在工作过程中保持良好的情绪，这样能够提高工作效率，使辅导员更受学生的欢迎。现代社会不断发展，社会中出现了很多不确定因素。高校辅导员主要负责学生的思想政治教育，与学生的接触也最为频繁，因此会遇到很多不确定因素。为有效应对这些不确定因素，高校辅导员应在实践中不断锻炼自己，分析影响学生行为和思想的各种因素，以便在面对复杂疑难问题时能够快速判断成因，及时找出应对策略。

第三节 辅导员队伍制度及发展理念

一、辅导员职能发展

在高等教育改革不断推进的过程中，高校的学生工作体系越来越复杂、精细。学生思想政治工作和学生事务工作分开之后，辅导员原本"一元化"的工作模式被打破。举个例子，就业中心的成立，一方面是市场化之下高校改革的产物，另一方面将原本辅导员对毕业生工作分配的职责剥离；心理中心的成立，则表明学生事务与政治思想进一步脱离，在此之前高校几乎不关注学生心理问题，心理辅导即是"做思想工作"；废除了国家包上大学的制度后，面对贫困生上不起学的情况，勤工助学、资助管理等部门相继成立……越来越多的学生管理事项走上了专业化、专门化管理的道路，以往辅导员"一元化"政治性统合的工作逻辑不复存在。

而作为高校辅导员而言，"专业化""复合型"也越来越成为当前工作中最急迫的要求：一方面是思想政治专业的素质需求，另一方面是各种事务性事项的能力需求。面对"多元化"专业性支持的逻辑转变，辅导员们应该在又红又专两个维度提升。做好学生的思想政治工作是一名辅导员的底线要求，这需要"红"；做好学生的日常管理、为学生提供各方面的指导和帮助则需要"专"。要转变对辅导员培养的观念和思路，有必要以思想政治教育专业为核心，构建综合性、复合型的课程体系，培养专业的辅导员团队，让更多的专职人员走上辅导员工作岗位，这将在很大程度上有利于辅导员工作的开展及辅导员价值的发挥。

二、辅导员职业化

职业化一词在辅导员这一职业中是指，从事该行业的人员应该经过辅导员相关方面的培训与教育培养，从而掌握对学生进行思想政治教育工作的方法手段，掌握学生管理事务的专业技能与理论知识，令辅导员这一职业成为一个可以长久从事的职业。这些有利于辅导员队伍管理体系与机制的建立。辅导员工作的职业化存在以下四方面要求。

一是为了让广大从业人员认识到该职业的发展前景，提升工作积极性。高校人事部门需要设计一个辅导员考核、任职、晋升的制度改革体系，通过明文来确定与鼓励该职业是长期稳定发展并可从事终生的职业。

二是辅导员从业人员只有在经历一系列的严格培训和专业学习后，达到从业标准才可以正式上岗。

三是加强辅导员从业人员的职业生涯规划的指导，使其发展渠道得到拓展与畅通，使其发展空间得到提升。应从一定的专业方向出发，对辅导员从业人员进行培养，同时还要促进与确保工作职责的有效履行。

四是对辅导员从业人员的培训与再教育要进行规范化管理，各个高等教育学校要依据当代高校大学生思想政治教育的需求，以及高校发展的需要，采取优胜劣汰的原则，通过定期考核的方式，对不合格的辅导员进行淘汰。

三、辅导员专业化

这一方面主要是就辅导员从业人员应该具备的职业技能与专业素养来说的。这一工作不是任何单位的工作人员、任何毕业生都能够从事的，这个岗位自成专业体系，要求从业人员具有综合技能与多门专业知识。主要包括：社团组织、社交礼仪、人际关系、就业指导、心理咨询、管理学、教育学、心理学、思想政治教育，辅导员从业人员只有在经历一系列的严格培训和专业学习后，达到从业标准才可以正式上岗。只有这样才可以清楚地认识到困扰学生的问题，做到深入理解学生所遇到的困难，用自己的经验、技能、知识提供给学生相应的帮助和引导。高校辅导员从业人员的无可替代性与专业化，是让从业人员心甘情愿地履行职业义务的保证。高校辅导员这一工作的专业化也可以通过实际的教学工作来体现，需要为学生讲解专业的知识，包括思想政治教育、人际关系处理等，这些都需要具备较高的专业能力，辅导员需要在这些方面不断进行提升，以此来不断增强个人的专业化水平。

第四节 辅导员队伍建设路径

一、凝聚辅导员职业文化

在长期的实践和发展中，每一种职业都会在条件成熟时形成专属的文化。这种精神文化是该群体共同的理想信念、价值观念、职业习惯等综合而成的，反映了该群体的特征，是群体的灵魂和精神纽带。辅导员的职业文化也是如此，它能够增强辅导员个体的归属感和集体感，从而产生推动整体进步的凝聚力。

（一）成立辅导员研究协会

精神文化具有内生性的特点，换而言之，辅导员的职业文化只能依靠辅导员全体成员共同创造产生，而不能靠移植、复制而得。辅导员共同体创造文化需要依托于特定的辅导员组织，而不是散落的、单个的辅导员个体。

群体是由若干个体组成的，个体通过一定的方式发生相互作用，在相互作用中逐步建立稳定的关系，进而发展成某种感情，这种情感因素对于群体任务的完成起着重要作用。

高校辅导员协会等组织的建立对于增强辅导员群体内聚力，繁荣辅导员职业文化是至关重要的。因此，要鼓励成立高校或者省市级的辅导员组织，辅导员群体规模较小的高校或者省市可以联合周边成立地区性的辅导员组织。更重要的是，辅导员协会等组织成立之后要确实发挥作用，凝聚地区内的辅导员个体，否则，一切都将是摆设。

（二）搭建合作交流的平台

辅导员职业文化的发展要在依托辅导员研究协会，以及颇具影响力的期刊努力搭建辅导员的合作交流平台。一方面，可以通过建立线上和线下平台，拓宽辅导员相互交流学习的渠道。线上可以建立和运营辅导员专门的网站和数据库，共享丰富的资源，达到共同进步的目的。线上平台取得成功的关键在于运营和管理。因此，要保证线上平台信息：一是"广"，即信息尽可能地全面；二是"精"，即信息的针对性和高质量；三是"快"，即信息的及时有效性。另一方面，线下要积极筹备高校范围内的、地区范围内的辅导员职业技能大赛、辅导员论坛、"优秀辅导员"评选等活动，促进辅导员相互合作交流的同时，激励辅导员快速成长。

综上所述，无论是成立辅导员研究协会，还是搭建合作交流的平台，主要的、深层的目的是发展辅导员职业文化，凸显专属于辅导员的文化特质，进而增强辅导员的归属感和认同感，形成辅导员群体的强大内驱力。

二、完善辅导员管理机制

（一）优化辅导员管理结构

国家要通过宏观层面的政策调整，对高校学生工作队伍进行分工结构的优化，给出分解具体的角色任务的指导性意见。辅导员角色职责是否明确直接影响其任职条件、工作方式、角色认同等方面内容，关系着全国高校辅导员队伍的建设和职业发展问题，也是亟待有效解决的瓶颈问题。虽然高校辅导员在实际工作生活中所享受到的待遇、社会地位一般，但是社会各界却给予了他们很高的期望，而辅导员自身的能力又是非常有限的，他们所能够承受的责任与社会要求他们所要承担的角色尚有一定差距。在理想与现实中，辅导员难免左右失衡，不知道要何去何从。加之其隐性的、模糊的工作成效无法被量化；面对学校的高标准严要求，辅导员承担着较大的工作压力；学生在行为和思想任何方面出现的问题仿佛都是辅导员之过。面对这一现状，需要特别强化动员、宣传工作，让高校大学生、家长、社会大众能够深刻体会辅导员工作的重要性，能够以更理性的态度对待高校辅导员的工作。

（二）开展职业规划

1. 培养专门人才

高校应着手开设辅导员培训的相关课程，培养具有专业知识与能力的辅导员。由于我国没有专门的辅导员课程，可以参照国外的课程设置，并与我国的实际情况相联系。我国高校一定会开展思想政治教育类的课程，可以将这类课程与思想政治教育相结合，开展思想政治教育、心理教育等。可以通过这些课程的设置实现辅导员的专业化建设。在没有培养出这样的专门人才之前，高校可以选择具有一定实践经验或者接受过类似教育的人来担任高校的辅导员，再结合高校的实际情况，进一步确定高校辅导员的数量与结构。

2. 设立辅导员专业职称

高校辅导员的薪资待遇水平与专门的任课教师之间存在很大差异。就目前的发展情况来看，应该将辅导员职务评定作为一个专门的标准，纳入学校教师职务评定的体制之中。学生工作部门可以根据辅导员的工作性质，将思想政治教育职务单独罗列出来，形成指标，设置相应的职称与职务。这样一来，高校的辅导员就有了发展的空间与晋升的平台，可以进一步激发辅导员的工作热情，提升高校辅导员工作的职业化与规范化。

3. 设立专门的辅导员工作机构

高校辅导员的工作职责不应该是包揽所有的工作，而应该是有明确的职责划分，更不应让高校辅导员受到多层的管理，而是要建立专门的辅导员工作机构，使其工作具有一定的安全感，这样才更有利于工作的顺利进行。

4.建立一整套的制度规范

完善相关的体制规范，建立一套完整的制度规范。不管是在选聘、培训、考核、晋升、激励，还是在保障制度方面，都应该有一定的制度规范，这样有利于对高校辅导员进行统一管理，规范人才流动的体系。

（三）完善辅导员选聘机制

高校辅导员的选聘工作作为开启辅导员工作生涯的重要一步，选择合适的人才成为高校辅导员队伍中的一分子就显得尤为重要。辅导员的主要工作是对高校大学生进行思想政治教育，需要一定的学历、实践能力、相关经验等。这样挑选出来的人才会更好地完成高校的辅导员工作。

很多没有接受过系统培训的新辅导员，只能是边工作边摸索，不利于辅导员工作的顺利开展。因此，建立严格的选聘制度是非常有必要的，遵循相关的原则，按照规定标准进行招聘。还可以鼓励高校专业课程的任课教师来从事兼职辅导员工作。专业课程的任课教师与学生接触的时间较长，不仅具备丰富的教学经验，还具备一定的学生基础，可以利用课上与课下的时间完成对学生的教育。选聘辅导员一定要注重规范与科学，尽量兼顾年龄结构、知识体系、实践经验、性别比例、数量结构的合理性，最大限度地优化高校辅导员的队伍，提升辅导员队伍的职业化水平。

（四）健全管理和保障制度

众所周知，辅导员工资的构成包括基本工资和岗位津贴等。大部分辅导员都希望自己的福利待遇能够得到提升，因此完善相关的激励机制，可以增强他们的职业认同感与归属感。高校不仅要保障他们培训与进修的权利，而且还要保障他们在晋升方面的机会公平，不断增强他们的职业认同感。

高校应该充分认可辅导员的相关工作，适当增加他们的岗位津贴，在生活中给予适当的关心。这有利于激发高校辅导员工作的积极性与主动性，使他们在工作中得到满足，增强归属感，产生想要长期从事这项工作的兴趣，不断增强自身的实力，不断推进辅导员职业化的进程。

（五）制定科学合理的考核制度

辅导员的工作性质决定了辅导员工作的特点，不仅消耗辅导员的工作精力，还会给他们带来很大的精神压力。这样的工作能不能得到一定的认可，会直接影响高校辅导员工作的热情，高校需要对此加强注意，制订科学合理的考核制度，保障辅导员的相关权益。为了确保高校辅导员的相关权益，应根据高校辅导员的工作特点、工作范围、工作性质，制订相对科学合理的考核制度，建立健全的相关考核指标。制订之后，要严格切实贯彻。也就是说要建立在辅导员全面工作的领导评价体系、同事评价体系、学生评价体系、自我评价体系之上的综合考核机制。

（六）明确辅导员岗位职责

近年来，随着我国高校的扩招，学生人数也急剧增加，学生工作几乎覆盖校园里的各个角落，这无形中进一步加大了辅导员的工作压力。因此科学的界定高校辅导员的职责边界，使其认清自己的角色、岗位职责和职能发挥，就显得尤为重要。明确辅导员的工作职责需要高校和院系的共同努力，创造性地做好以下几个方面的工作。

一是高校和院系应在以思想政治教育为核心，以学生的发展为主导，以学生事务管理为基础的理论指导上，制订详细的辅导员工作说明。应当阐述本职工作的内容和行为规范，明确工作的时间，以及指导辅导员工作需要具备的相关技能和知识等，进而使得辅导员工作有章可循。

二是高校应该成立专门的学生事务管理部门，以便于划清各职能部门和相关人员的责任，切实贯彻明确工作职责和工作程序，这样可以减轻辅导员的事务性工作负担。举个例子，寝室卫生检查工作可以由专门的公寓卫生委员会执行，其成员可以由学生组成。而在类似工作中，辅导员则作为学生权益的保护者和教育引导者参与。这样有利于为辅导员减负，使其真正有时间和空间来扮演好"思想政治教育的引导者"的角色。

三是高校和院系领导部门应该允许辅导员在其工作范围内，拥有相对自主独立的话语权和处理事务的权利。在不违反相关规章制度的前提下，尽可能地减少对辅导员创造性劳动和工作的干预，尊重辅导员对自己分内工作的统筹规划。

三、提升辅导员职业素养

（一）高校辅导员职业素养提升的意义

辅导员对自身职位的认识，如责任、义务等方面，都会影响其是否能够在工作中充分发挥自身的角色作用，对以上因素的认知水平直接制约着其在岗位中做什么、应该做些什么及怎么去做。客观上说只有强化自身的角色意识，才能全面走出职位的困惑，只有这样才能及时纠正认知上的偏差，从而形成主动学习、强化工作的理念。通过不断的自我提升及参加各种培训，让自己获得更多的理论知识，优化知识结构，不断提高自身的职业素养。辅导员要使自己具备过硬的政治觉悟、良好的职业修养和道德品质，强化自身的管理能力、协调能力，力求各方面都能够尽善尽美地表现自己，促进自身的全面发展。除此之外，要求辅导员在日常的工作中还要真正地从知识、心理、行为、认知等各方面入手，做好自我调适，全面提升自我适应能力、心理素质和健康水平。同时树立正确的世界观、人生观和价值观，积极调适辅导员的心理状态，形成与辅导员身份相适应的健全的人格。时刻保持清醒的头脑、遵守相关的规定、言行一致、充分发挥榜样的作用，可以说这是对于广大辅导最为基本的素质要求。总之，只有全面促进自身的发展，才能缓解角色困惑，进而使自己在工作中充分发挥优势。

（二）高校辅导员职业素养提升的原则

1. 政治第一原则

高校辅导员职业素养的提升坚持政治第一原则，就是在他们职业素养提升的过程中始终坚持把政治意识摆在首位，这不仅是党和政府对高校辅导员的要求，也是高校辅导员完成工作职责和培养合格人才的要求。高校辅导员职业素养的四个维度中，职业意识本质上就是政治意识，这是职业素养体系的灵魂。所以，在提升高校辅导员的职业素养过程中，务必始终坚持政治第一原则。

2. 以人为本原则

高校辅导员职业素养的提升坚持以人为本的原则，就是要在提升他们的职业素养的进程中，把自身和高校大学生个体这两者的利益作为根本立足点和出发点。这是作为高校辅导员职业素养提升主体的高校辅导员的根本要求和内在诉求，也是培养又红又专、德才兼备、全面发展的高校大学生的迫切需要和现实需求。

3. 实践锤炼原则

高校辅导员职业素养提升要坚持实践锤炼的原则，就是在提升他们的职业素养的过程中，要以实实在在的实践行动为基础，一切从实际出发，理论联系实际，在实践中检验提升的措施和体系，从而不断优化和完善提升的措施和体系。高校辅导员的职业素养提升是一个持续变化发展的动态体系，不可能一蹴而就，需要日积月累、持之以恒、久久为功。当前社会经济发展日新月异，国际竞争异常激烈，世界形势复杂多变，社会思潮激烈碰撞，文化交流异常频繁、形式多样，因此，培养适合时代发展的具有核心竞争力的高校大学生尤为迫切。

4. 系统提升原则

在高校辅导员职业素养的提升过程中，如果只提升职业知识，不谈提升职业意识，那么其提升过程就像缺失雷达的飞机会迷失方向；如果只提升职业能力，不谈提升职业道德，那么其提升过程就像强兵失帅一样"兵败如山倒"。因此，不能只选择其中一样或几样进行提升，而是要把握每一维度之间的关系和联系。

（三）高校辅导员职业素养提升的途径

1. 提高辅导员职业意识的政治站位

职业意识体现的是党和政府对高校辅导员角色定位的本质要求，也是高校辅导员的工作职责和发展要求，更是高校大学生发展和成长的现实需要。要提升高校辅导员职业素养，遵循政治第一原则、以人为本原则、实践锻炼原则、系统提升原则首要的是提高高校辅导员职业意识的政治站位。

2. 加强辅导员职业道德的内涵建设

在高校辅导员职业素养的结构模型中，可以发现职业道德是辅导员职业素养的重要组成部分，它是辅导员修身立业、价值追求和工作态度的集中体现，是这一群体可持续发展和高校大学生健康成长的重要条件。要提升辅导员职业素养，在遵循政治第一、以人为本、实践锻炼、系统提升等原则的基础上，加强辅导员职业道德的内涵建设显得尤为重要和关键。

3. 提升辅导员职业能力和职业知识的层次水平

基于辅导员职业素养的结构模型，高校辅导员职业能力是这一群体完成立德树人根本任务的关键能力，是这一群体工作内容的本质需要，集中反映了这一群体的职责所在，是高校辅导员和高校大学生职业发展的本质需要。高校辅导员职业知识是知识和文化积累、传承及创新的源泉和基础，是高校辅导员把握教育教学规律、学生成长规律的保障，是促进高校辅导员和高校大学生全面发展的基础力量。要提升高校辅导员职业素养，在遵循政治第一、以人为本、实践锻炼、系统提升等原则的基础上，提升辅导员职业能力和职业知识的层次水平是基础保障。

4. 凝聚辅导员职业文化

在长期的实践和发展中，每一种职业都会在条件成熟时形成专属的文化。这种精神文化是该群体共同的理想信念、价值观念、职业习惯等综合而成的，反映了该群体的特征，是群体的灵魂和精神纽带。辅导员的职业文化也是如此，它能够增强辅导员个体的归属感和集体感，从而产生推动整体进步的凝聚力。

四、健全激励机制

高校辅导员队伍的激励机制可以分为四个部分。

（一）角色激励

高校每位辅导员要有高度的责任感和使命感，明确自己的角色定位，尽职尽责。根据责任的轻重，研究辅导员队伍不同岗位的工作量计算标准，给予津贴，并加大表彰激励力度，推进切实贯彻思想政治工作的动力层层提升。

（二）目标激励

把制订的思想政治工作目标分为长期和短期目标，根据完成每个阶段目标的实际情况进行绩效考核，分阶段分内容地进行公开评判，对完成情况好的辅导员进行嘉奖，以激发队伍成员的工作动力。

（三）典型激励

在高校中树立学习榜样，表彰先进，营造辅导员队伍崇尚先进、学习先进、争当先进的氛围。高校应该重点发现辅导员的闪光事迹，对有培养潜质的先进典型随时上报。高校还可以开展优秀教育成果奖评选活动，形成自下而上推荐和自上而下挖掘的主要手段。

（四）物质激励与精神激励相结合

对思想政治工作上有突出贡献的辅导员及时给予物质奖励，并与精神激励结合起来，使表彰激励作用有效发挥。第一，高校要完善各种与辅导员队伍密切相关的工作机制，如津贴制度、岗位聘任、职称评聘等。第二，在完善基本的工作机制的同时，在表彰大会、校报、媒体等方面宣传先进事迹，激发辅导员争先创优的积极性。

参考文献

[1] 裴孝金，宋晓宁．思想政治教育创新研究 [M]．长春：吉林大学出版社，2022．

[2] 郭鹏．思想政治教育网络传播研究 [M]．武汉：武汉大学出版社，2022．

[3] 张丽芳．高等院校思想政治课程教学模式创新研究[M]．武汉：华中科技大学出版社，2019．

[4] 卢岚．思想政治教育的空间转向研究 [M]．北京：学习出版社，2022．

[5] 张坤．高校红色基因传承与思想政治教育 [M]．秦皇岛：燕山大学出版社，2022．

[6] 吴健，王祚桥，胡慧远．思想政治教育形象教育研究 [M]．武汉：武汉大学出版社，2022．

[7] 石加友，苗国厚．大学生思想政治教育管理学 [M]．北京：光明日报出版社，2022．

[8] 杨波．思想政治教育话语有效性研究[M]．大连：东北财经大学出版社有限责任公司，2022．

[9] 李智慧．高校思想政治教育有效资源开发利用研究 [M]．北京：旅游教育出版社，2022．

[10] 张琳．高校思想政治教育与创新创业教育融合研究 [M]．延吉：延边大学出版社，2022．

[11] 刘萍萍．现代思想政治教育的文化价值研究 [M]．北京：现代出版社，2021．

[12] 罗亚莉．思想政治教育调查方法理论与实践 [M]．成都：四川大学出版社有限责任公司，2021．

[13] 倪瑞华．思想政治教育认同基本理论研究 [M]．北京：中国民主法制出版社，2021．

[14] 崔晋文．思想政治教育中的美育问题研究 [M]．武汉：武汉大学出版社，2021．

[15] 韩冰，李轩航．高校网络思想政治教育研究 [M]．哈尔滨：哈尔滨工程大学出版社，2021．

[16] 祁志钢，韩丽丽．青少年思想政治教育原理与实务 [M]．北京：北京理工大学出版社有限责任公司，2021．

[17] 印建清．大学生思想政治教育实践教程 [M]．北京：中国言实出版社，2021．

[18] 赵金莎．思想政治教育话语研究：军地高校思想政治教育话语比较 [M]．西安：陕

西人民出版社，2021.

[19] 李丹丹 . 网络文化环境下大学生思想政治教育研究 [M]. 沈阳：辽宁大学出版社，2021.

[20] 刘煜昊 . 思想政治教育仪式 [M]. 北京：知识产权出版社有限责任公司，2020.

[21] 丁冠印，贾晓娟，田媛媛 . 新媒体时代大学生思想政治教育的创新与发展 [M]. 北京：北京工业大学出版社，2020.

[22] 刘保民 . 思想政治教育基本问题研究 [M]. 西安：西北大学出版社，2020.

[23] 胡绍红 . 大学生思想政治教育研究 [M]. 北京：研究出版社，2020.

[24] 吉爱明 . 新时代大学生思想政治教育发展探索 [M]. 北京：北京工业大学出版社，2020.

[25] 代金平，郑兴刚 . 现代信息技术助推思想政治理论教育改革研究 [M]. 重庆：西南师范大学出版社，2019.

[26] 龚婷 . 高校思想政治教育与传统文化的融合研究 [M]. 北京：北京工业大学出版社，2020.

[27] 田颂文 . 传统文化与高校思想政治教育融合发展的价值审视 [M]. 北京：北京工业大学出版社，2020.

[28] 李辽宁 . 新时代思想政治教育前沿问题研究 第 1 辑 [M]. 成都：四川大学出版社，2020.

[29] 张涛轩，杨学慧，阎妍 . 高校学生思想政治教育与创业指导 [M]. 北京：中国商务出版社，2019.

[30] 王东，陈先 . 新时期高校思想政治教育理论与实践 [M]. 北京：九州出版社，2019.